新股民

跟庄炒股快速入门

新股民最全面、最实用、最易学的跟庄炒股技巧大全

沈小立　编著

庄家坐庄路线**全面解析**

新股民跟庄策略**实战解读**

多种跟庄技巧**快速掌握**

中国劳动社会保障出版社

图书在版编目(CIP)数据

新股民跟庄炒股快速入门/沈小立著. —北京：中国劳动社会保障出版社，2013
（富家益新股民新基民入门必读系列）
ISBN 978-7-5167-0009-9

Ⅰ.①新… Ⅱ.①沈… Ⅲ.①股票投资-基本知识 Ⅳ.①F830.91

中国版本图书馆 CIP 数据核字(2013)第 059554 号

中国劳动社会保障出版社出版发行
（北京市惠新东街 1 号 邮政编码：100029）
出 版 人：张梦欣

*

北京北苑印刷有限责任公司印刷装订 新华书店经销
787 毫米×1092 毫米 16 开本 15.25 印张 293 千字
2013 年 5 月第 1 版 2013 年 5 月第 1 次印刷
定价：35.00 元
读者服务部电话:(010) 64929211/64921644/84643933
发行部电话:(010) 64961894
出版社网址：http：//www.class.com.cn

序

一对新婚夫妇生活贫困，要靠亲友的接济才能活下去。

一天，丈夫对妻子说："亲爱的，我要离开家了。我要去很远的地方找一份工作，直到我有条件给你一种舒适体面的生活才会回来。我不知道会不会太久，我只求你一件事，等着我，我不在的时候要对我忠诚，我也会对你忠诚的。"

很多天之后，他来到了一个正在招工的庄园，他被录用了。他要老板答应他一个请求："请允许我在这里想干多久就干多久，当我觉得应该离开的时候，您就要放我走。我平时不想支取报酬，请您将我的工资存在一个账户里，在我离开的那天，您再把我赚的钱给我。"双方达成了协议。年轻人在那里整整工作了20年，中间没有休假，也很少休息。

一天，他对老板说："我想拿回我的钱，我要回家了。"老板说："好吧，我们有协议，我会照协议办事的。不过我有个建议，要么我给你钱，你走人；要么我给你3条忠告，不给你钱，然后你走人。你回房间里好好想想再给我答复。"

他想了两天，然后找到老板，说："我想要那3条忠告。"老板提醒他说："如果给了你忠告，我就不会给你钱了。"他还是说："我想要忠告。"

老板对他说："第一，永远不要走捷径。便捷而陌生的道路可能会要了你的命。第二，永远不要对可能是坏事的事情好奇，否则也可能会要了你的命。第三，永远不要在仇恨和痛苦的时候做决定，否则你以后一定会后悔。"

老板接着说："这里有3个面包，两个给你路上吃，另一个等你回家后和妻子一起吃吧。"

在远离自己深爱的妻子和家乡20年之后，男人踏上了回家的路。

一天后，他遇到了一个人，那人问他："你去哪儿?"他回答："我要去一个沿这条路要走20多天的地方。"那人说："这条路太远了，我认识一条捷径，几天就能到。"他高兴极了，正准备走捷径的时候，想起了老板的第一条忠告，于是他回到了原来的路上。

后来，他得知那人让他走所谓的捷径完全是一个圈套。

几天之后，他走累了，发现路边有家旅馆，他打算住一夜，付过房钱之后，他躺下睡了。睡梦中，他被一声惨叫惊醒，吓得跳了起来，走到门口，想看看发生了什么事，刚刚打开门，他想起了老板的第二条忠告，于是回到床上继续睡觉。

第二天早上起床后，喝完咖啡，店主问他是否听到了叫声，他说听到了，店主说："您不好奇吗？"他回答说不好奇。店主说："您是唯一一个活着从这里出去的客人。我的独子有疯病，他昨晚大叫着引客人出来，然后将他们杀死埋了。"

男人接着赶路，终于在一天的黄昏时分，他远远望见了自己的小屋，屋子的烟囱正冒着炊烟，还依稀可见妻子的身影。虽然天色昏暗，但他仍然看清了妻子不是一个人，还有一个男子伏在她的膝头，她抚摸着他的头发。看到这一幕，他的内心充满了仇恨和痛苦，他想跑过去杀了他们。

他深吸一口气，快步走了过去，这时他想起了老板的第三条忠告，于是停了下来，想了想，决定在原地露宿一晚，第二天再做决定。天亮后，已恢复冷静的他对自己说："我不能杀死我的妻子，我要回到老板那里，求他收留我，在这之前，我想告诉我的妻子我始终忠于她。"

他走到家门口敲了敲门，妻子打开门，认出了他，扑到他怀里，紧紧地抱住了他。他想把妻子推开，但没有做到。他眼含泪水，对妻子说："我对你是忠诚的，可你背叛了我……"妻子吃惊地说："什么？我从未背叛过你，我等了你 20 年。"他说："那么昨天下午你爱抚的那个男人是谁？"妻子说："那是我们的儿子。你走的时候我刚刚怀孕，今年他已经 20 岁了。"丈夫走进家门，拥抱了自己的儿子。

在妻子忙着做晚饭的时候，他给儿子讲述了自己的经历。接着，一家人坐下来一起吃面包，他把老板送的面包掰开，发现里面有一笔钱——那是他 20 年辛苦劳动赚来的薪水！

当新股民带着自己辛苦积攒的钱进入股市时，就像是这个男人踏上回家的道路。炒股的道路上满是陷阱和危险。在踏上这条道路之前，每个投资者都应该谨记庄园老板的三条忠告。

第一，永远不要想走捷径。在股市上，所有能够快速赚钱的道路上都布满了陷阱。新股民炒股一定要自己努力学习，独立研究，不要相信各种名头的专家荐股、专家讲座、专家咨询。

第二，永远不要参与不熟悉的股票。股票市场上每天都有涨停的股票，每个月都有翻倍的牛股，投资者如果对这些股票不了解，绝对不能盲目追涨。

第三，永远不要让情绪支配自己的行为。投资者进入股市后，面对涨跌不定的股价，难免会产生疯狂或者恐惧的情绪。这时一定不能让这种情绪支配自己的交易，而是要客观地确定交易计划，严格按照自己的计划交易。

前　言

炒股的道路是漫长的，可能会持续几年、十几年甚至是一生的时间。在这条道路上投资者可以获得大量财富，同样也要面对各种各样的风险。为了让每个投资者在炒股道路上都能尽快积累财富，我们特意推出了“富家益新手炒股快速入门”系列图书。

本系列图书在写作过程中坚持了最全面、最实用、最易学的原则。

最全面。本系列的四本书分别解决了新股民炒股最关心的短线操作、跟庄炒股、选股选时和技术分析四个问题。此外，对于每个问题，本系列图书都从多个角度进行综合论述。新股民阅读本系列图书后，可以建立一个完整的知识体系。

最实用。本系列图书在写作过程中，坚持选择新股民操作最实用的技巧，摒弃了没有意义的理论论述。通过阅读，新股民可以解决自己在实战中遇到的实际问题，并且可以直接将所学知识用于实战操作。

最易学。本系列图书特别注意用最简单的方式论述复杂的炒股问题。在论述过程中，穿插了大量实战操作案例。投资者通过阅读，不仅能很容易地学会各种操作方法，还能很容易地将这些方法应用到实战操作的过程中。

《新股民跟庄炒股快速入门》是“富家益新手炒股快速入门”系列图书中的一本。

股市上有句俗语叫“股不在精，有庄则灵”。很多本来走势很弱的股票，一旦受到庄家青睐，其股价就一飞冲天。正是由于这个原因，跟庄操作成为很多投资者追求利润的重要手段。

为了让新股民能够更好地理解庄家的操作思路，快速实现跟庄获利，本书首先从新股民跟庄时应该注意的关键点和实用技巧入手，对庄家建仓、试盘、洗盘、拉升、出货的过程进行全面解析，之后又介绍了跟庄时十分实用的筹码分布指标，最后本书将多个跟庄的实战操作案例总结出来，方便投资者将理论用于实践。

本书适合刚刚入市的新股民阅读，也适合已经入市一段时间，但没有找到稳定盈利方式的投资者阅读。

本书在编写过程中，刘伟、李金山、程富建、袁艳烈、毕汪峰、刘井学负责股票K线图的查找和选取，廖应涵、王建霞、王玉凤、唐娟、李苏洋负责K线图的截取和制作，孙立宏、董连香、董晓辉、李海江负责文字、图表的制作和编排，在此对大家的辛勤工作表示感谢。

目　录

第 1 章

跟庄的 4 个关键点

1.1 关键点1：庄家分类

股市里的庄家是从赌场中引进的概念。在赌场中，拥有大量资金，能够与所有人对赌的称为庄家。在股市中也是类似的情况。在证券市场上，无论机构还是个人，凡是有意愿且有能力操纵股价涨跌的都可以称之为庄家。

虽然庄家与所有股民相同，都是通过低买高卖赚钱，但他们通过精密的规划，高超的交易技术，以及严格的交易纪律，再加上一些信息渠道等方面的优势，赚钱的几率要远远大于普通投资者。

股市中，庄家可以极大地影响甚至控制股价走势。一般来说，庄家会控制目标个股流通股的30%～50%，通过各种方法，引导股价向自己希望的方向发展。拥有信息渠道优势的庄家，可以提前获知上市公司的利好利空消息，并提前做好利用这些信息的相应准备。

作为普通投资者，每天看到的都是庄家“绘制”的走势，听到的都是庄家讲述的“故事”。投资者如果完全依赖这些表面信息来炒股，不能洞悉庄家的真实意图，将很容易掉入庄家设置的陷阱。

股市中的庄家有以下几个特点。

(1) 庄家是上市公司的股东。庄家持有股票的数量巨大，甚至有可能成为上市公司的大股东，对上市公司的经营管理产生一定影响。

(2) 庄家在二级市场上买卖股票的方式和所有投资者一样，都是通过竞价成交，需要缴纳印花税。所不同的是，庄家可以通过大量股票的买卖来影响股价变化，进而带动其他投资者的跟风行为。

(3) 一只股票中可能会有多个庄家。不同的庄家可能会联合控制股价走势，但也有可能因为利益冲突而竞争，出现“神仙打架”的现象。

(4) 坐庄并不是只赚不赔的买卖，同样也要承担市场风险。庄家有时会因为资金链断裂，或是大盘行情转弱等原因坐庄失败，轻则损失利润，重则满仓被套。还有的庄家虽然账面上没有出现亏损，但因为股价虚高缺乏买盘，只能自己苦苦支撑高股价，所有的盈利只能停留在账面上，无法转为真金白银。

尽管庄家实力强大，但是也需要尊重市场的客观规律顺势操作。虽然有些资金实力雄厚、背景深厚的庄家能够和市场进行一时的抗衡，但仍然无法长期与市场对抗。这是由证券市场的本质所决定的。

市场上有形形色色的庄家，要想精确地描绘他们难度很大，我们只能从某些特定的角度进行概述。根据坐庄时间长短的不同，可以将庄家分为短线庄家、中线庄家和长线庄家；根据实力强弱的不同，可以将庄家分为强庄和弱庄；根据进入某只股票的先后次序不同，可以将庄家分为老庄和新庄。

下面我们主要从坐庄时间长短的角度对庄家加以分类。

1.1.1 短线庄家

短线庄家是指运作周期在几天至几周左右的庄家。他们在操作过程中不追求控盘程度，只看重股价的短期走势。短线庄家的操作手法主要有两种：一种是抢反弹，庄家在股价连续的大幅下跌后集中入场，同时将股价大幅拉升，造成触底反弹行情。一旦股价引起市场关注、投资者开始跟风买入时，庄家就会迅速卖出，获利出局。短线庄家的另一种惯用手法是炒作题材，庄家提前知晓上市公司将公布的利好消息，并提前建仓。当消息公布时，庄家会迅速抬高股价并借机出货。

短线庄家的最大炒作特点就是进出如风，绝不恋战，经常是拉高甚至在涨停板上建仓，第二天高开后即开始出货，即使运作不顺利，也会果断止损离场。他们运作时间短，盈利目标不高，一旦出货股价往往在很长时间内不会有大的起色。对于喜欢追高的短线投资者来说，这些游资庄家既提供了众多的市场机会，同时又带来了巨大的风险。

如图 1—1 所示，从 2010 年 12 月到 2011 年 10 月，双鹤药业（600062）一直处于下跌趋势中。

2011 年 7 月 15 日，在下跌趋势中，该股以涨停板的形式大幅向上，但第二天股价即放量下跌。这是短线庄家抢反弹的典型手法。之后股价持续下跌，而该股 7 月 18 日的分时走势也表明了庄家的意图，如图 1—2 所示。

近几年一类重要的短线庄家就是目前所谓的游资主力，运作手法非常凶悍，以冲击涨停板而闻名，俗称“涨停板敢死队”。有时候，会有多个游资主力针对一只股票展开接力炒作，相应地，股价短期升幅会非常惊人。

图 1—3 所示为中路股份（600818）走势图。由于市场出现传闻，中路股份名下的土地与规划中的上海迪斯尼有很大关系，该股自 2008 年 11 月 19 日开始受到游资追捧，股价开始连续涨停。从成交回报可以看出，该股的短期飙升，完全是各路游资

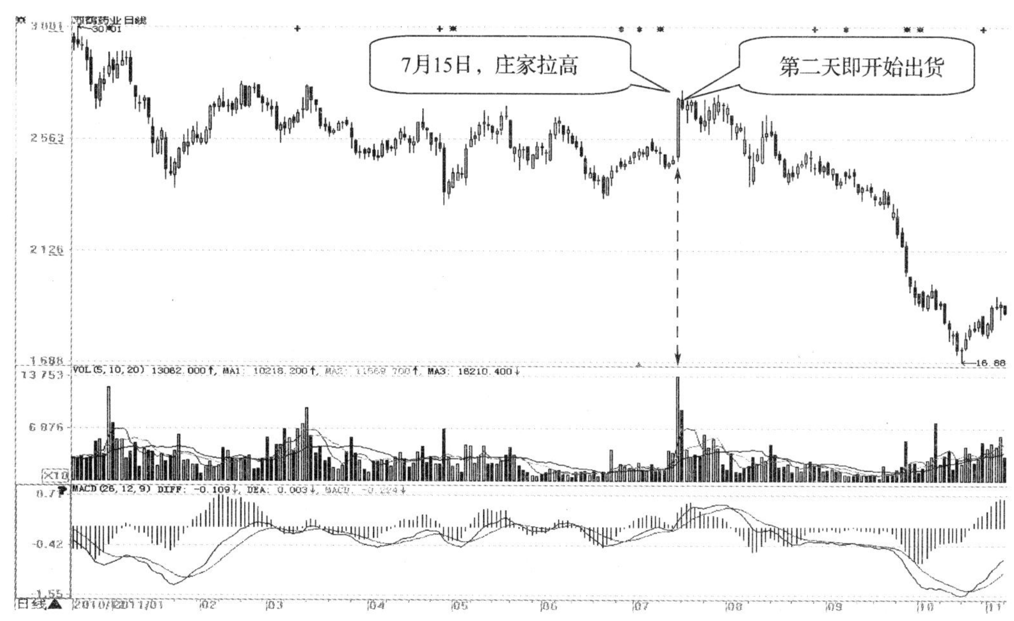

图 1—1 双鹤药业日 K 线

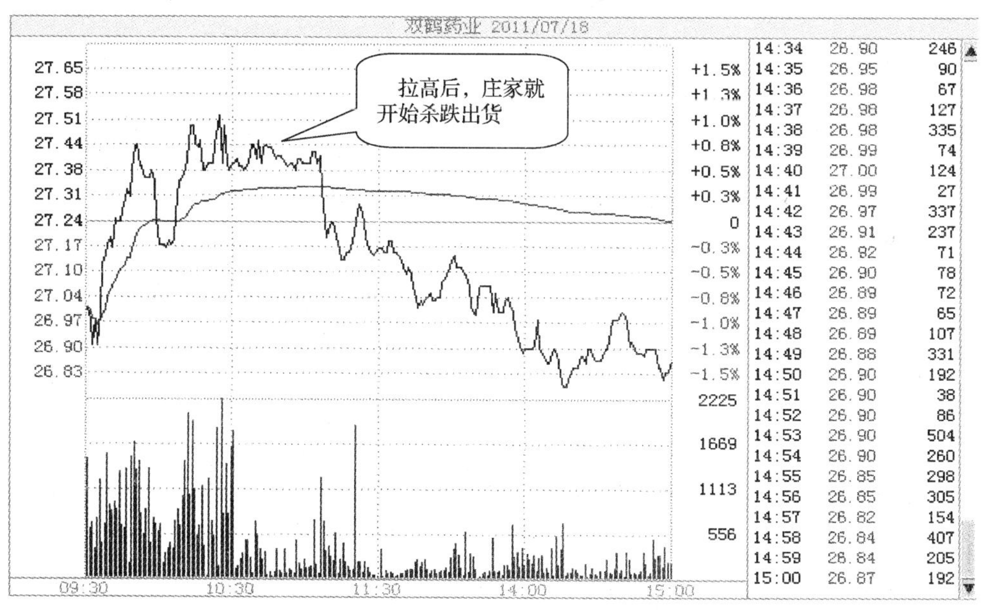

图 1—2 双鹤药业分时走势图（2011 年 7 月 18 日）

接力炒作的结果。

11 月 19 日，上海游资成为中路股份第一个涨停的主要推动力量，当天买入金额第一的为中信证券佛山季华路营业部，买入金额达到 372 万元，广发证券上海民生路营业部买入 227 万元屈居第二。

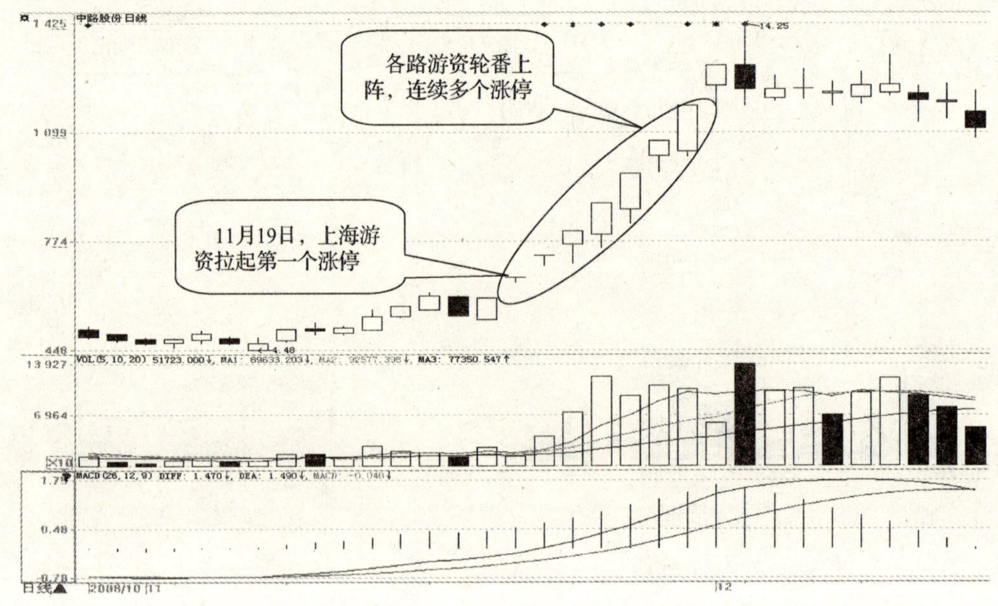

图 1—3 中路股份日 K 线

11 月 20 日，昨日买入第一位的中信证券佛山季华路营业部，以卖出 410 万元占据卖出金额第一，该席位时隔一天之后即全部兑现了利润。而上海证券苏州干将西路营业部买入 246 万元成为买入最多的席位，国金证券成都武成大街营业部买入 200 万元位列第二。

11 月 21 日，上一交易日大举买入的上海证券苏州干将西路营业部和国金证券成都武成大街营业部开始出货，分别卖出了约 146 万元和 220 万元。买入金额第一的席位则成为英大证券深圳园岭三街营业部，以买入约 298 万元占据第一，方正证券杭州保俶路营业部、东方证券上海光新路营业部和海通证券上海天平路营业部分列买入金额第 2～第 4 位。

11 月 24 日，在上个交易日（21 日）买入第一的英大证券深圳园岭三街营业部开始出局，以卖出约 318 万元位列第一，同时上海证券苏州干将西路营业部将余货出清，以卖出 129 万元位列当天卖出金额第四位。海通证券上虞百官镇营业部、广发证券上海西藏南路营业部、五矿证券杭州中山北路营业部则分别以 344 万元、322 万元和 302 万元位列当日买入金额前三位。

11 月 25 日，海通证券上虞百官镇营业部和广发证券上海西藏南路营业部分别以 363 万元、324 万元位列卖出榜的第三、第四位，将上个交易日买入的部分基本全部出清。而江南证券有限责任公司南昌广场南路证券营业部、中国银河证券股份有限公司绍兴证券营业部则分别以326万元、187万元分列买入榜的第一、第四位。

11月26日，上交易日买入的江南证券有限责任公司南昌广场南路证券营业部、中国银河证券股份有限公司绍兴证券营业部进入卖出榜的前两名，所买入的股票已大部分出清。而新的游资则开始介入，比如国信证券股份有限公司深圳泰然九路证券营业部列买入榜第二位。

12月2日，随着一根放量阴线，这种接力炒作终于告一段落。

从上面的过程可以看出，多路游资展开接力游戏，每路游资仅仅炒作一天，第二个涨停板即开始出货，其余游资接手后继续炒作。反映在走势上，就是每天放量涨停，换手非常积极。这种走势很容易激发市场其他短线投资者的注意，因此，一旦这种模式启动，往往会出现飙升走势。本例中中路股份连续收出多个涨停，其炒作热度可见一斑。

短线投资者碰到这种情况，在严格设定止损的情况下可以及时追高买入，但是这种操作对于操作纪律、盘面分析水平、反应速度的要求非常高，投资者应慎重参与。另外，随着股价的飙涨，短线风险也在不断累积，一旦游资开始出货，杀跌力度也会非常凶狠。中路股份12月2日游资出货时的杀跌就非常凶猛。

从图1—4中可以看出，当游资开始出货时，其杀跌力度非常大，股价从+7%直线下跌至−6%，杀跌幅度达到13%。如果短线投资者不慎在最后一日的高位追入，一个交易日之内损失就超过10%。因此，投资者追逐此类股票需非常慎重。

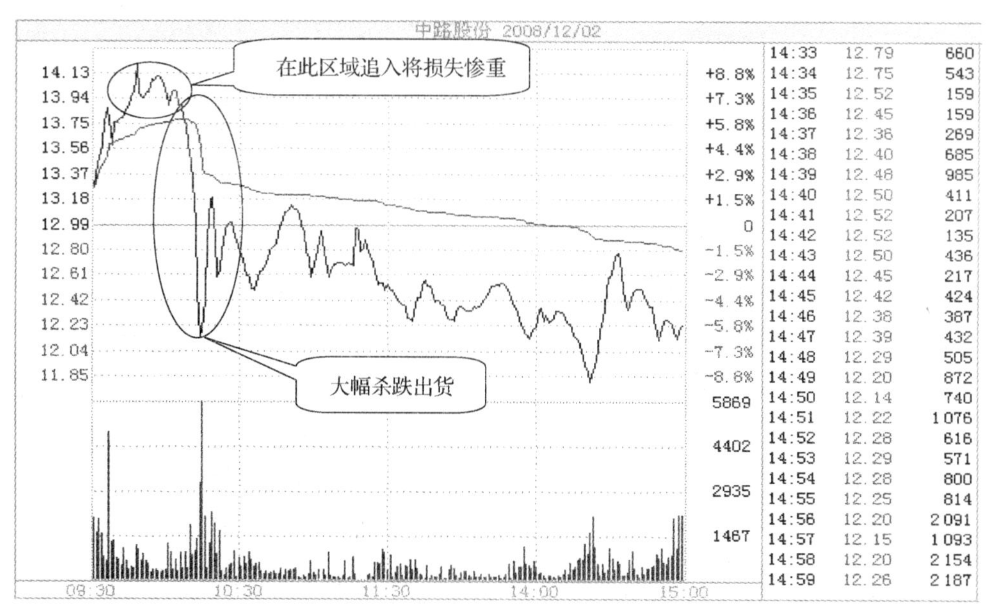

图1—4 中路股份分时走势图（2008年12月2日）

延伸阅读

在实战中，投资者要注意一些游资聚集的营业部。有这些游资参与的股票往往具有很强的市场号召力。

- 光大证券宁波解放南路营业部。
- 中信证券义乌化工路营业部。
- 广发证券辽阳民主路营业部。
- 财通证券绍兴人民中路营业部。
- 中信金通证券温岭东辉北路营业部。
- 光大证券深圳深南大道营业部。
- 国泰君安成都北一环营业部。
- 兴业证券福州湖东路营业部。
- 西藏证券上海东方路营业部。
- 五矿证券深圳金田路营业部。
- 国信证券南京洪武路营业部。该营业部游资打新股较为有名。
- 中信建投证券武汉中北路 2 家营业部。
- 渤海证券上海彰武路营业部。
- 申银万国证券上海龙漕路营业部。
- 国元证券上海虹桥路营业部。

1.1.2 中线庄家

中线庄家是指运作周期在半年到一年左右的庄家。我国股市的庄家大多数都是中线庄家，其控盘比率一般在 50%上下。中线庄家运作的股票，会出现比较明显的建仓、拉升和出货环节，具体运作非常依赖于大势的状况和板块或者个股的利好消息。一般在大势出现见底迹象后开始入场吸筹，借助大势向好时开始拉升，在市场狂热时出局。中线庄家会借助各种利好消息和板块联动效应，不断抬高股价，制造一轮中级行情。从需要满足的操作条件可以看出，中线庄家所借助的，有很多是自己无法完全掌控的因素，因此，在操作时会受到很多股价之外因素的影响，与短线庄家相比，承担的系统风险更大，相应的盈利目标也比较高，一般股价上涨至少要达到30%～50%的幅度，中线庄家才会考虑撤离。

如图1—5所示，2010年7月到11月，伴随着大盘的反弹向上，庄家对兖州煤业（600188）展开了中线操作。在4个月的时间里，该股经历了明显的建仓、洗盘、拉升和出货四个阶段。在这轮炒作过程中，股价最大升幅达到126.1%。

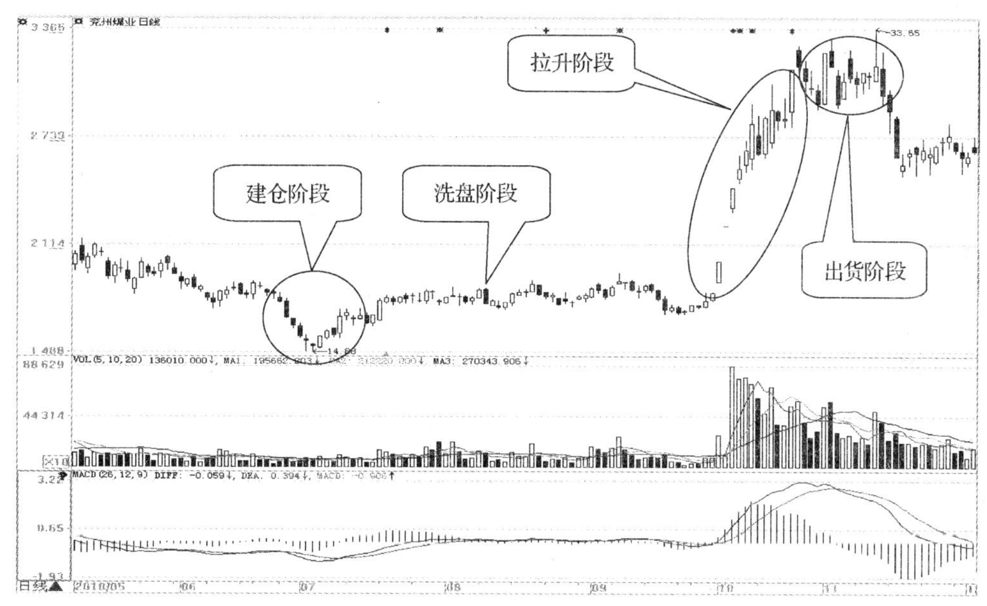

图1—5　兖州煤业走势图

在实战中，投资者还要注意以下两个要点。

要点1：一气呵成的风格

一般来说，中线庄家由于运作时间有限，所以其运作过程大多数都很紧凑，各个过程基本一气呵成。

如图1—6所示，从2010年7月到12月，太原刚玉（000795）的庄家在建仓、拉升和出货这三大环节的衔接上非常紧凑，而中间的洗盘过程耗时并不是很长。同时庄家出货时间较短，表明庄家出货比较顺利。

要点2：卖出机会

当投资者在跟随中线庄家操作时，要注意行情的持续时间可能不会太长，力度不会太大。当出现震荡放量但是股价滞涨时，应注意把握卖出机会。

如图1—7所示，2011年1月到5月，海印股份（000861）在4个多月的时间里出现一波完整的涨跌走势，明显是中线庄家所为。4月下旬开始，股价在高位滞涨，

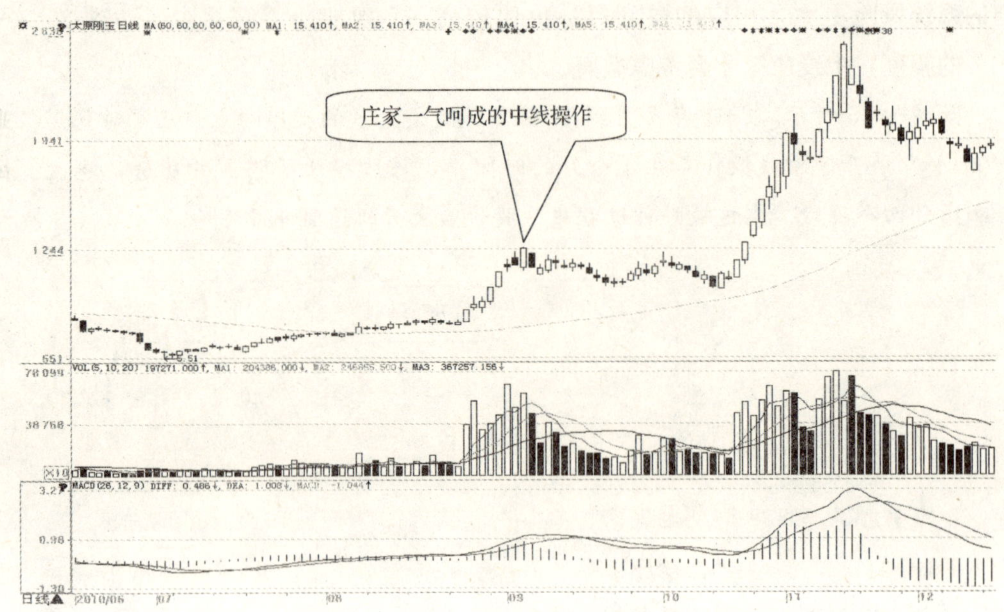

图 1—6 太原刚玉日 K 线

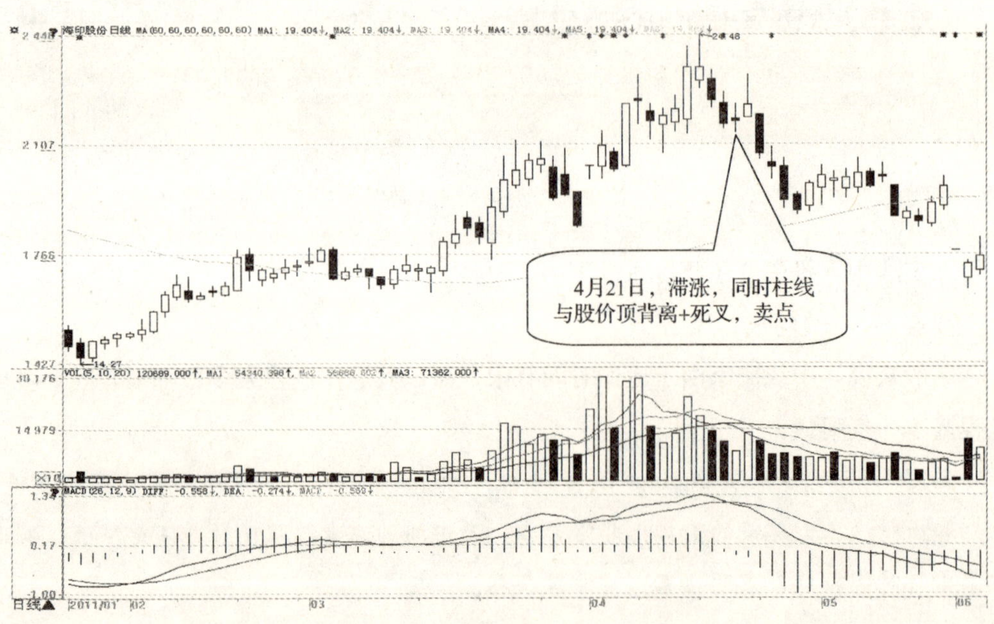

图 1—7 海印股份日 K 线

4 月 21 日，MACD 指标出现“MACD 柱线与股价顶背离＋死叉”的看跌信号。它表明庄家正在出场，投资者要注意把握这个卖出机会。

精讲提高

在把握庄家的买卖规律时，投资者要注意技术指标的重要作用。庄家能够操纵市场短期走势，这对很多指标会造成“失真”影响。趋势性技术指标（如MACD、MA等）因为消除了短期走势的影响，所以在把握庄家动向时优势很大。

1.1.3 长线庄家

长线庄家是指运作周期至少在一年以上的庄家，其运作周期经常长达3年、5年或更长时间。一般来说，长线庄家拥有雄厚的实力，在资金量、操作思路、信息渠道和对宏观经济的判断方面，具备很高的水准。

与中短线庄家相比，长线庄家具有以下6个鲜明的特征。

特征1：坐庄理念不同

长线庄家往往更加认同和坚持价值投资的理念，这是与中短线庄家最大的区别。中短线庄家以炒题材、炒概念为主。

特征2：吸筹时间长

在实战中，长线庄家由于坚持价值投资理念，往往会选中未来业绩有很大改观的股票，在吸筹时耗时较长，也不太计较价位成本。

特征3：入场时机

长线庄家坚持“熊市才是买入的大好时机”，往往选择在经济周期谷底附近入场。这与大部分投资者的思维惯性相反。

图1—8所示为比亚迪股份（HK1211）2008年6月到2009年9月的走势图。

2008年，全球性的金融危机爆发，各大股指持续下跌。在这种背景影响下，该股股价也持续下跌。到9月份，在金融危机已经深入人心的时候，巴菲特财团以每股8港元的价格买入2.25亿股比亚迪。之后的一年多时间里，该股股价大幅上涨。

特征4：追求目标较高

由于买入股票资质较高，同时买入时机往往是在大熊市中，所以长线庄家往往心存高远，股价会形成较长期的上升趋势，整体涨幅非常惊人，而且长线庄家对目标个股的控盘程度要求很高，通常要达到60%甚至更高。由于动用资金量大、操作周期

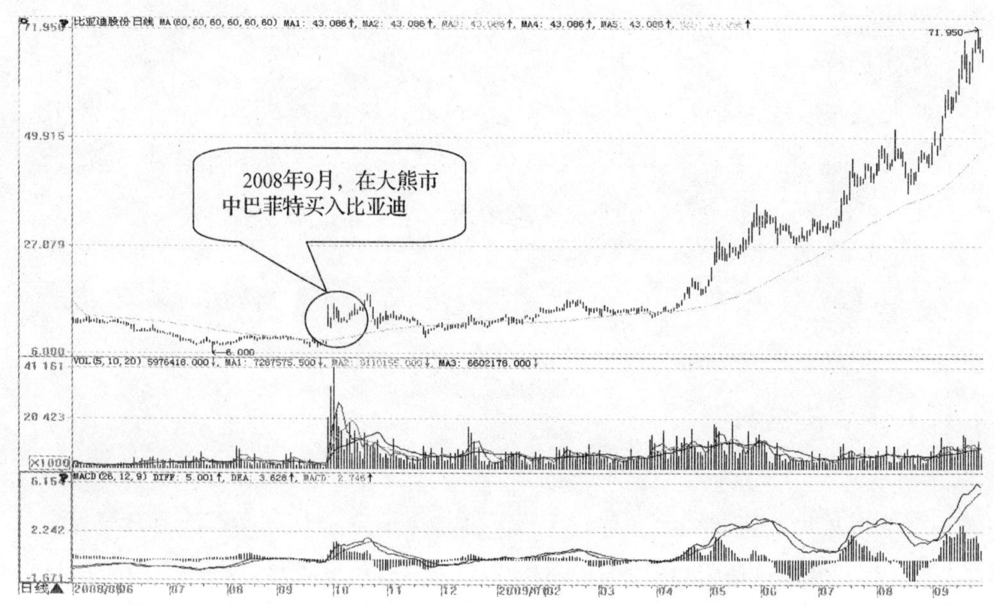

图 1—8 比亚迪股份日 K 线

长，长线庄家追求的收益率也会很高。

特征 5：降低持股成本的策略

在运作过程中，长线庄家往往会根据大盘的中期波动，拿出部分仓位进行高抛低吸的滚动操作。这样长期积累下来，获利非常可观，甚至将原有筹码的成本降为零。

如图 1—9 所示，从 2008 年 11 月到 2011 年 3 月，近两年半的时间里，三一重工（600031）虽然整体上一直处于上涨趋势中，且涨幅巨大，但中间仍有不少回调。长线庄家可以利用这些回调，用部分仓位不断地进行高抛低吸操作，以降低持股成本。

特征 6：杀跌力度大

长线庄家一旦获利往往巨大，再加上其筹码众多，因此，他们一旦开始出货，其杀跌力度也非常大。但正因为如此，在这三种类型的庄家中，长线庄家所承担的风险是最大的，由于控盘比例高，其出货难度也是最大的。

当前，在我国股市中，符合这 6 个特征的长线庄家多是一些公募基金。作为当前股市最大的主力资金群体，对于那些基本面优良、同时业绩稳定成长的股票，他们经常扎堆买入，长线持有。投资者跟这类庄家不要因为小幅度的升跌而患得患失，不要太过于留意上升图中的波折。只有当经济周期的顶峰到来，市场大众狂热得丧失理智时，庄家才会抛出手中持股，此时投资者需要注意及时卖出持股。

图 1—10 所示是云南白药（000538）的长期上涨走势图。作为我国股市少有的业

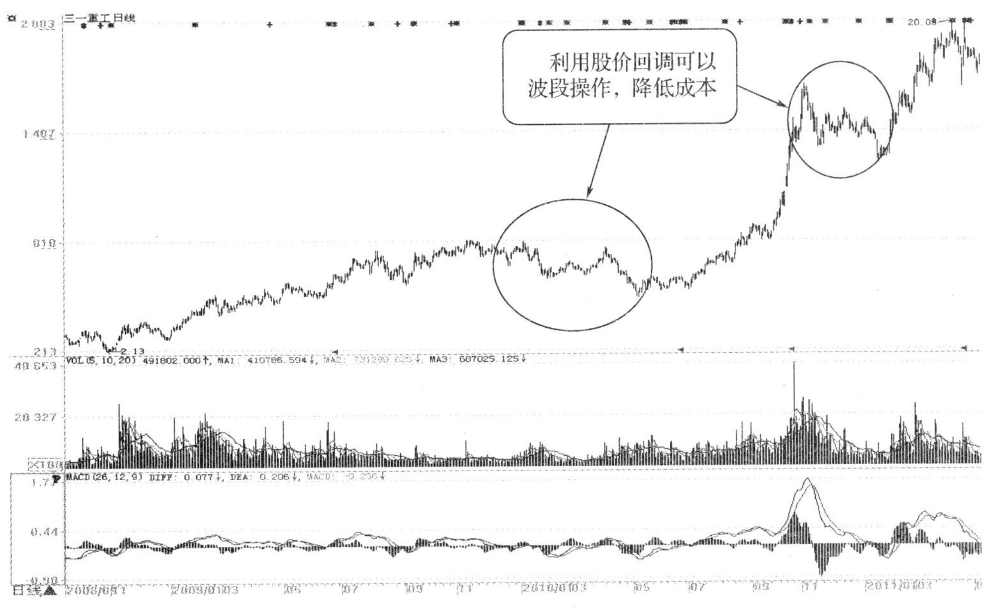

图 1—9　三一重工日K线（复权）

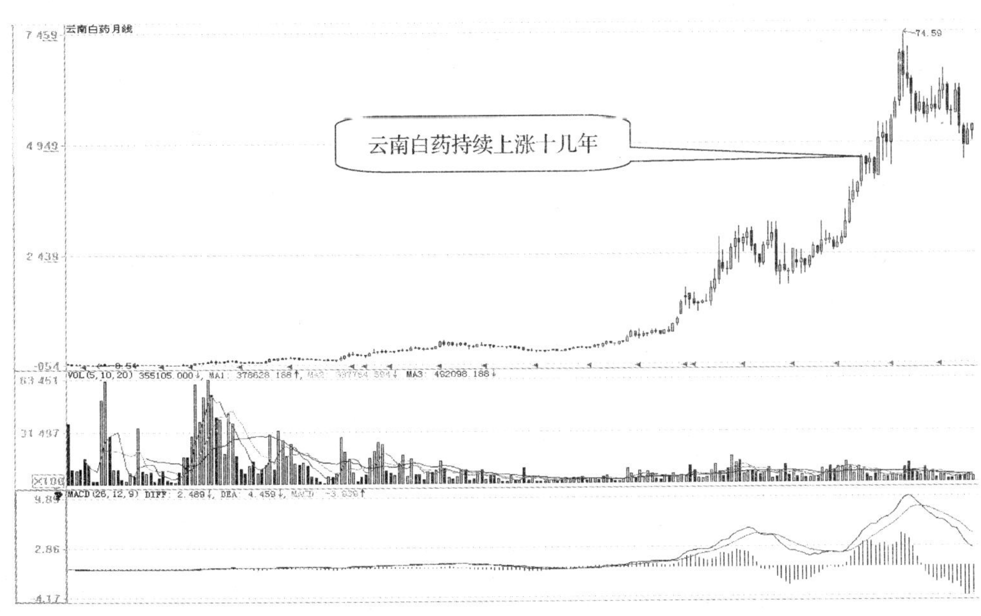

图 1—10　云南白药月K线（复权）

绩优良、经营稳健的公司，云南白药长期受到以基金为主的机构的青睐。该股在上市半年后，即1994年7月探明长期底部，随后展开了反复的震荡上涨行情，各路机构进场后纷纷进行长线锁仓，使得该股走出了长达十几年的长线行情，整体涨幅达100多倍。

如果投资者能够真正认识该股价值，更重要的是，能够耐心地长期持有，不理会中间或长或短的调整过程，那么回报也是非常惊人的。

投资者需要注意中国股市并非不能做长线价值投资，只是可供选择的标的太少，同时整体市场又经常大起大落，因此，很少有人能够经受住这种考验。实际上，不论中线、长线还是短线，各种交易策略并没有高下之分，主要看哪种交易方式适合自己，适合自己的就是最好的。

精讲提高

股市上还有强庄和弱庄的说法。

强庄是资金充裕、持仓量大的庄家。弱庄则是相对于强庄来说实力较弱的庄家。

庄家的持仓比例越高，控盘程度就越大，拉升股价就越轻松。因此，强庄操作的股票，其上涨幅度往往十分巨大。而弱庄由于控盘程度低，在拉升股价时经常会顶不住抛售压力，只能边拉升边洗盘，逐步拉升股价。所以弱庄对股价的拉升幅度不会很大，同时股价上涨也会波折不断。

1.1.4 庄家的优势和劣势

在股市里，庄家拥有一些散户所无法比拟的优势，主要集中在以下几点。

第一，操纵优势

庄家一般拥有大量的资金和股票，有能力通过时而打压时而拉抬的手法控制或影响股价波动。通过种种手段，庄家可以在股价走势和某些技术指标上“画”出自己希望出现的图形，设置各种空头或者多头陷阱，诱导其他投资者。

如图1—11所示，从2010年9月中旬开始，中国宝安（000009）在经过一波较大的涨势后，庄家为了将获利盘清洗出局，开始打压股价。9月15日，当日股价大跌6.19%，9月16日MACD也出现死叉。许多投资者看到这种情况，很可能会抛出筹码，但这些形态只是庄家精心绘制的，此时卖出正中庄家圈套。10月下旬，庄家洗盘结束后，股价再次上涨并不断创出新高。

在股市中，这种庄家在走势图中刻意制造陷阱，引诱股民大量买进或卖出的行

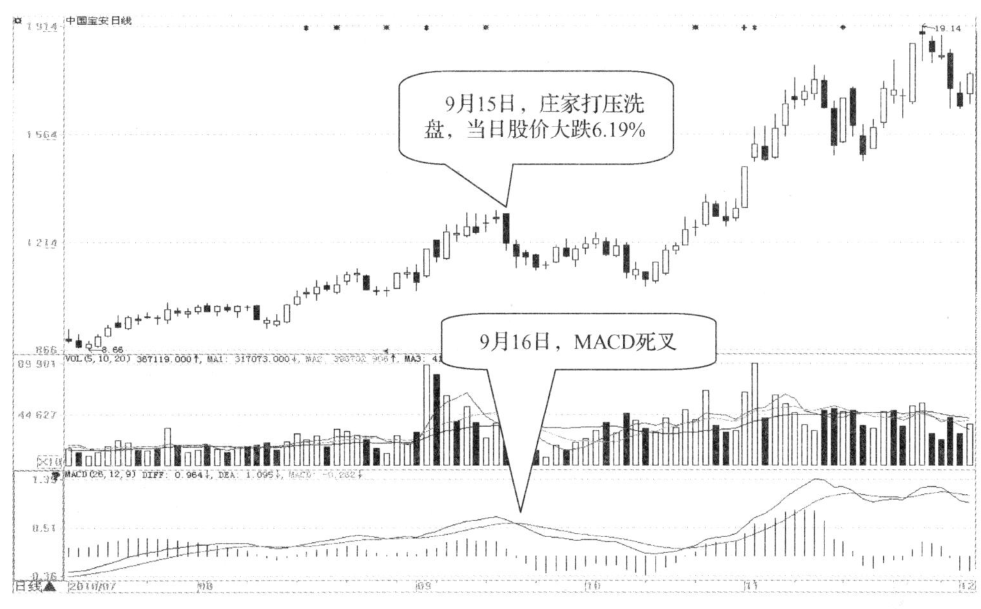

图1—11 中国宝安日K线

为，统称为骗线。

第二，信息优势

庄家的信息渠道是个人投资者所不能比拟的。庄家往往比个人投资者更早知道市场上的各种内幕消息，尤其是上市公司的内幕消息，提前制定应对策略。有的庄家甚至能够利用自己的渠道向市场散播假消息，误导个人投资者上当。

另外，庄家对于宏观经济、国家政策导向等方面的信息，了解的程度更加深入，也更加全面。

第三，专业优势

相比起分散在各行各业的投资者来说，庄家的队伍更加专业。在市场交易的各个环节，均配备有专业人士。

庄家操作的专业程度要远优于散户。庄家都会有一份十分详细的操作计划，充分考虑到后市可能发生的种种变化，做到有备无患。庄家在制订投资计划时，会很详细地分析散户心态，了解各种公众传媒的观点和评论，并根据市场中投资者的心理变化和交易行动来确定具体的操作策略。在重大的转折点，庄家的动作往往与散户的动作相反，当散户终于确定行情好转，开始大举杀入时，庄家可能正在派货；当散户对后市感到绝望，开始割肉时，庄家却正在悄悄地收集筹码。

与散户相比，庄家存在着明显的优势，但这并不代表着庄家就是百战百胜，庄家同样存在一些明显的劣势。

第一，资金有成本

庄家资金实力强，这只能说明相持能力强，而并非意味着获利能力也强。同时，这些巨额资金大部分是融资而来，是需要付出成本的。更为重要的是，这些融资都是有时间期限的。这就迫使庄家必须在一定期限内实现相应的收益。

当形势不明朗时，没有生存压力的投资者大可以保持观望等待形势明朗，或者即使错过一波行情也不要紧，还有下次机会可以把握。庄家则不同，在融资成本和融资期限的压力下，庄家必须要运作行情。庄家基本每年都需要做一波行情，当大势并不好时，庄家也经常勉强参与，所承担的风险自然远远大于投资者。

第二，出货有风险

庄家的资金量太大，船大难掉头。散户的资金量少，可以在很短时间内完成股票买卖，但庄家不可能做到这一点。对于庄家来说，吸货虽然困难，但出货才是最难的。庄家持有的大量筹码，要在高位转移到其他投资者手中，此时庄家不仅要维护市场人气、吸引买盘，还要向市场卖出大量的股票，同时还要尽量维持股价，其难度非常大，风险也非常高。尤其在大盘已经转弱，而出货目标还没有实现的情况下，对于庄家来说风险更大。

散户在跟庄过程中要充分利用庄家的优势，回避自己的弱势，只有这样才能做到顺利跟庄。

1.2 关键点 2：庄家坐庄过程

庄家坐庄的整个过程可以分为四步，分别是建仓、拉升、洗盘和出货。下面先简要地予以介绍，详细内容将在第 4～第 7 章中介绍。

1.2.1 建仓

庄家与散户一样，盈利途径都是低买高卖。因此，庄家坐庄的第一步，就是在低位能够买入足够的股票。

庄家建仓的过程不可能用一笔或是几笔买单完成交易。庄家需要大量时间逐步买入，才能实现建仓目标。一般来说，庄家的建仓过程短则几天，长则几个月都是有可能的。另外，在建仓过程中，庄家还要尽量伪装自己的交易痕迹，不能被散户发现其真实意图。

图 1—12 所示为 20 世纪 90 年代市场上著名的庄股——中科创业（000048）在建仓时的走势图。当时该股名叫康达尔，是深圳宝安区的养鸡公司，控制着香港活鸡市

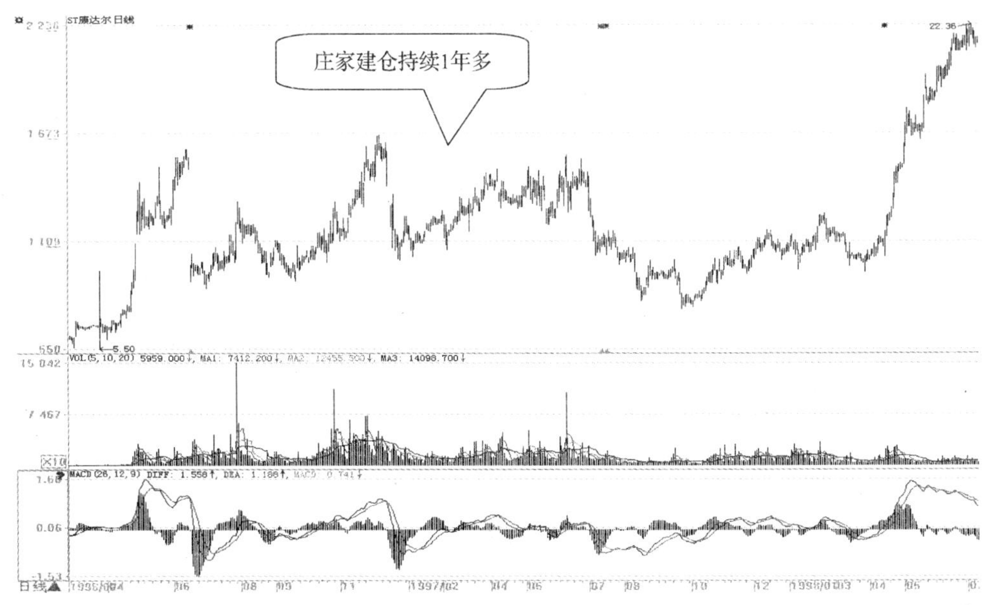

图 1—12 中科创业（现在的 ST 康达尔）日 K 线

场的大半份额。

从1996年4月份开始，庄家开始建仓，之后成交量一直居高不下。尤其是7月29日，该股换手率一度达到43%。在超过1年的建仓的时间里，康达尔的换手率超过1 700%。后来揭秘的信息证实，该股庄家的控盘比例超过90%，几乎控制了所有的流通盘。

如图1—13所示，2010年1月到12月，银鸽投资（600069）的庄家在经过了长达1年的建仓之后，其控盘比例已经很高。从2011年1月份开始，庄家开始持续拉升。

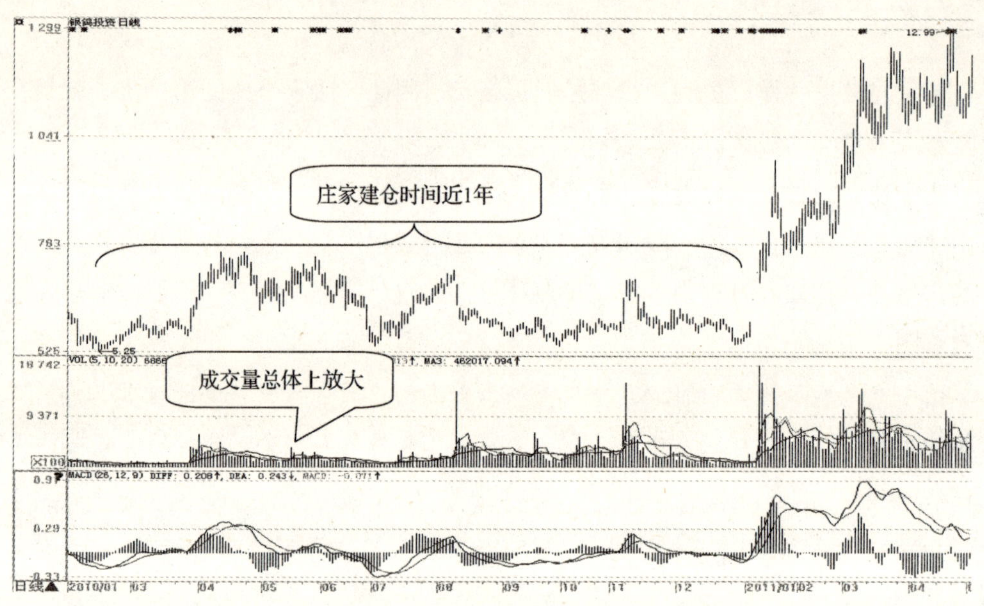

图1—13 银鸽投资日K线

1.2.2 洗盘

庄家为了能够顺利地把股价拉升至目标价位，必须在上涨过程中，让低价买进、意志不坚的散户抛出股票，以降低其盈利幅度。股票在散户之间的换手可以抬高市场平均成本，减轻上档压力，更加有利于后期的拉升和出货。

另外，洗盘还有一个重要目的，就是为以后的出货做充分准备。很多洗盘的表现形式和出货非常相像，庄家利用散户对庄家出货的防备心理，设置空头陷阱，让散户误以为庄家出货而纷纷卖出。反复几次骗线之后，散户对该形态会产生麻木情绪，当庄家真正开始出货时，散户会按照惯性思维，认为庄家又在洗盘，从而持股不动，此时庄家正好完成出货任务。

如图1—14所示，从2010年7月到2011年2月，中船股份（600072）一直处于上涨趋势中。在这个过程中，主力有两次明显的洗盘过程，分别为震荡洗盘和打压洗盘，其表现形式和持续时间均不相同。另外，即使在同一段拉升过程中，也存在着大量的日线级别的洗盘。可以这样说，洗盘在庄家运作过程中时刻存在。

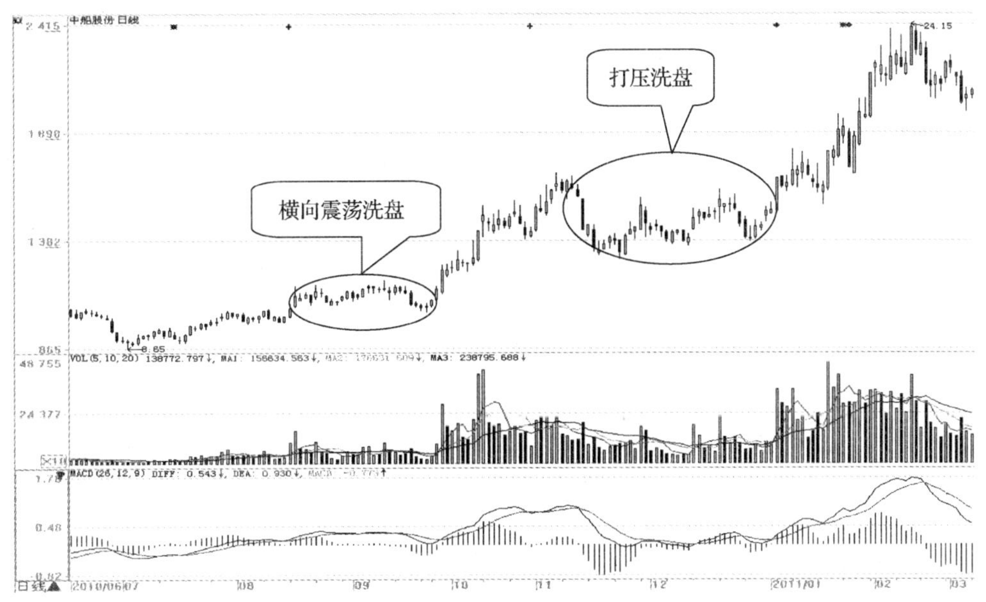

图1—14　中船股份日K线

有时候庄家会借助大盘的下跌走势来进行洗盘，尤其是当大盘由于突发性利空出现大跌时，庄家会顺势进行打压洗盘。

图1—15、图1—16分别为上证指数、广发证券（000776）在2010年的走势。

2010年5月5日，国务院召开节能减排工作电话会议。温家宝总理在会上表示，要采取铁的手腕淘汰落后产能。未来一段时间，国内将关停大量小火电机组，淘汰大量落后钢铁、水泥产能。因为对经济调整期阵痛的担心，5月6日开盘后，大盘遭遇持续打压，并在随后几个交易日内，整个市场都持续下跌。

在整个市场普遍下跌的环境下，广发证券的庄家顺势将该股股价大幅向下打压，为自己在低位建仓做准备。

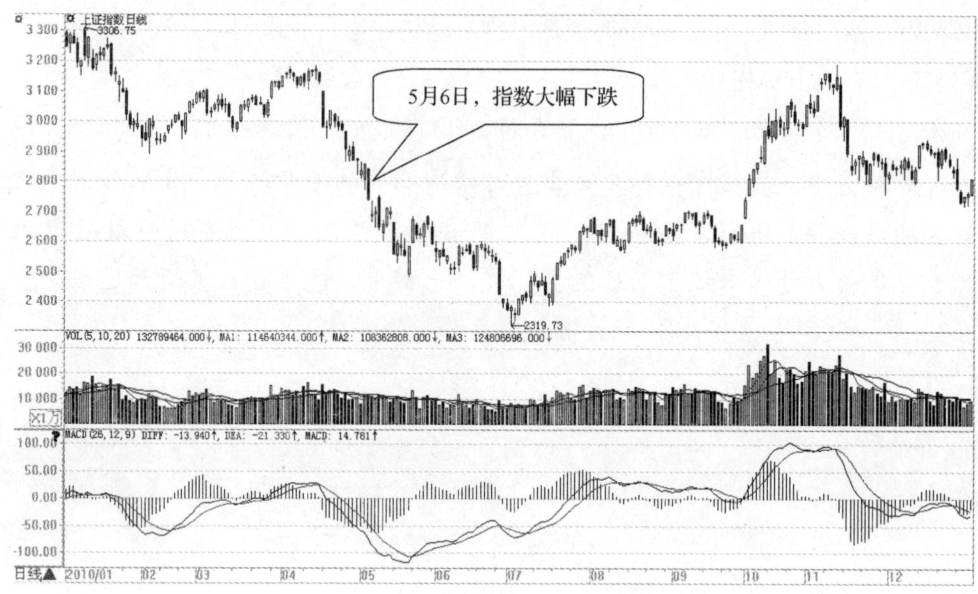

图 1—15 上证指数日 K 线

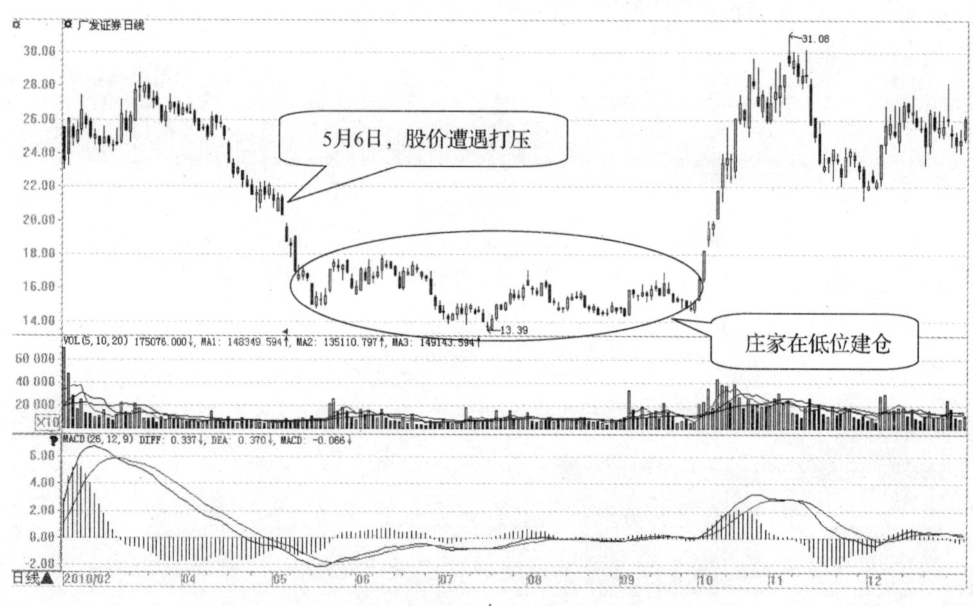

图 1—16 广发证券日 K 线

1.2.3 拉升

庄家建仓的最终目的，就是为了能够在高位卖出，实现巨额利润。股价从低位到高位的过程，就是庄家拉升的过程。

在拉升股价时，庄家会借助各种渠道在市场上散布利好消息，配合市场大势，营造多头气息。例如20世纪末期，全球范围内高科技概念被炒得很热，在这种背景下，康达尔的庄家，就利用了高科技概念，在1999年12月将公司名称改为颇具“高科技气息”的中科创业，最终让股价一飞冲天。根据盘面信息，中科创业庄家的建仓成本不到10元，但经过庄家的持续拉升，股价最高冲高到84元，如果算上中间的大比例送股除权，股价最高时超过150元。

同时期，另一只著名的高科技庄股是亿安科技。亿安科技的庄家建仓时，该股名称为深锦兴，股价不足10元。经过庄家的不断拉升，并且在1999年8月将深锦兴的名字改成亿安科技后，股价在1年内最高涨到126元，成为两市首只百元股。

中科创业和亿安科技是1999年科技股行情中的两只大牛股。庄家除了自己拉升股价外，还对股票进行精心的包装，充分利用了当时市场的高科技股炒作行情。不过这些题材，在事后证明根本就不存在。

如图1—17所示，2009年2月，伴随着大盘牛市的来临，皖通高速（600012）在经过庄家的打压洗盘之后，开始再次向上，延续原来的上涨趋势。从3月份开始，股价持续上涨，几乎没有经过像样的回调，很明显，这是庄家的拉升动作。

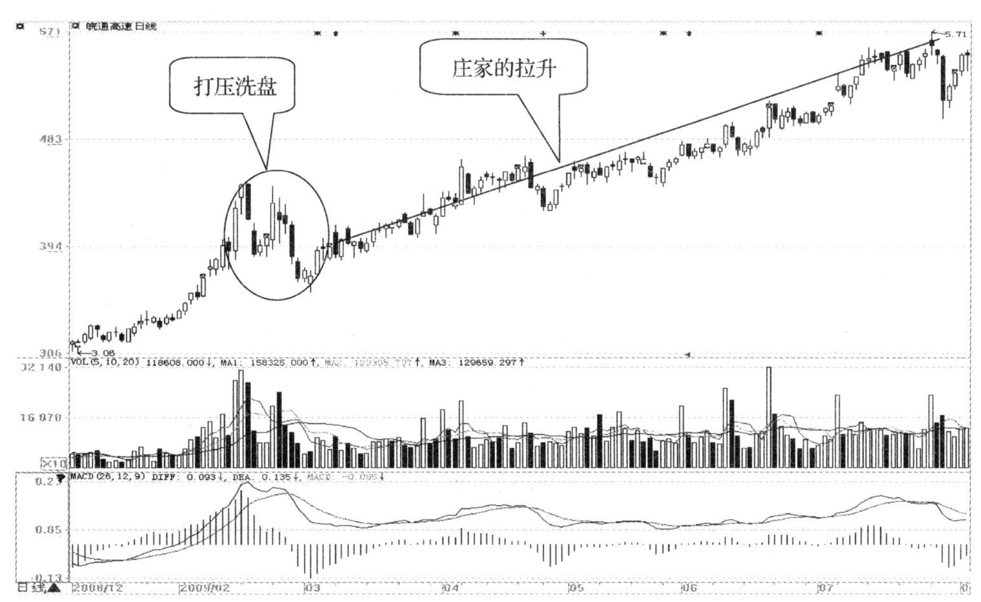

图1—17 皖通高速日K线

1.2.4 出货

出货是庄家整个运作过程中极为重要的一环。出货成功与否，直接关系到庄家坐庄的利润和成败。庄家在出货时会利用各种手段在市场上营造多头氛围，吸引买盘，一旦投资者大量买入股票，庄家会顺势出脱手中持股。

如图1—18所示，2011年11月10日，济南钢铁（600022）资产重组获证监会审核通过。在这一利好消息的刺激下，股价放量涨停。第二天，该股跳空高开，但随即持续下跌（见图1—19），同时伴随着成交量的天量。它表明庄家正在趁着利好消息出货。

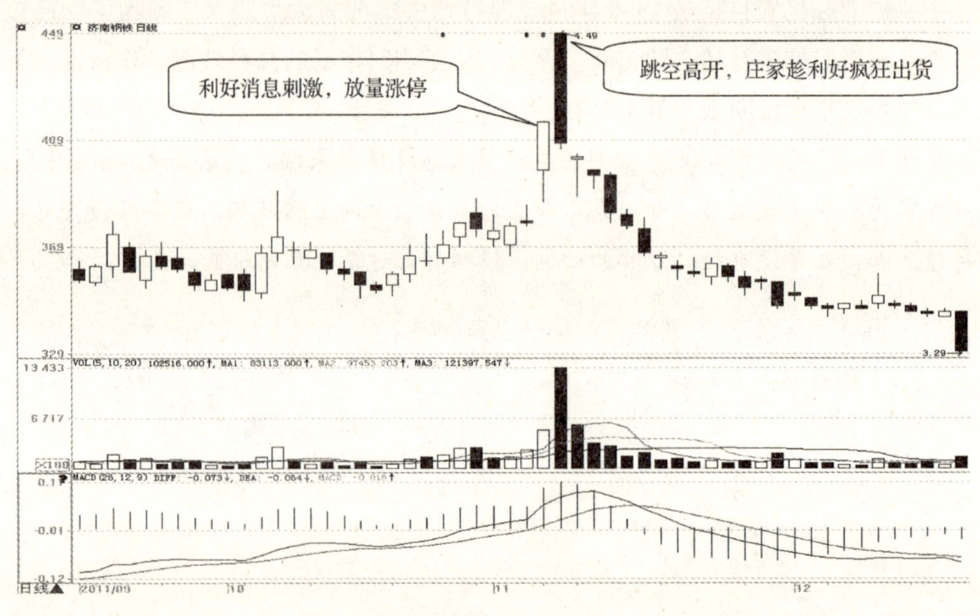

图1—18 济南钢铁日K线

从上例中可以看出庄家出货的一般模式：

借助利好或者大势火爆——快速拉高、吸引买盘——大肆卖出。

上例中庄家出货比较明显，放量震荡，同时在随后几个交易日中持续下跌，投资者很快就可以发现庄家的出货动作。但有时候庄家的出货手法非常隐蔽，耗时也比较长，比较难以辨别。

如图1—20所示，2011年4月到7月，宁波联合（600051）的股价在高位大幅震荡，同时成交量也放出巨量。出现这种走势，投资者很难判断庄家在出货还是在

图 1—19　济南钢铁分时走势图

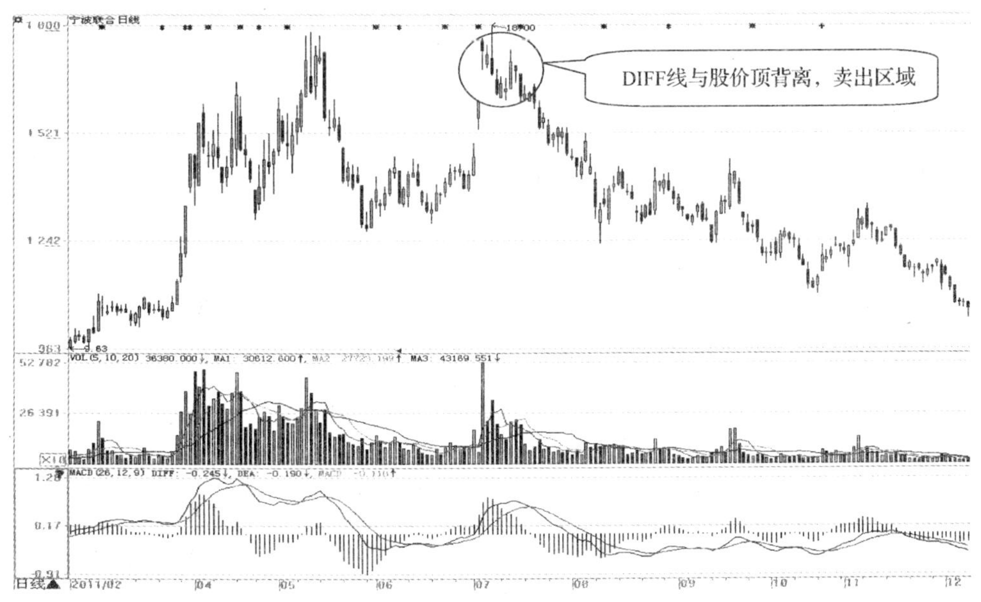

图 1—20　宁波联合日 K 线

洗盘。此时投资者需要根据大盘走势等其他分析方法，进行综合判断。例如，当宁波联合的 MACD 指标出现“DIFF 线与股价顶背离”形态时，投资者需要进行卖出操作。

庄家在坐庄的各个过程中，其运作手法、表现形式有很多种，有些易于识别，有些则非常隐蔽，需要投资者经过长期的经验积累才能识别。本书在后边将有专门章节，详细介绍庄家坐庄这四个阶段的各种表现形式，以及投资者的应对策略。

1.3 关键点3：庄家选股策略

1.3.1 青睐小盘股

在实际操作中，游资庄家选股会比较倾向于选择中小盘股，基金等大型机构则比较青睐那些业绩稳健的蓝筹权重股。

越优秀的公司越容易引起投资者的注意，投资者就越容易捂股待涨，这样无形中就增加了庄家建仓的难度。另外，大盘蓝筹股中通常有很多基金公司等长线庄家进驻，短线和中线庄家很难实现完全控盘，增加了运作难度。而对于基本面很差的中小盘股，一方面容易建仓，另一方面，一旦挖掘出引人瞩目的题材，就很容易受到市场追捧。所以，中小盘股，尤其是业绩一般或者较差的中小盘股，更容易获得短线和中线庄家的青睐。

因此，在实战中，中短线投资者如果要跟庄，实现短线收益或波段收益，最好能够跟在中小板中寻找合适的股票。一般情况下，除非出现大牛市，小盘股的涨幅都要超过大盘的涨幅。

如图1—21所示，2010年7月到11月，大盘出现一波小牛市，在4个多月的时间里，上证指数从2 319点涨到3 186点。在这个过程中，作为中小盘股票的典型代表，新和成（002001）的涨幅远超大盘。

1.3.2 选时的技巧

庄家选定投资的股票之后，在选择何时入场的问题上，需要更多地考虑宏观经济因素。这是因为绝大多数股票的价格都会受到市场大势以及宏观环境的影响。

当股市经过长时间的大幅下跌之后，如果宏观经济有回暖迹象，就是庄家大举入市建仓的最好时机。在经济出现复苏迹象的同时，管理层一般也会发布政策促进股市发展，充分发挥股票市场的投资、融资作用，推出较为积极的财政政策和货币政策，进而刺激整个国民经济的发展。庄家在这个时候展开运作，可以顺应大势和管理层的

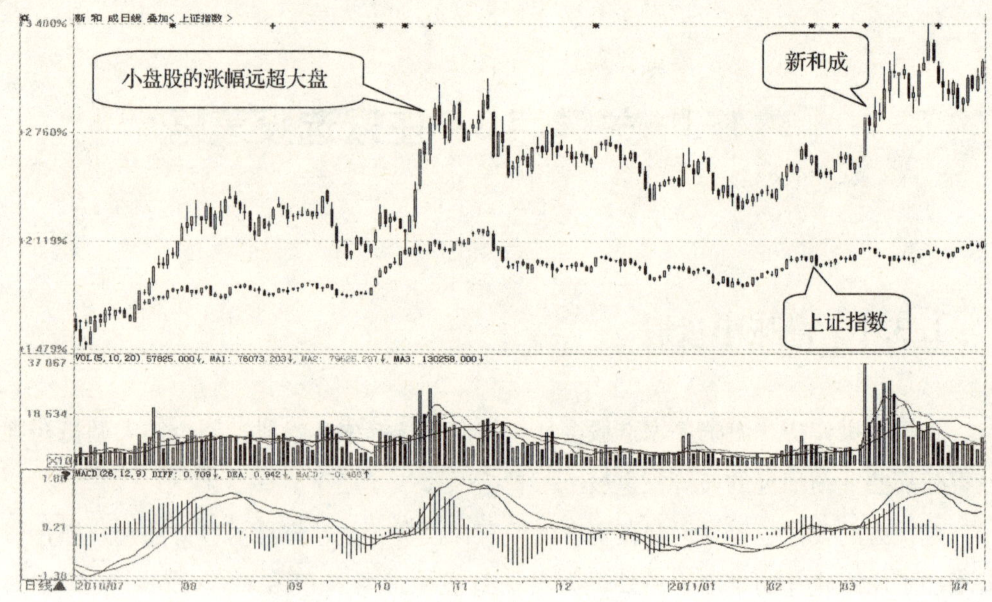

图 1—21　新和成日 K 线

鼓励扶持政策，降低操作风险。

除了宏观经济和国家政策，庄家还会充分考虑到各种产业政策和区域政策。通过自己灵敏的消息途径，庄家可以对很多消息先知先觉，提前进入建仓。

如图 1—22 所示，2011 年 10 月 15 日至 18 日，十七届六中全会在北京召开。会上对深化文化体制改革、推动社会主义文化大发展大繁荣作出全面部署，确定了文化

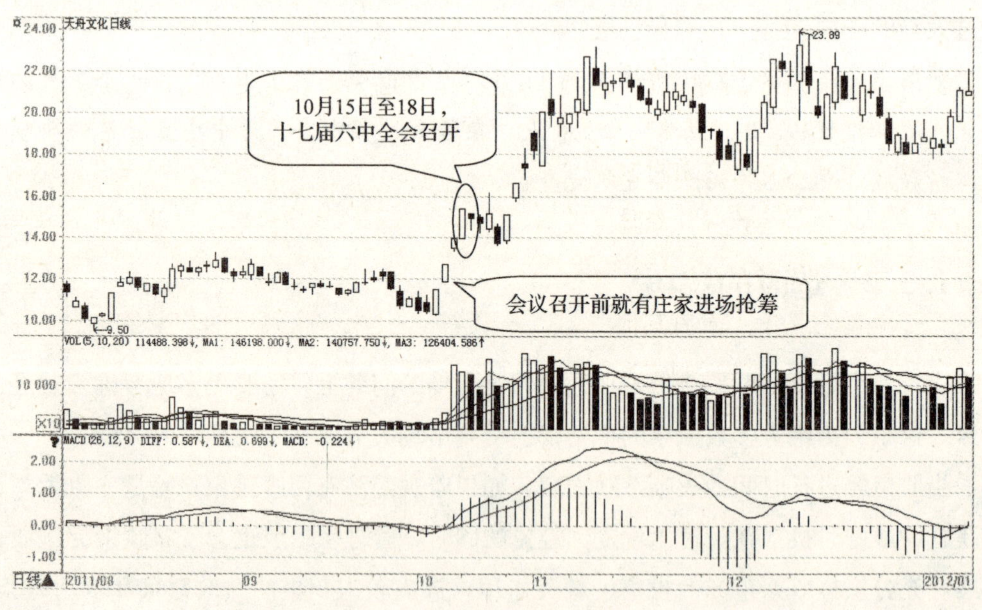

图 1—22　天舟文化日 K 线

产业的发展壮大成为我国“十二五”期间发展的重要方向之一。

经过这次会议，投资者可以确定文化传媒板块上市公司在未来较长时间内都会获得国家政策的持续支持。因此，整个文化传媒板块开始了一轮持续上涨行情。

天舟文化（300148）是这轮文化传媒板块上涨的龙头股。在十七届六中全会召开前，就有庄家进场抢筹，并且在会议完成后将股价持续向上拉升。

1.3.3 试盘

俗话说“一山难容二虎”，一只股票中同样也难以容纳两个庄家。不同的庄家同时坐庄一只股票，很容易因为利益冲突而出现两败俱伤的情况。因此，庄家在选择一只股票时，会特别注意考察这只股票是否存在其他庄家，如果有其他庄家存在，就需要另选股票，或者用各种方法将原来的庄家挤走，称为“抢庄”。

庄家试探股票中是否有其他庄家的方法有很多种，其中最重要的是与上市公司管理层充分“沟通”。作为上市公司的管理层，会非常关注自己公司的股价，也能够大致了解自己公司的股票中是否有庄家存在，如果能够得到上市公司高管的配合，庄家可以省去很多麻烦。

庄家进行判断的另一种常用方法是利用技术上的试盘手法。试盘有“投石问路”的作用，先用少量资金和筹码控制股价，制造短期的异常波动。如果股票中已经有其他庄家，在看到别人进入自己的“领地”时往往会发出警告，展开针锋相对的护盘或者砸盘行为。此时即可试探清楚股票中是否有其他庄家。

如图1—23所示，2012年1月10日，沱牌舍得（600702）股价放量涨停。这次涨停行情是庄家在建仓之前对市场进行测试，确定股票里是否还有其他庄家，以及持有该股投资者的整体情况。经过试盘确定后，庄家开始将股价放量拉升，并且在拉升过程中买入股票建仓。

除了查看股票中是否有其他庄家外，庄家试盘的目的还在于了解股票的抛压大小以及买气强弱，便于日后制定操作策略。

如图1—24所示，从2011年7月到2012年1月，因房地产调控政策的实施，荣安地产（000517）一直处于下跌趋势中。

从2011年10月份开始，股价经过一波大幅下跌走势之后，进入震荡阶段。在这个过程中，庄家不断试探上方压力的强弱。但股价的每一次拉升，都受到强烈打压而再次向下。它表明该股抛压十分沉重，股价接下来延续原来下跌趋势的概率较大。

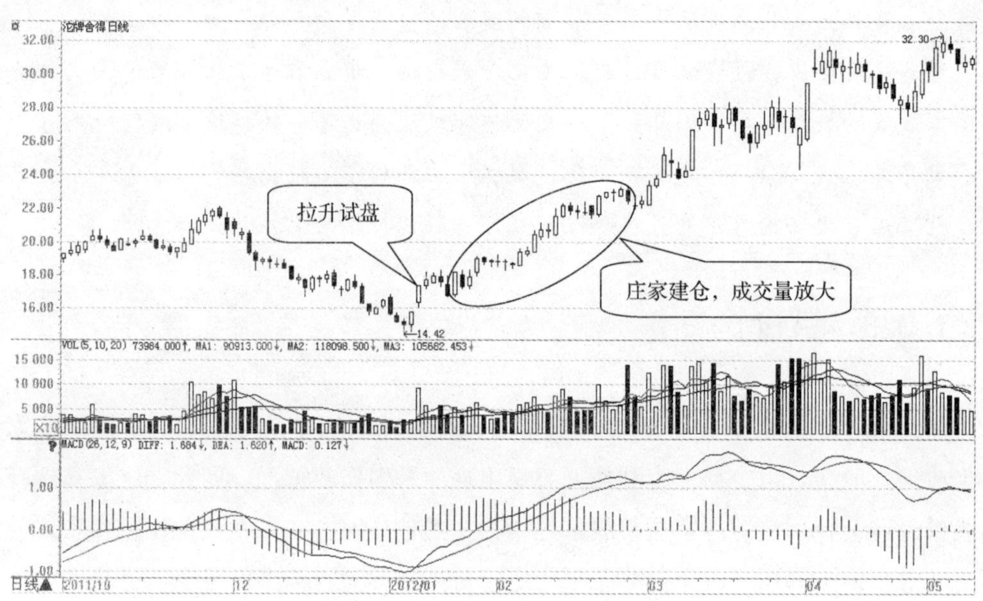

图 1—23　沱牌舍得日 K 线

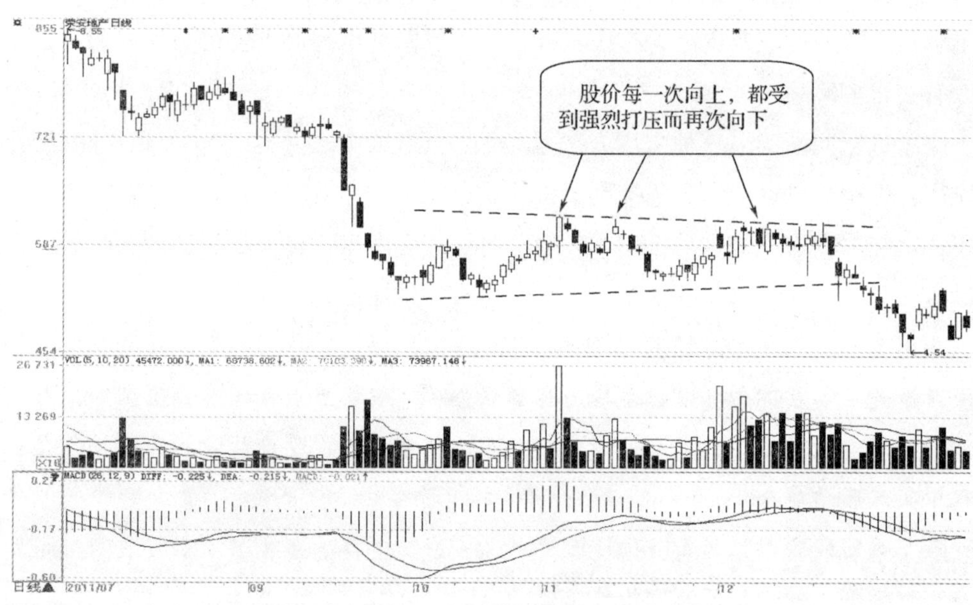

图 1—24　荣安地产日 K 线

1.4 关键点4：庄家的9个行为特征

1.4.1 庄家的准备工作

庄家的操作，实际上是一个系统性的工作，这就需要进行精密的准备。一般来说，庄家的准备工作主要包括以下几个方面。

1. 人才准备

庄家背后是一个各方面优秀人才的集合体。它包括宏观经济研究员、行业分析师、策略分析师、顶尖的操盘高手、公关人员以及消息灵通人士等。庄家每一个操作行为的发生，都是这些人集体活动的结晶。

2. 对倒账户

对倒又称对敲，是指庄家自买自卖的市场行为。在实际操作中，庄家往往利用数十个甚至数百个账户以规避监管机构的注意，同时也以此来蒙骗散户。

3. 选择炒作品种

庄家在选择炒作品种时，一个基本的原则是，在之前的密集成交区价位上方，至少还有50%以上的涨幅。唯有如此，才能使得庄家进退自如。

另外，庄家筹措资金的性质和数量，也对炒作品种有重要的影响。如果是短期资金，数量较少，庄家往往选择那些热门题材股进行短线炒作；如果是长线资金，且数额巨大，庄家往往会把上市公司的业绩和成长性放在首位，追求投资的安全性。

4. 准备坐庄资金

庄家在选定了炒作品种，预估了坐庄时间之后，就要筹集坐庄资金。如某小盘股流通盘为2000万股，当前市价为5元，如果需要控制4成筹码，则需要筹措4000万元的建仓资金即可。除此之外，为了应付各种突发情况，庄家也要准备一部分额外资金。

5. 制订详细坐庄计划

作为专业性的投资机构，庄家在进行具体的操作之前，需要制订详细的操作计划。对操作中可能出现的各种情况都要预先做出设想，并想好相应的对策。

1.4.2 庄家的9个行为特征

庄家在资金和信息方面的优势是一般投资者无法比拟的。庄家有以下9个行为特征，这些特征也是决定庄家能否成功的关键。

特征1：庄家往往采用集中持股的策略，用数千万甚至数亿的资金专做一只股票；散户则恰好相反，往往用数万、几十万元做几只甚至十几只股票。

特征2：庄家做一只股票所需时间较长，长线庄家要一年甚至几年；散户则以短线操作为主，有相当部分的投资者甚至是“今天买，明天卖”。

如图1—25所示，从2008年11月到2009年7月，伴随着大盘中等牛市的出现，罗平锌电（002114）也持续上涨。但在上涨的过程中，该股多次出现回调，许多投资者在这波牛市中被震荡出来，往往只能获取很少的波段收益。

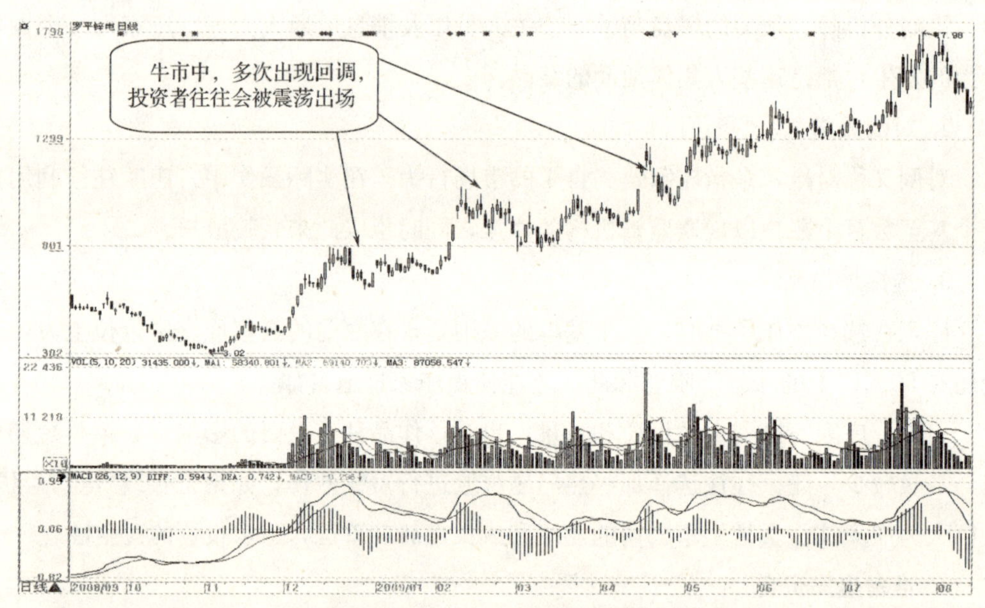

图1—25 罗平锌电日K线

特征3：庄家一年一般只做一两只股票，散户往往一年做几十只。

特征4：在操作细节上，庄家在操作一只股票前，对该股的基本面、技术面要做长时间的调查和分析，甚至还与公司管理层勾结起来，制订详细的操作计划，之后严格按照计划行事；散户则往往只是在电脑前，盯着走势，几分钟内即可决定买卖。

特征5：在选股策略上，庄家比较喜欢一些冷门股、小盘股，通过市场买卖甚至是资本运作使得股票脱胎换骨甚至成为明星，由此来吸引散户的买入；而散户总喜欢当前最热门的个股，去给庄家锦上添花，最终赔钱。

在我国证券市场上，上市公司往往会以“改名”的方式来改造公司的形象，庄家自然也深谙此道。

例如，深锦兴改名为亿安科技之后股价越过100元，成为两市第一只百元股；康达尔改名为中科创业之后，市场形势大为改观，从一家养鸡公司转变为高科技类上市公司，股价也随之迅速上涨。

特征6：庄家虽然拥有资金、信息和操作上的巨大优势，但仍然对技术分析理论不敢掉以轻心，这与技术分析理论在散户中大行其道密切相关；散户则恰恰相反，对技术分析理论虽相信但多是一知半解，不能熟练应用。

特征7：庄家往往非常重视自己的对手，经常到散户中去调研，以此来使自己做到知己知彼；散户则常常心存傲慢，常常对庄家的操作评头论足。

特征8：庄家做完一只股票之后，往往会休息一段时间：既包括资金的休息，也包括人的休息；而散户往往频繁交易，不被套牢一般不会主动休息。

特征9：庄家的收益与大盘密切相关，一般不会超出大盘太多；散户一般不会大赚，但往往会大亏，即便是在大牛市中，也是略有盈利即收手。

第2章

识别庄股的5个技巧

庄家在对一只股票的运作过程中，很多时候会想尽一切办法来掩盖自己的操作痕迹，或者刻意制造与自身意图相反的盘面迹象，来误导其他投资者。如何通过分时盘口、K线走势等盘面信息，来发现庄家的运作迹象，识破庄家的真实意图，就成为投资者关心的问题。

有庄家入驻的股票和没有庄家入驻的股票，在盘面上会表现出明显的不同。没有庄家入驻的股票就如无人掌控的船只，在江河中只能随波逐流；而有庄家入驻的股票就如同有人驾驶的船只，在风浪中会表现出明显的个性，时而逆势而动，时而顺势加速。我们通过看盘识庄，就是要通过盘面上的各种异常迹象来发现庄家的运作迹象，判断庄家的真实意图，做到心中有数，顺利跟庄。

2.1 技巧1：盘中走势识别庄股

个股的盘中走势是观察庄家运作痕迹的一个重要方面。由于庄家资金量大，一旦有所动作，会对个股的盘中走势造成影响。尤其是当庄家的运作力度比较大时，将造成盘中分时走势的突起突落。当庄家发力拉抬时，个股的盘中会出现陡峭的上升走势；当庄家发力打压时，盘中会出现陡峭的下跌走势。

如果在一段时间内，某只股票的盘中走势中，经常出现突起突落的情形，就说明有庄家在积极运作，此时投资者可以结合大盘、股价位置、K线走势等因素，综合研判庄家是否存在以及庄家的意图。

2.1.1 低位异动

当股价经过一波较大的下跌趋势之后，如果在低位即时走势中，多次出现突起突落的异动情形，就表明有庄家开始积极运作。投资者要注意观察，因为股价的反弹甚至是彻底反转走势即将出现。

图2—1至图2—4分别为天威保变（600550）2010年7月2日、7月5日、7月6日、7月16日的分时走势图。其中7月2日、7月5日和7月6日是三个连续的交易日。

从这4天的分时走势图中可以看出，天威保变的股价走势在这4个交易日中都有突起突落的情形出现，且该股此时正处于下跌趋势中，表明有庄家已经在积极动作。

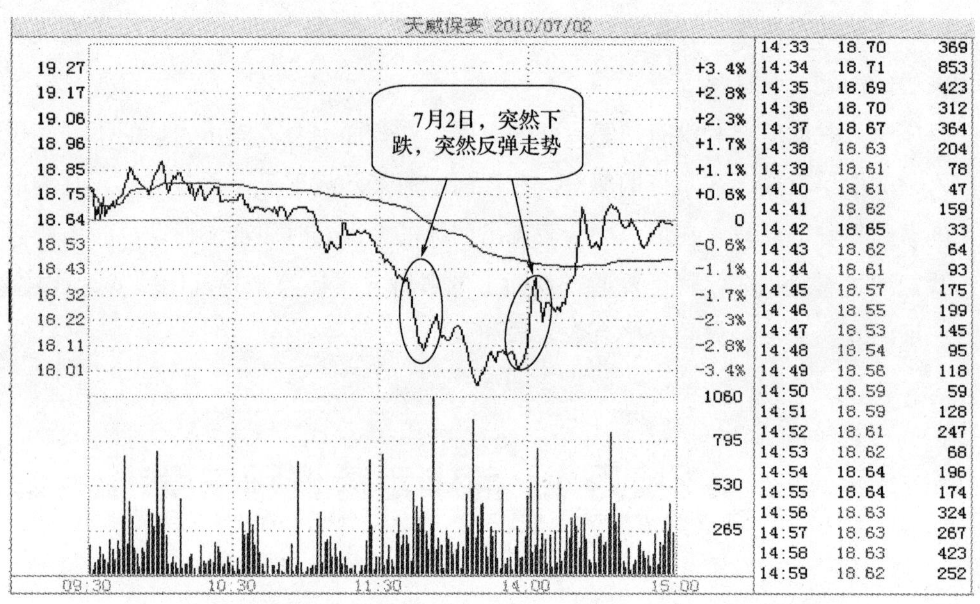

图 2—1 天威保变分时走势图（2010 年 7 月 2 日）

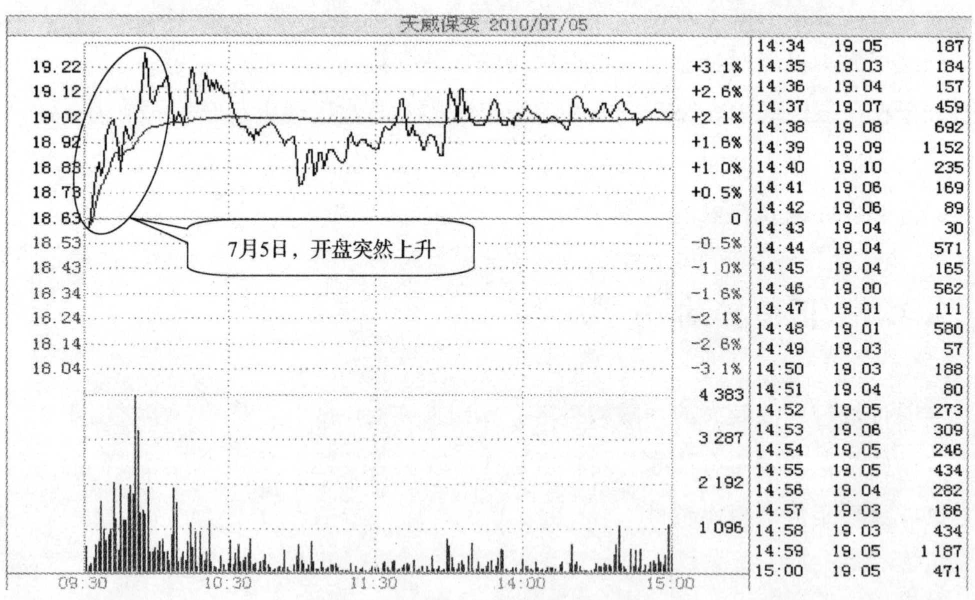

图 2—2 天威保变分时走势图（2010 年 7 月 5 日）

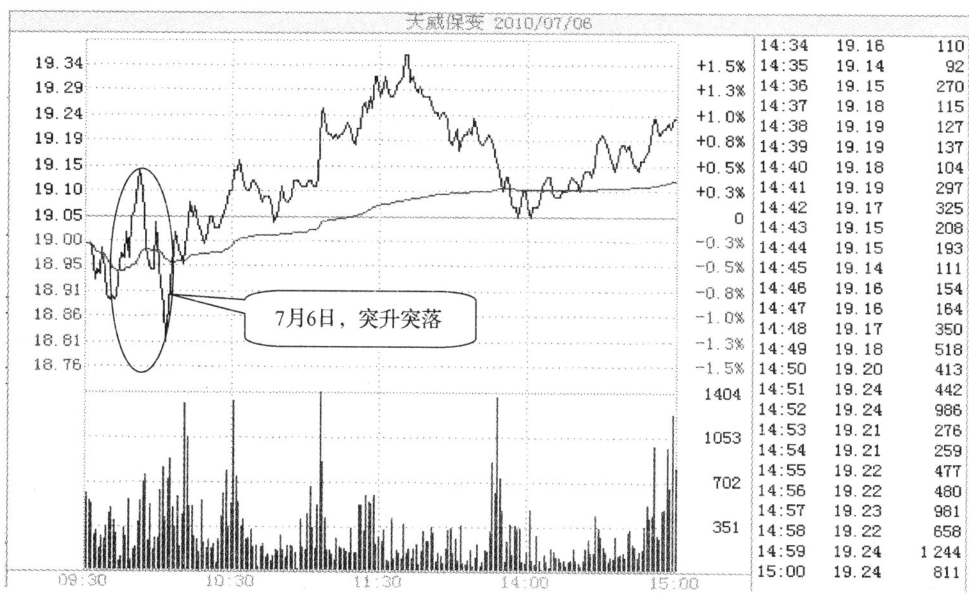

图 2—3 天威保变分时走势图（2010 年 7 月 6 日）

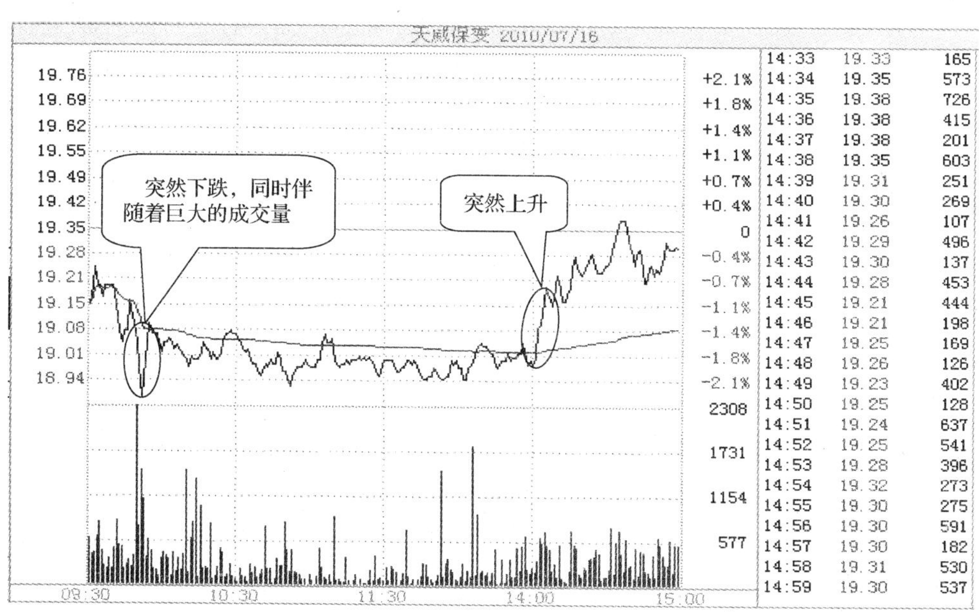

图 2—4 天威保变分时走势图（2010 年 7 月 16 日）

7 月初，该股 MACD 指标中出现“DIFF 线与股价底背离”的看涨形态，表明股价虽仍处于下跌趋势中，但上涨动能正在迅速积聚。该判断可以从另一个方面证明庄家正在不断建仓，之后的股价走势也证明了这一判断，如图 2—5 所示。

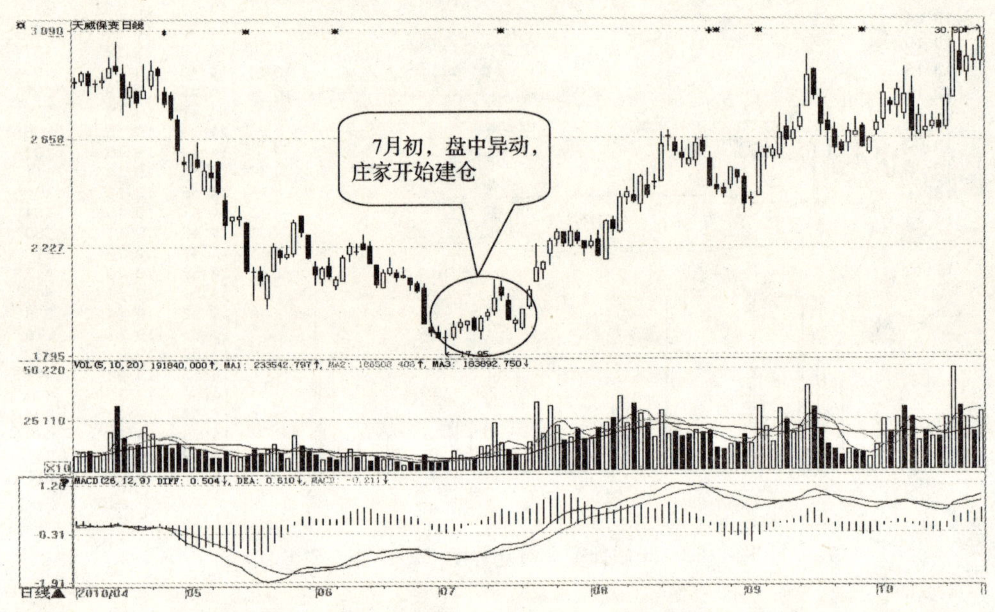

图 2—5　天威保变日 K 线

2.1.2　高位异动

当股价处于高位时，如果个股盘中出现放量的突然上涨或突然下跌走势，那么往往意味着庄家在出货。投资者可以结合 MACD 指标、均线或 K 线理论来综合判断当前的走势类型。

图 2—6、图 2—7 分别为方兴科技（600552）2010 年 4 月 13 日、4 月 16 日的分时走势图。从这两幅图中可以看出，该股多次出现突然上涨或突然下跌的走势，并且伴随着成交量的显著放大，这种异动表明庄家正在积极运作。

图 2—8 所示为方兴科技的日 K 线图，2010 年 4 月中旬，股价在经过一波巨大的涨幅之后已经处于高位，同时 MACD 指标形成经典的“DIFF 线与股价顶背离”形态，表明有下跌动能正在积聚。结合 4 月 13 日和 16 日分时走势图中股价的突起突落，可以判断庄家正在出货。之后的走势也证明了这一判断。

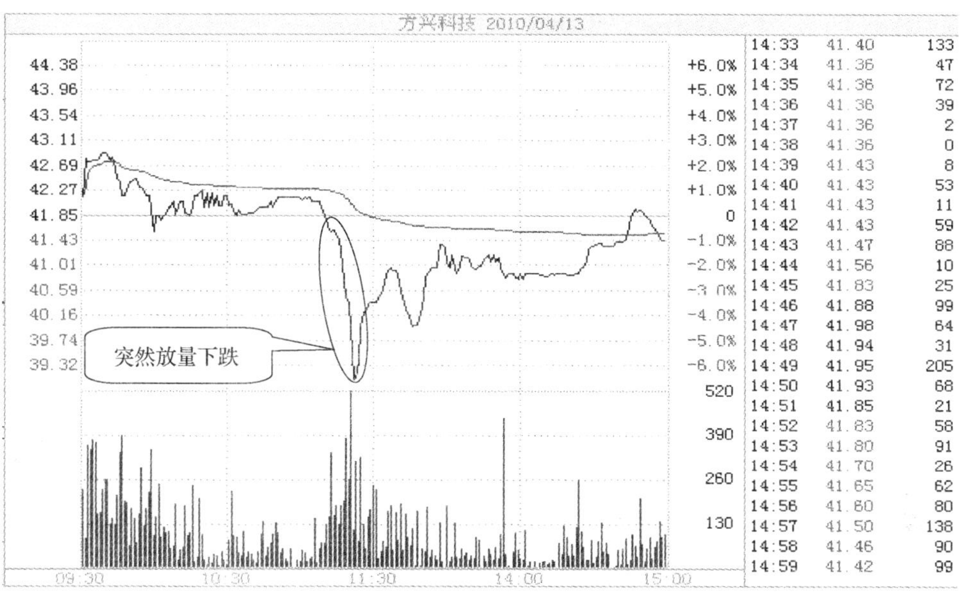

图 2—6　方兴科技分时走势图（2010 年 4 月 13 日）

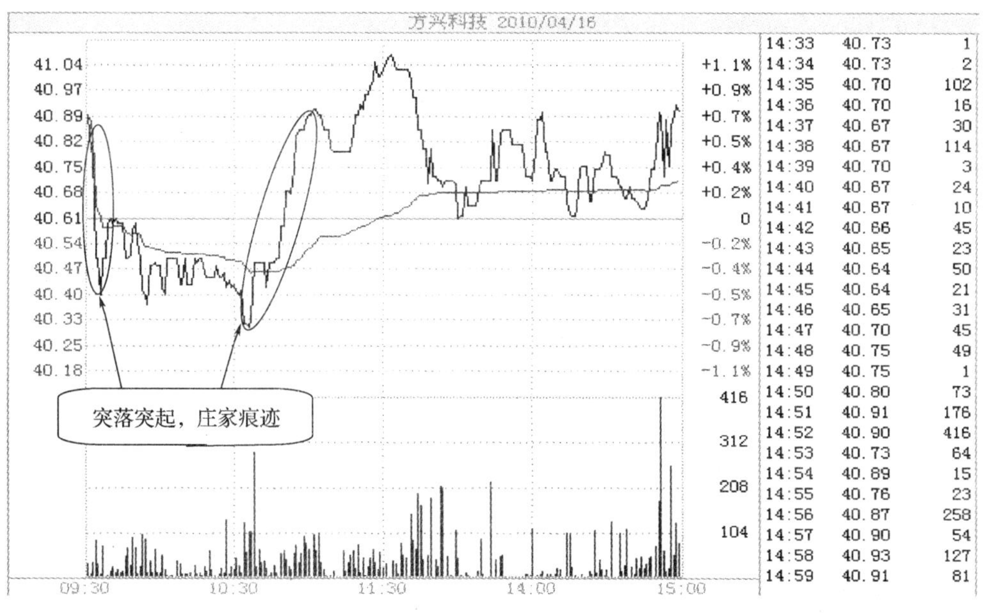

图 2—7　方兴科技分时走势图（2010 年 4 月 16 日）

方兴科技日线
42.95
14.30
高位异动，
庄家出货
DIFF线与股价顶背离
2009/11
2010/01
02
03
04
05
06
07

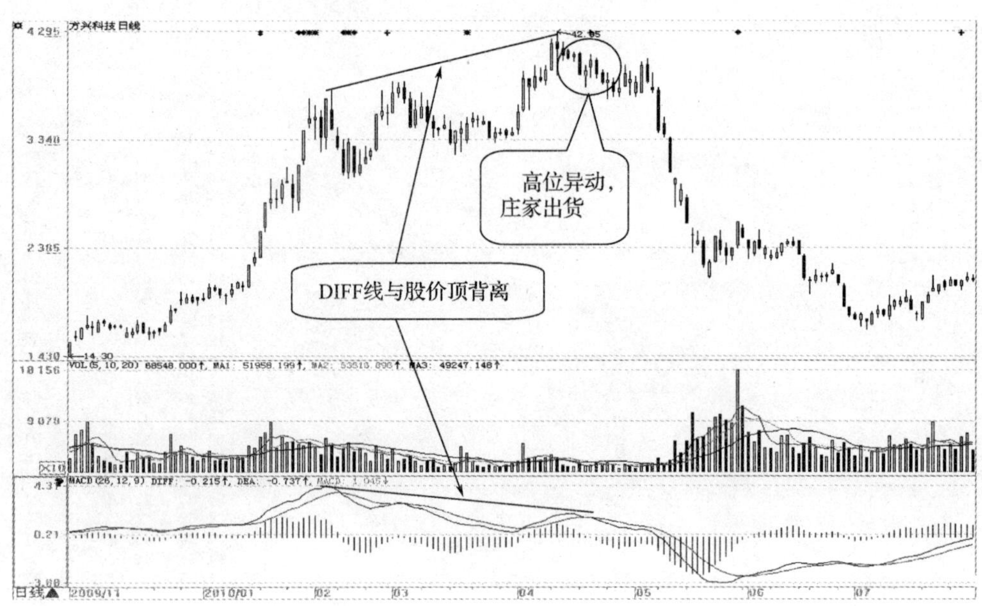

图 2—8 方兴科技日 K 线

2.2 技巧2：挂单信息识庄股

2.2.1 下托板与上盖板

在每天分时界面的买卖盘口上，从买一到买五、卖一到卖五，共有十个价位的挂单信息，可以清晰地体现多空争夺最前沿的交战信息，很多投资者非常关注这些信息，同时这些信息也成为庄家非常愿意做手脚的地方。

当一只股票没有庄家关注或者积极运作时，其买卖挂单将以散户挂单为主，除了一些重要的整数价位外，大多数价位的挂单数量比较均衡，少有大单子挂出。而有庄家在积极运作的股票，庄家为实现某些意图，经常在挂单上做手脚，通过在买盘或者卖盘上挂出巨额的买单或者卖单，引导股价朝某个方向运行，一旦目的达到，这些大单会立即撤销。

一般来说，当买盘中出现大的买单时，很多投资者会认为市场承接有力，股价将继续上行或者下跌到位，从而纷纷买进。这些大的买单也即“下托板”。

当卖盘中出现大的卖单时，很多投资者会认为市场抛压很大，股价将下跌，从而纷纷卖出。这些大的卖单也即“上盖板”。下托板和上盖板是庄家最常用的挂单技巧。

如图2—9所示，2012年3月初，江淮汽车（600418）在经过一波较大的上涨走势后回调。

如图2—10所示，3月22日上午一开盘，股价随即下跌。但与此同时，在买方五档中却多次出现大买单。类似这种出现大买单而股价不涨反跌的情况，投资者需要保持适当的警惕。庄家或者明着托盘，实际暗中出货，或者在被动地进行护盘。无论何种情况，投资者均不宜在此时入场，而应在继续观察后市走势之后再做结论。

投资者个人在操作该股票时，需要注意以下几个要点。

要点1：上涨趋势的形成

从图2—9中可以看出，该股在1月底2月初，MACD指标中的DIFF线即向上突破0轴并在上方站稳，表明上涨趋势已经初步形成。此时的回调，股价很有可能在

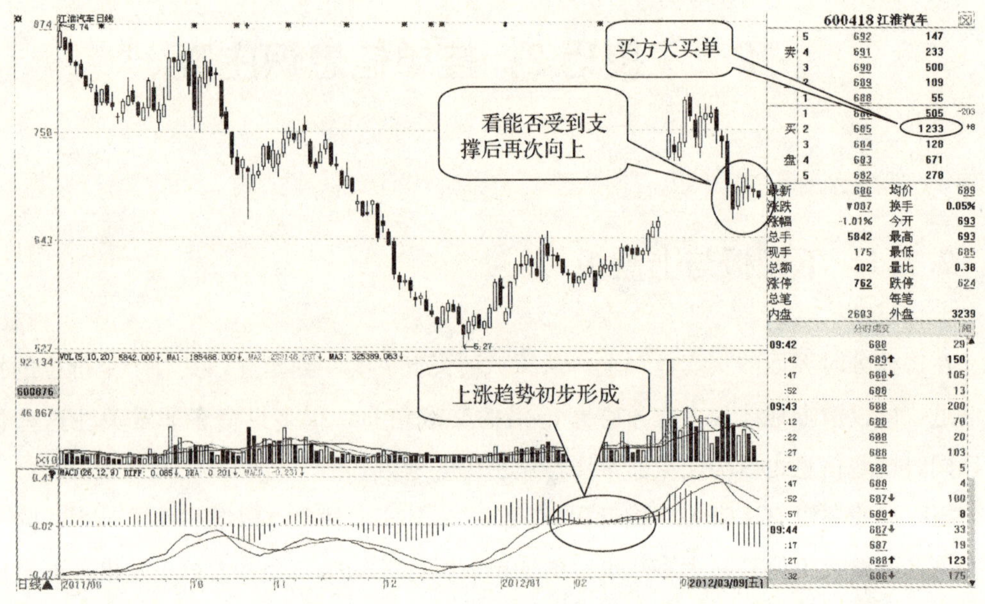

图 2—9　江淮汽车日 K 线

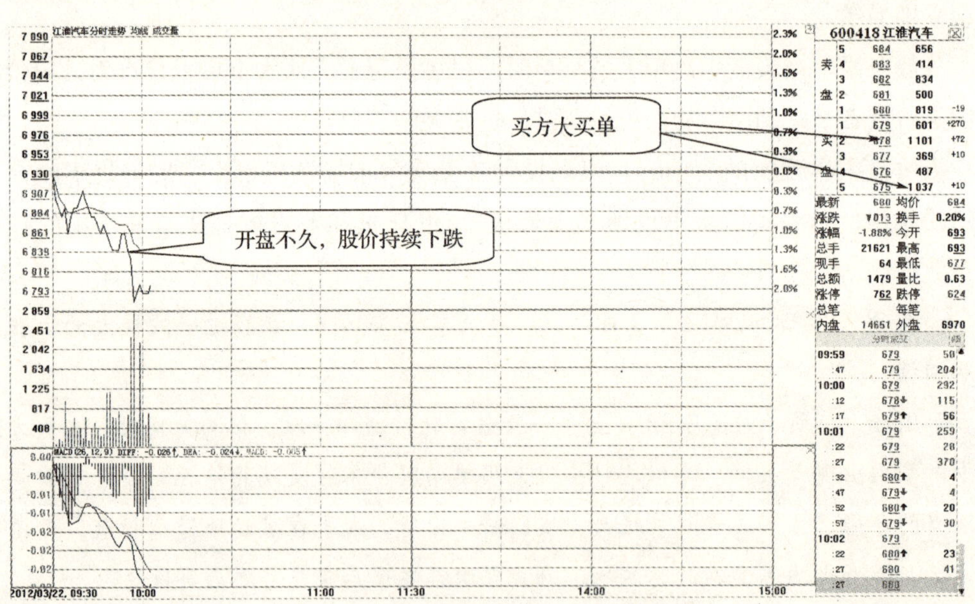

图 2—10　江淮汽车分时走势图

受到支撑后再次向上，以示上涨趋势彻底形成。一旦上涨趋势彻底形成，投资者就可以大胆买入了。

要点 2：大买单的影响

图 2—9 和图 2—10 中买方五档都出现了大买单，表明确实有庄家在托市，但该股上方的卖单实力也不弱。投资者可以继续严密观察，如果大买单持续出现，且股价有再次上涨的趋势，说明上涨趋势的存在。

要点 3：大盘的影响

当前的走势，正处于走势转折的关键时刻，作为汽车行业的一只个股，江淮汽车一般难以走出自己的独特行情，其走势必然与大盘密切相关。投资者在判断该股上涨趋势能否彻底形成的时候，要注意参考大盘的走势。

如图 2—11 所示，2011 年 6 月到 12 月底，上证指数一直处于明显的下跌趋势中，指数绝大部分时间都在 60 日均线下方运行。

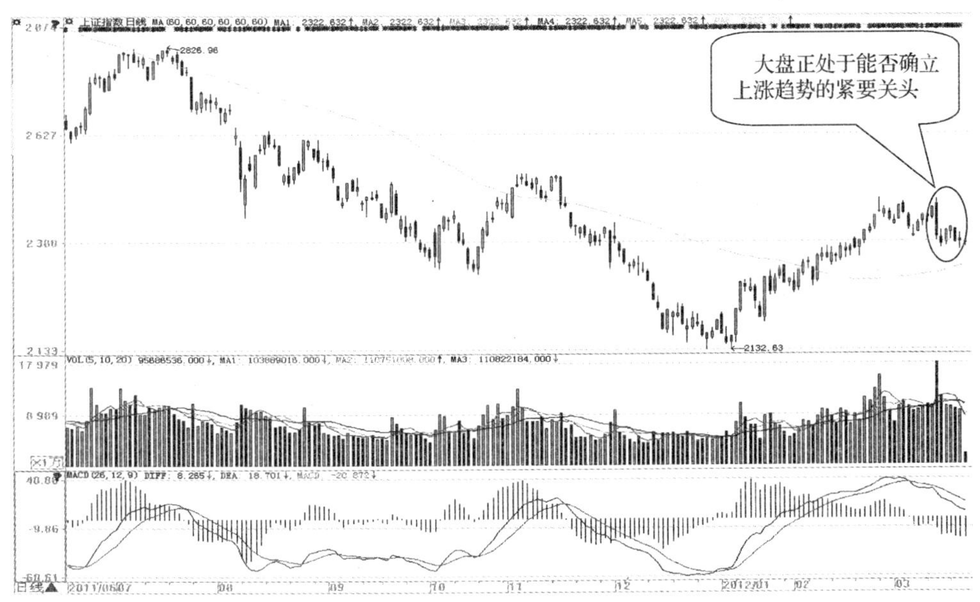

图 2—11　上证指数日 K 线

从 2012 年 1 月份开始，走势反弹向上，2 月初，指数向上突破 60 日均线，表明上涨趋势已经初步形成，之后大盘一个多月都处于 60 日均线上方。

3 月中旬开始，指数冲高回落。当前（3 月下旬）大盘正逼近 60 日均线，考验该支撑位的支撑力度。如果指数接下来受到支撑而再次向上，则表明上涨趋势彻底形成，那么大部分个股也将出现上涨趋势，投资者就可以大胆买入江淮汽车；否则投资者仍要持币观望。

如图 2—12 所示，2010 年 2 月 24 日，福成五丰（600965）的盘中走势里，当天盘中涨幅达到 3%后，开始在均价线上横盘震荡。投资者观察卖盘可以发现，在卖三到卖五的位置，出现连续的大卖单，“上盖板”出现，庄家刻意压制股价进行洗盘的嫌疑最大。投资者可以对该股保持密切关注，择机介入，而之后的走势也证明了这一点，如图 2—13 所示。

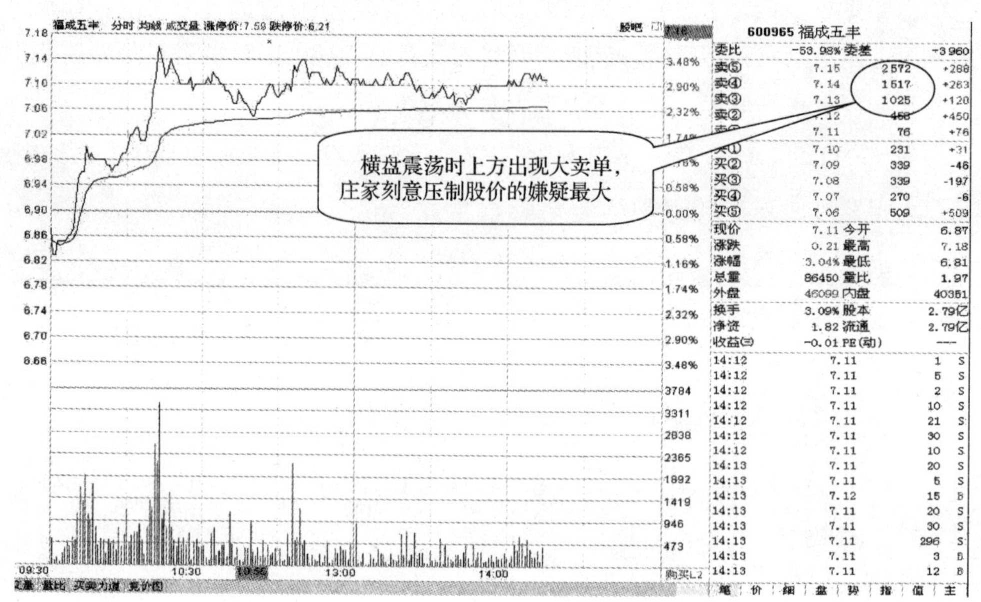

图 2—12 福成五丰分时走势图

2.2.2 3 种挂单策略

除了“下托板”和“上盖板”两种常见的手法之外，庄家在盘口还时常运用以下 3 种挂单策略，投资者要加以防范。

1. 建仓时挂单手法

当庄家建仓时，常常先在下方挂好小的买单，然后在上方挂出大的卖单，同时用小股筹码向下砸盘，制造抛压很大、股价下跌的假象，诱使其他投资者纷纷向下卖出，自己事先挂好的买单正好成交。

有时庄家会在卖三以上价位挂出大卖单，一些投资者看到上方卖压很大，会选择在卖一卖二位置挂出卖单，此时庄家乘机使用小买单，将其他投资者的这些卖单一点点吃掉，实现建仓的目的。此时投资者细心观察可以发现，虽然卖盘很大，但是股价

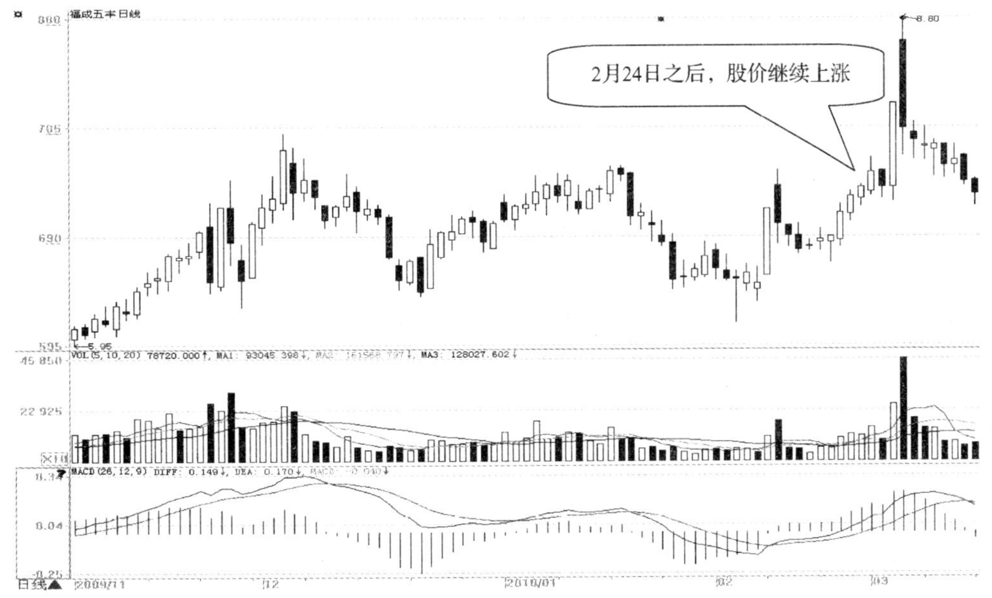

图 2—13　福成五丰日 K 线

却不怎么下跌，同时成交量一直保持活跃，尤其是主动性买盘非常多。后市如果出现大笔买单，或者上方的大卖单撤单的话，往往是庄家即将开始拉升的前兆，投资者可以积极把握买入机会。

2. 出货时挂单手法

当庄家出货时，常常会在上方挂好卖单，然后开始向上对敲买进，同时在下方挂出大买单，其他投资者看到后，会认为该股的买盘很强，涨势强劲，纷纷追涨买入，其实正好把庄家事先挂好的卖单买进。

有时庄家会在买三或以下的位置挂出大买单，部分投资者会认为下方有强力支撑，从而在买一、买二位置挂单买进，庄家趁机逐渐卖出，实现出货的目的。

3. 护盘时挂单手法

庄家的护盘行为也会在盘口中得到体现。当庄家出货时，经常需要对股价进行维持，防止股价走势持续恶化，引起散户警惕，增加出货难度；有时庄家建仓基本完毕，但是拉升时机还不成熟，为了防止股价下跌，避免其他投资者在低位买进，也需要进行适当的护盘。

此时庄家一般在下方挂出大买单，制造有支撑的假象，但是投资者通过观察可以发现，此时股价走势并不流畅，起伏不大，成交也不活跃，很少有向上攻击的大买单。如果此时股价涨幅已高，投资者需要保持高度警惕；如果此时股价处于底部区域，投资者可以保持密切关注，一旦出现向上攻击的连续买单，投资者可以分批介入，享受庄家的拉升过程。

庄家的挂单手法千变万化，以上所说的只是一些常见情况。投资者需要多观察、多分析，并结合大盘趋势、股价所处位置等因素，进行综合研判，这样才能尽可能地洞悉庄家意图，作出正确决策。

2.3 技巧 3：成交变动识庄股

不论庄家运作得如何隐秘，有一个运作痕迹是永远无法掩盖的，就是成交量的异常变化。庄家的每一次进出，不论方向如何，均会在成交量上留下痕迹。而由于庄家的资金量庞大，不论建仓还是出货，均需要成交量放大的配合。因此，投资者通过观察成交量的突变，尤其是突然放大，可以捕捉庄家运作轨迹，把握庄家动向。

2.3.1 低位放量

如果一只股票在跌至某个低位之后，成交量出现了明显的持续放大，那么很可能是庄家正在入场建仓，或是建仓力度突然加大。

如图 2—14 所示，2011 年 4 月到 6 月，天舟文化（300148）一直处于下跌趋势中，股价在 60 日均线下方运行，同时伴随着极低的成交量。从 7 月份开始，股价开始企稳，同时成交量略有放大。它表明已经有庄家开始涉足该股票。

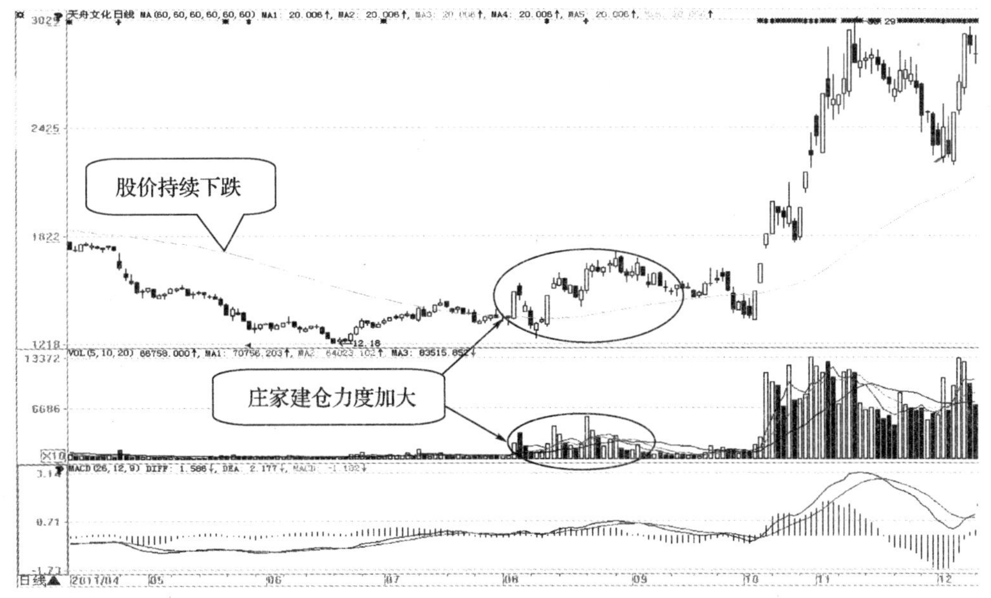

图 2—14 天舟文化日 K 线

8月份，该股成交量出现明显的持续放大，股价也随之上升。它表明庄家正在加大建仓的力度。

实战经验

在实战中，投资者对低位放量要警惕，一旦判定有庄家正在不断建仓，要伺机买入；但更要注意的是之后庄家的打压洗盘。例如，天舟文化的庄家在8月份加大建仓力度之后，9月份开始打压洗盘，入场跟庄的新股民要注意不能被洗出来。

在2009年的牛市初期，许多个股都出现了低位放量的信号。但许多投资者在熊市思维的主宰下，都忽视了该信号的意义。

如图2—15所示，从2008年10月中旬开始，在经历了1年的大熊市之后，许多人对曙光股份（600303）在低位的放量震荡不以为然。但这却是庄家在不断建仓的信号，之后该股大涨，出现一波波澜壮阔的上涨趋势。

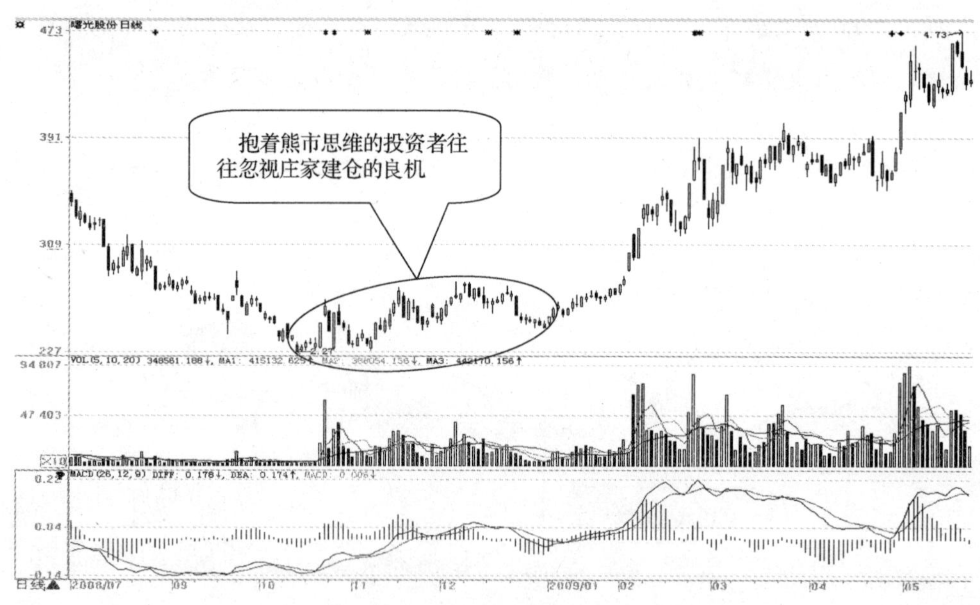

图2—15　曙光股份日K线

2.3.2 高位放量

个股在底部的放量，往往意味着庄家在建仓，而经过相当大的涨幅后，尤其是市场人气热烈、大家普遍看好时，如果出现放量情况，往往意味着庄家开始趁机出货。

如图2—16所示，2011年2月、3月，恒顺醋业（600305）出现一波上涨走势。3月17日，股价创出新高时，K线形成长长的上影线，同时成交量放出巨量，表明庄家正在大力出货。投资者要注意及时卖出持股。

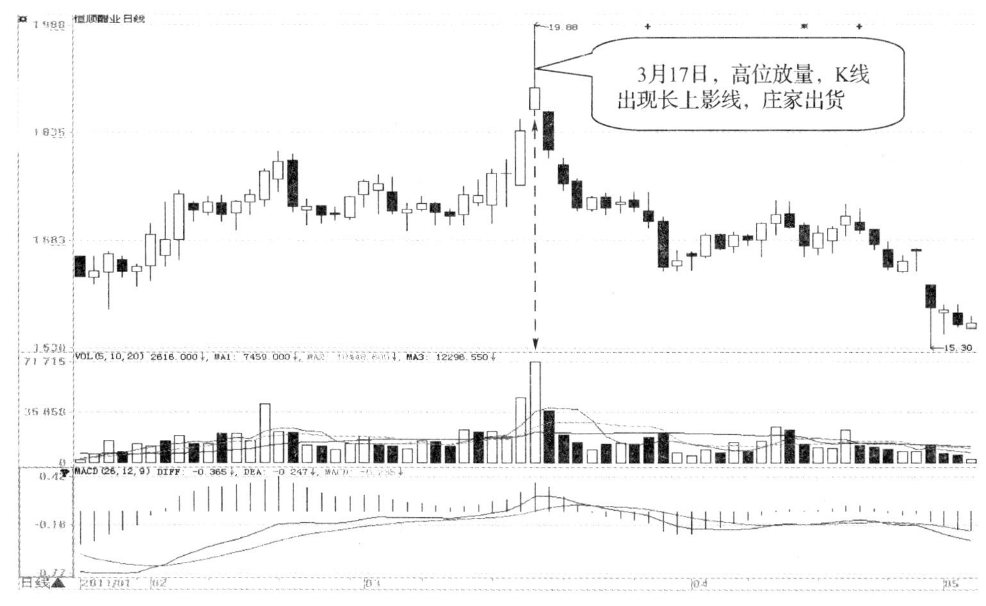

图2—16 恒顺醋业日K线1

在对该股进行操作时，投资者要注意以下几个关键点。

关键点1：当前市场的态势

投资者要注意结合其他技术指标来判断高位放量时的市场态势。如果下跌趋势已经形成，高位放量一旦出现，投资者就要注意伺机卖出。

下面仍以恒顺醋业为例加以说明。

如图2—17所示，2011年2月、3月，恒顺醋业（600305）的上涨，从长期走势图来看，只不过是下跌趋势中的一次反弹。因此，当3月17日高位放量出现时，投资者要注意及时出场。

投资者还可以以MACD指标来辅助判断。3月中旬，DIFF线逼近0轴，此时MACD柱线与股价形成顶背离形态，更验证了庄家出货判断的可靠性。

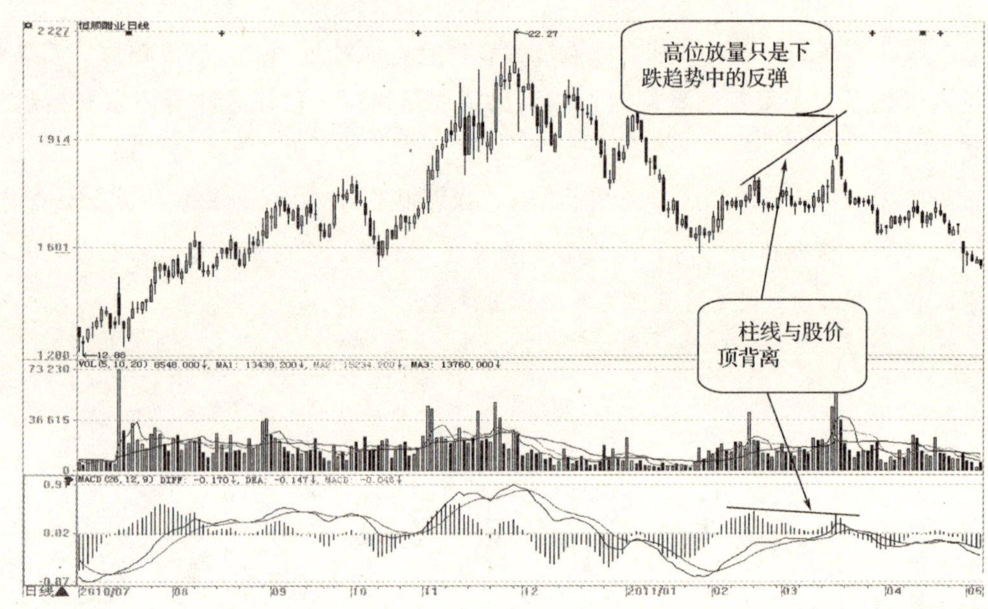

图2—17　恒顺醋业日K线2

关键点2：庄家出货的策略

一般来说，庄家的出货都伴随着股价的下跌，但下跌幅度会因为庄家的出货策略而有所不同。

对庄家来说，在上涨趋势的最高位不顾一切地出货，往往造成股价的暴跌甚至是连续的跌停。这种两败俱伤的出货策略一般不为庄家所取，除非出现不可挽回的系统性风险，如公司的资金链断裂等情况。大部分庄家在筹码没有出掉60%时一般不会疯狂砸盘，而是让股价维持在一个相对高位，不断震荡。

当下跌趋势已经形成而庄家还有筹码没有出场时，往往出现反弹走势。庄家希望由此来吸引投资者入场接盘，然后不顾一切、孤注一掷地出场。这种出场策略势必导致股价的大幅下跌，在反弹中入场接盘的投资者将损失惨重。

如图2—18所示，在经过2010年11月的高位放量之后，华微电子（600360）的庄家在高位已经部分出货。2011年2—3月，庄家拉升然后在相对高位再次出货，这次出货力度很大，股价大幅下跌。

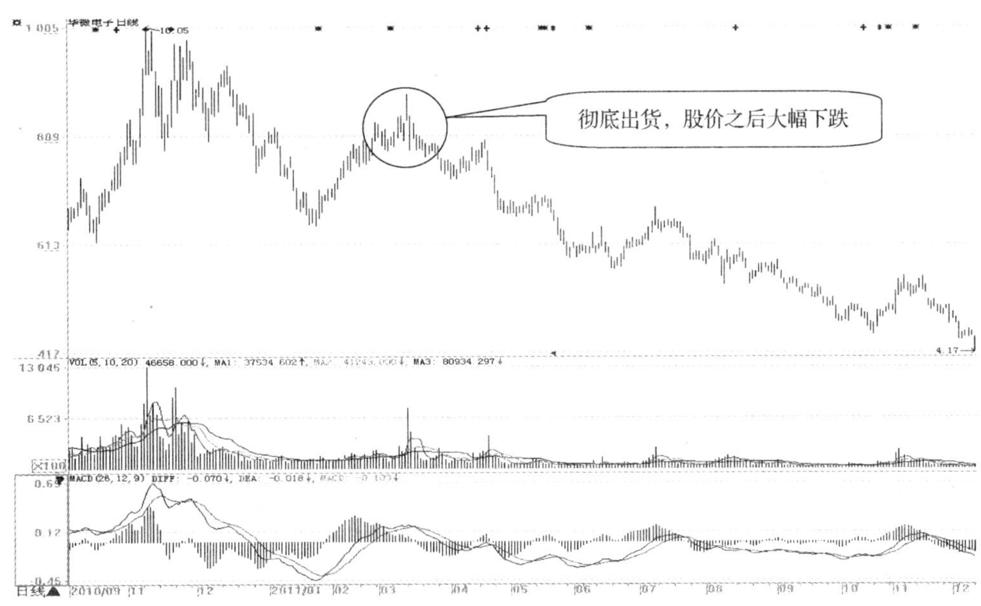

图 2—18 华微电子日 K 线

2.4 技巧4：与大盘走势对比识庄股

从理论上来说，个股走势应该与大盘走势保持同步，但是由于每只股票所处的行业、经营业绩、庄家运作等因素均不相同，因此，经常会出现与大盘的不同步。在所有这些影响因素中，最重要的就是庄家的运作。有庄家在运作的股票，其K线走势与大盘走势相比，必然会体现出独特之处，运作力度越大，控制能力越强，个股走势的独特性就越明显。此外，这种独特性存在的时间长短、明显与否，不仅可以看出是否有庄家在活动，而且还可以看出庄家实力的强弱，以及运作周期的长短。

在运用“走势对比”发现庄家迹象时，要注意这种与大盘的“不同步”，可以分为走势强于大盘和走势弱于大盘两种情况。当个股走势弱于大盘时，可能是庄家在刻意地打压建仓，也可能是个股的基本面出现问题。不论是哪个原因，此时都不是合适的买入时机。因为即便是庄家在建仓，由于正处于打压阶段，说明庄家的建仓正处于初始阶段，还远未到拉升阶段，此时买入的话，对于普通投资者来说仍然过早。

2.4.1 通过对比找长庄

如果一只股票在较长时间内，走势持续强于大盘，就表明该股有较大可能存在实力较强的庄家。投资者在实战操作中，对这种强势股尤其要注意。

个股走势持续强于大盘，最常见的一种情形是，在熊市中，大盘持续下跌，但个股却持续上升。

图2—19和图2—20分别为华夏幸福（600340）、上证指数2011年3月份到12月份的走势图。从图中可以看出，在长达9个月的时间里，大盘持续下跌，走出一波熊市行情；同期华夏幸福却逆大盘持续上涨，走出一波波澜壮阔的上涨趋势，说明华夏幸福的庄家实力非常雄厚，操作策略以长线为主。

从图2—21可以看出，从1月份开始，大盘开始反弹向上，此时投资者可以积极买入华夏幸福。之后的走势也表明其涨幅远超大盘，投资者要注意把握。

在2006—2007年6 124点的大牛市中，苏宁电器作为家电零售企业中的两大寡头之一涨幅惊人。与华夏幸福类似，在牛市来临之前，该股走势就表现得强过大盘。

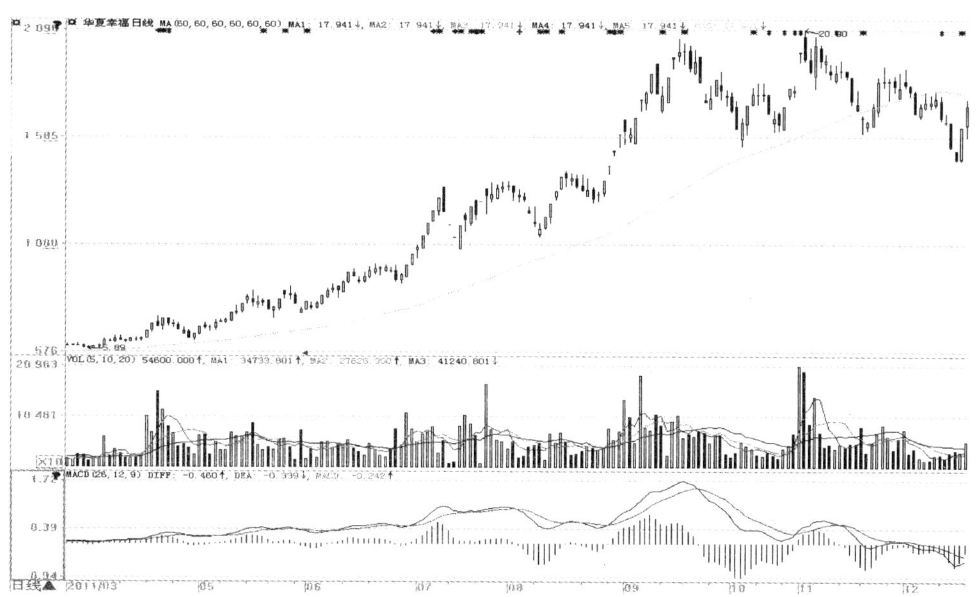

图 2—19　华夏幸福日 K 线 1

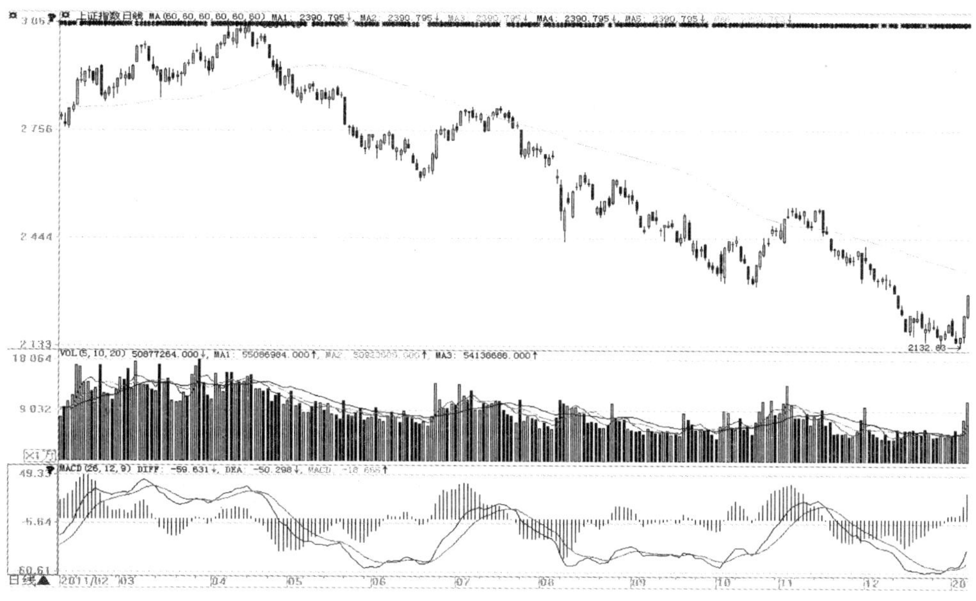

图 2—20　上证指数日 K 线

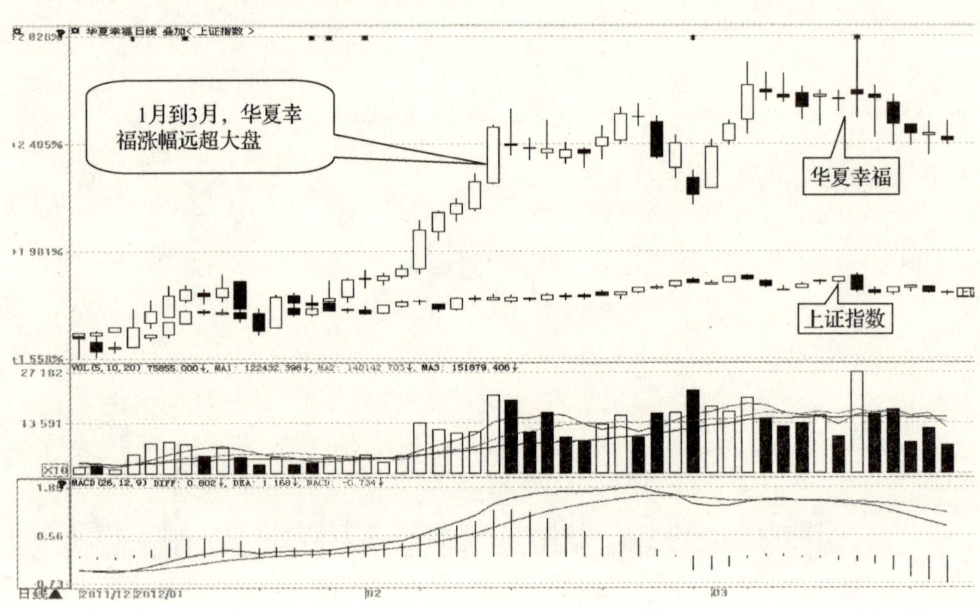

图 2—21　华夏幸福日 K 线 2

如图 2—22 所示，从 2004 年 7 月上市之后不久，苏宁电器（002024）就开始与深成指出现明显不同，到 2004 年 10 月，两者开始彻底分道扬镳。从图中投资者可以看出，苏宁电器与深成指的走势背离幅度，随着时间的推移越来越大，说明机构的控盘程度越来越高。长时间强于股指的走势，充分说明了机构非常看好该股的后市。在 6 124 点大牛市中，苏宁电器也成为一颗耀眼的明星，如图 2—23 所示。

2.4.2　通过对比找短庄

同样的道理，根据个股走势与大盘走势的背离，投资者不仅可以发现中长线牛股，还可以发现短线牛股。

图 2—24 和图 2—25 分别为江钻股份（000852）和深证成指在同一期间内的走势图。可以看到，在上涨行情的开始阶段，江钻股份和深证成指几乎同步上涨。但是当深证成指上涨一段时间后见顶下跌时，江钻股份却继续上涨，显示出与深证成指完全不同的行情走向。

看到这样的形态，投资者可以判断江钻股份有短线庄家在操纵股价。当大盘下跌时，将股价向上拉升是为了吸引注意，以达到诱多的目的。

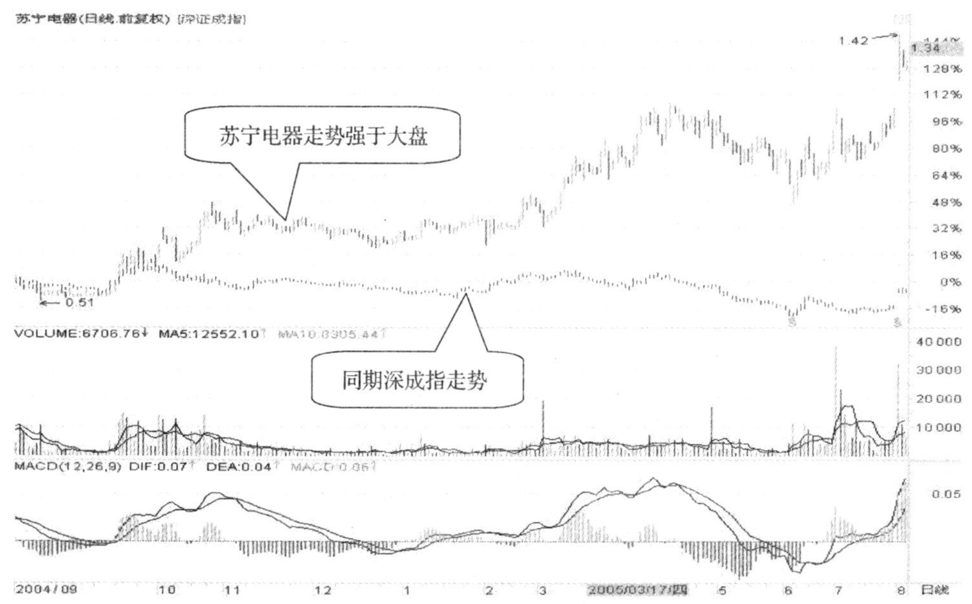

图 2—22　苏宁电器日 K 线

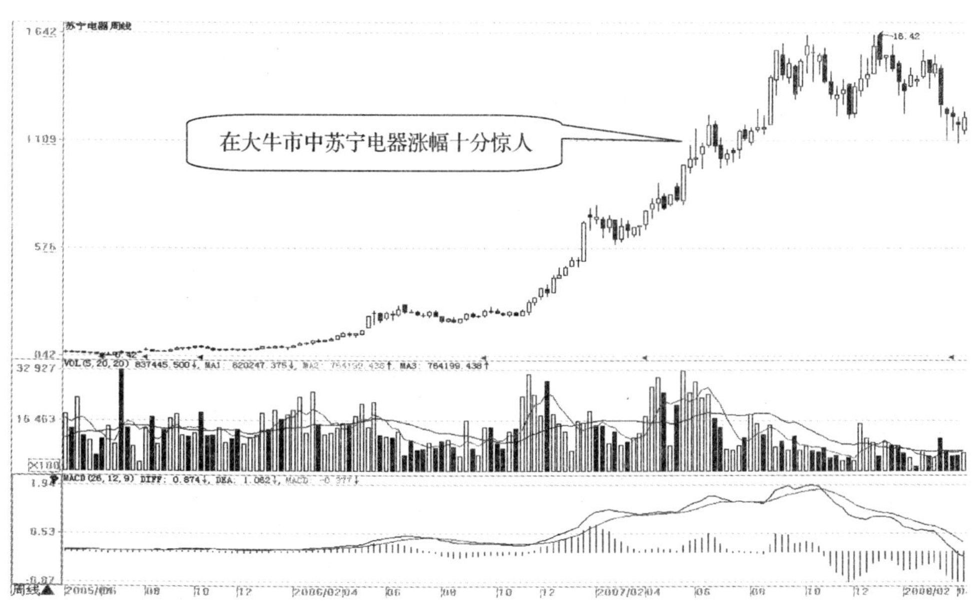

图 2—23　苏宁电器周 K 线

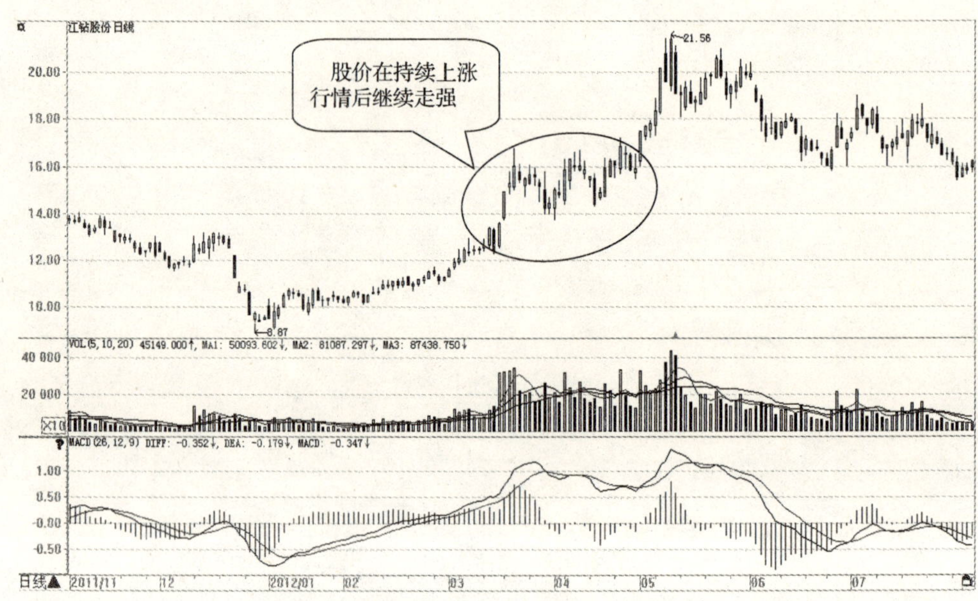

图 2—24　江钻股份日 K 线

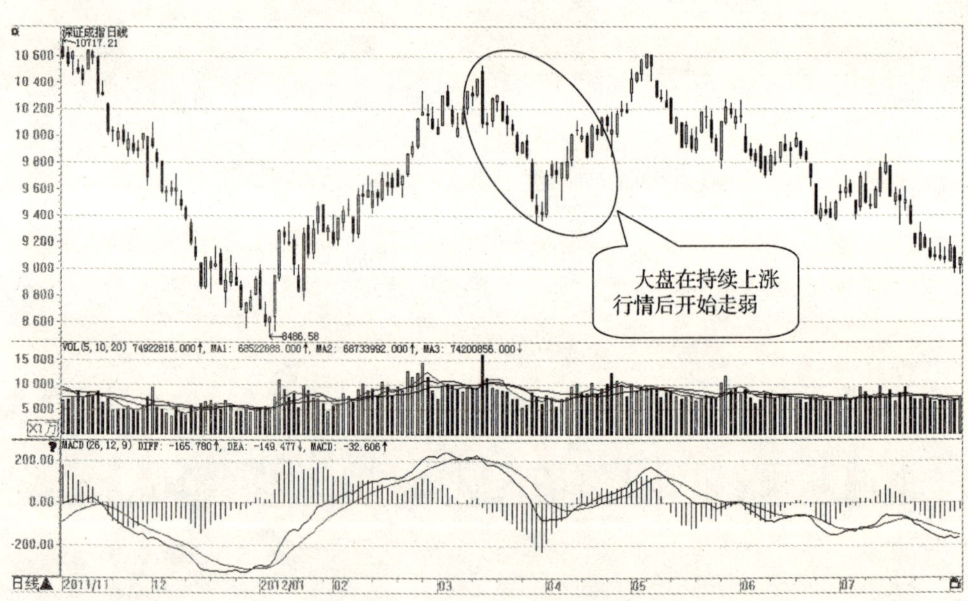

图 2—25　深证成指日 K 线

2.5 技巧5：公开信息识庄股

除了在盘面上可以发现庄家的运作轨迹外，在一些公开信息中投资者也可以找到庄家运作的许多痕迹。如果投资者将这些公开信息和盘面信息结合起来，将能够更准确地把握庄家动向，判断庄家意图。

2.5.1 股东人数

庄家收集股票的过程也是股票从多数人手中向少数人（机构）手中集中的过程，必然会带来股东户数的减少（或户均持股的增加）；庄家派发股票的过程，同时也是股票从少数人（机构）手中向多数人手中分散的过程，必然会带来股东户数的增多（或户均持股的减少）。因此，投资者通过观察股东户数的增减变化，就可以发现庄家收集或是派发的动作。

按照规定，上市公司在年报、中报以及季报中，都需要披露当期的股东户数。投资者可以根据不同报表期间的人数，观察其变动情况，并和K线走势相互印证，就可以发现庄家建仓或者出货的时间以及价格空间。

基本上所有炒股软件的F10资料中，都罗列出了历次报表的股东户数情况，投资者可以非常轻松地进行对比观察。

如图2—26所示，从2008年12月31日到2011年9月30日，红星发展(600367)的股东人数有两个“分散—集中—分散”的过程。

第一次出现在2008年12月31日到2009年9月30日，股东人数从41 920户减少到35 913户，然后再增加到40 995户。在这个过程中，2009年第一季度股东人数的显著减少对应着庄家吸筹建仓的过程，而之后股东人数的增加则对应着庄家出货的过程，如图2—27所示。

第二次出现在2009年9月30日到2010年12月31日，股东人数从大约40 995户先是减少到2010年第一季度的32 574户，最终增加到2010年年底的43 017户。这个过程对应着庄家的另一轮建仓、拉升与出货过程，如图2—28所示。

投资者根据股东人数来跟随庄家，还要注意以下两个要点。

截止日期	股东户数	环比增减	环比变化(%)	人均持股
2011-09-30	35669	1928	5.71	8164
2011-06-30	33741	-1402	-3.99	8630
2011-03-31	35143	-7874	-18.30	4381
2010-12-31	43017	8679	25.28	3579
2010-09-30	34338	-696	-1.99	4483
2010-06-30	35034	2460	7.55	4394
2010-03-31	32574	-4658	-12.51	4726
2009-12-31	37232	-3763	-9.18	4135
2009-09-30	40995	2362	6.11	3755
2009-06-30	38633	2720	7.57	3985
2009-03-31	35913	-6007	-14.33	4287
2008-12-31	41920	2118	5.32	3672

两次分散到集中、再到分散的完整的筹码转移过程

图 2—26 红星发展股东人数变动图

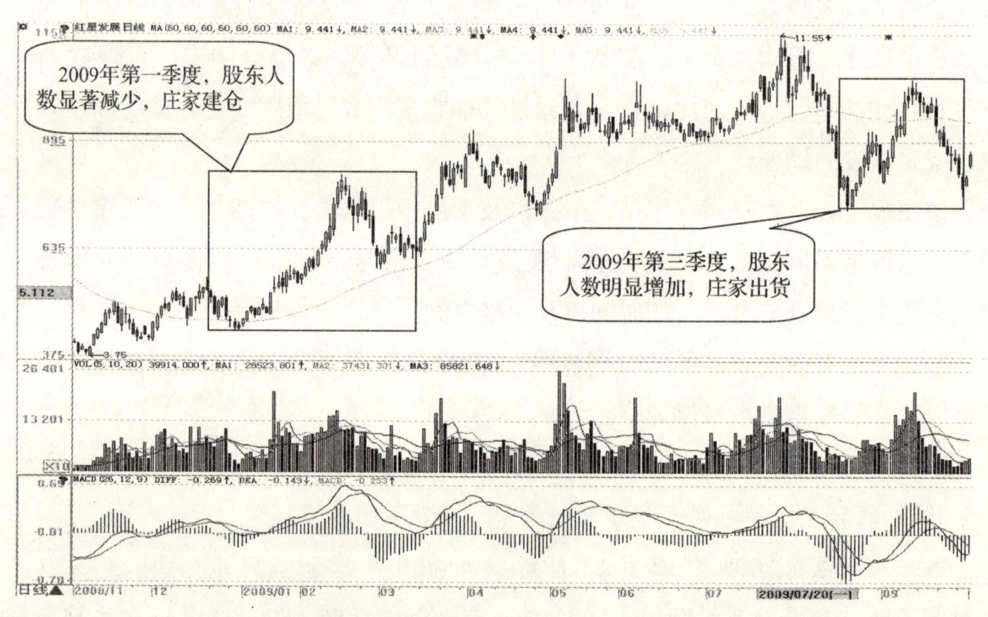

图 2—27 红星发展日 K 线（2008 年 12 月—2009 年 9 月）

要点 1：股东人数公布的滞后性

投资者通过股东户数变动来观察庄家动向有一个比较明显的弊端，就是时间的滞后性。例如，按照规定，上市公司须在 4 月 30 日之前公布上年的年度报告，而年报数据的截止日期是报告年度的 12 月 31 日，这中间会有一定的时间差。年报公布时的实际股东户数可能已经较年报公布数据发生了巨大变化。

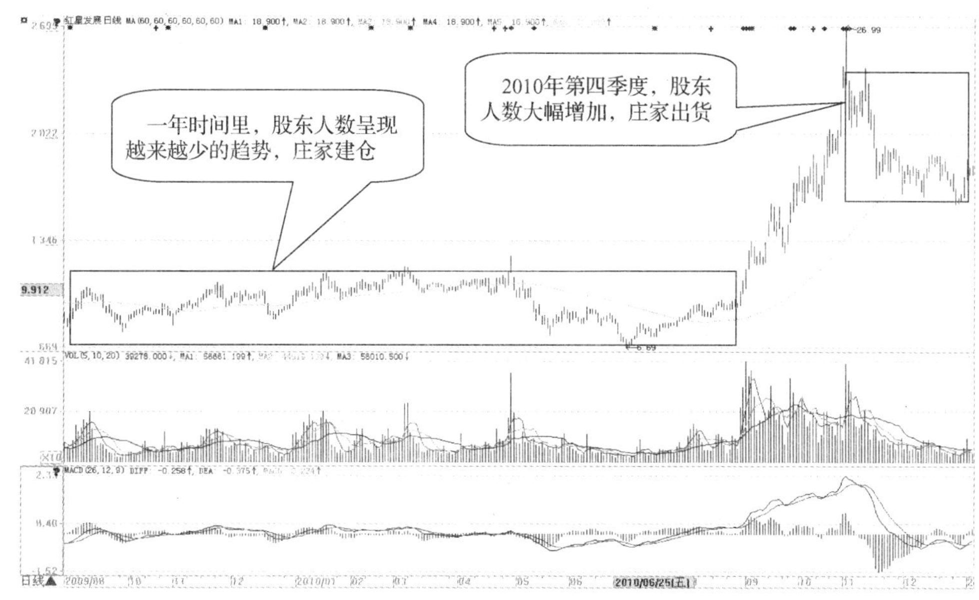

图 2—28 红星发展日 K 线（2009 年 9 月—2010 年 12 月）

基于以上原因，投资者在应用这一方法时，需要时刻注意在这段时间差内该股的成交量是否出现过大规模的放量情形，如果存在大规模的放量情形，那么很可能股东户数已经发生了较大的变化。

要点 2：要注意与其他技术分析工具的配合

公开信息的获取虽然方便，但滞后性很明显。而投资者在实战中，每一次的操作都需要最及时的庄家动向来辅助判断，这就需要与其他技术分析工具的配合。这些技术分析工具如 MACD 指标、SAR 指标、VR 指标、成交量等都是走势运行在当下的直接反映，投资者要注意综合运用。

2.5.2 股东变动

在每期的财务报告中，除了披露股东户数外，还有一个重要内容，就是前十大流通股东名单。投资者可以通过不同时期流通股东名单的对比，发现庄家的踪迹，把握机构动向。

图 2—29 和图 2—30 分别为中恒集团（600252）2010 年 6 月 30 日和 12 月 31 日的前十大股东介绍。图 2—31 则为该股 2010 年 5 月到 2011 年 1 月的股价走势图。

前十大股东　　股东人数:17754　　截止日期:2010-06-30

名称	持股数(万股)	占总股数	增减情况	股本性质
1. 广西中恒实业有限公司	6015.28	22.04%	未变	流通A股,限售流通股
2. 中国建设银行股份有限公司－华商盛世成长股票型证券投资基金	1254.19	4.60%	未变	流通A股,限售流通股
3. 长江证券股份有限公司	1017.94	3.73%	150.00	流通A股
4. 中国银行－华夏大盘精选证券投资基金	912.00	3.34%	未变	流通A股,限售流通股
5. 中国建设银行－华夏优势增长股票型证券投资基金	614.19	2.25%	未变	流通A股,限售流通股
6. 中国工商银行－广发策略优选混合型证券投资基金	564.27	2.07%	未变	流通A股
7. 中国民生银行股份有限公司－华商领先企业混合型证券投资基金	530.00	1.94%	-20.00	流通A股,限售流通股
8. 中国工商银行－广发聚富开放式证券投资基金	524.30	1.92%	-20.88	流通A股
9. 中国银行股份有限公司－华夏策略精选灵活配置混合型证券投资基金	491.00	1.80%	未变	流通A股,限售流通股
10. 中国太平洋人寿保险股份有限公司－传统－普通保险产品	456.98	1.67%	新进	流通A股
总　计	12380.15	45.36%		

华夏系王亚伟建仓

图 2—29　中恒集团前十大股东（2010 年 6 月 30 日）

前十大股东　　股东人数:46383　　截止日期:2010-12-31

名称	持股数(万股)	占总股数	增减情况	股本性质
1. 广西中恒实业有限公司	12030.56	22.04%	6015.28	流通A股
2. 中国工商银行-广发聚丰股票型证券投资基金	2616.54	4.79%	新进	流通A股
3. 中国建设银行股份有限公司-华商盛世成长股票型证券投资基金	1738.62	3.19%	484.43	限售流通股,流通A股
4. 中国民生银行股份有限公司-华商策略精选灵活配置混合型证券投资基金	1001.67	1.83%	新进	流通A股
5. 中国工商银行股份有限公司-广发聚瑞股票型证券投资基金	570.45	1.04%	新进	流通A股
6. 中国工商银行-广发策略优选混合型证券投资基金	530.00	[illegible]	[illegible]	[illegible]
7. 中国建设银行-华夏优势增长股票型证券投资基金	520.00	0.95%	-94.19	限售流通股
7. 中国民生银行股份有限公司-华商领先企业混合型证券投资基金	520.00	0.95%	-10.00	限售流通股
9. 中国银行股份有限公司-华泰柏瑞盛世中国股票型开放式证券投资基金	515.45	0.94%	新进	流通A股
10. 中国工商银行-广发大盘成长混合型证券投资基金	467.77	0.86%	新进	流通A股
总　计	20511.06	37.56%		

华夏基金王亚伟已经消失不见

图 2—30　中恒集团前十大股东（2010 年 12 月 31 日）

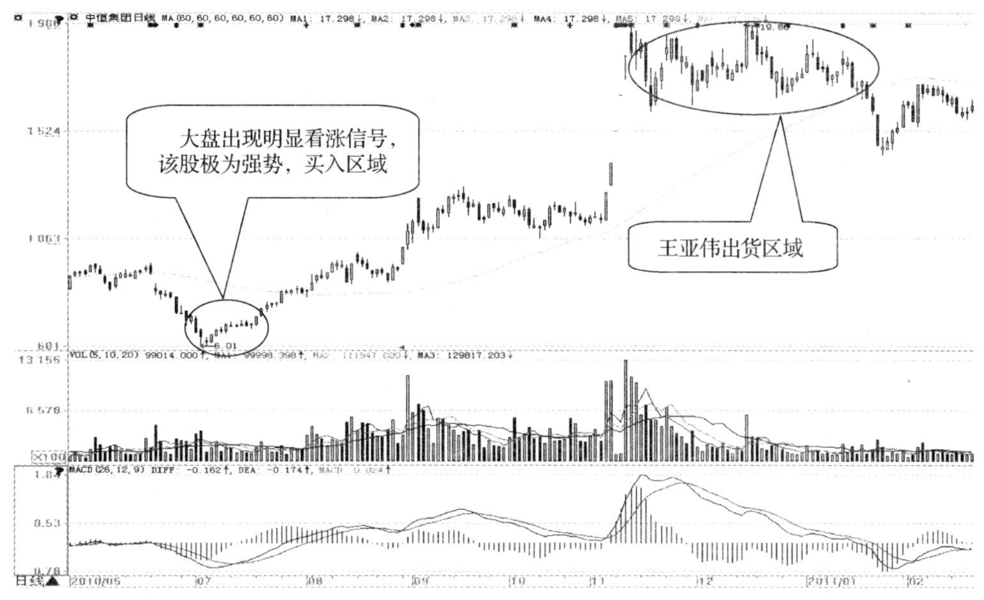

图 2—31 中恒集团日K线

2010年6月30日，中恒集团股价在经过前期大幅上涨之后不断下跌。从6月30日的前十大股东分布上可以看出华夏大盘精选和华夏策略精选赫然在列，当时这两只基金都由华夏基金管理公司旗下明星基金经理王亚伟掌舵。除此之外，持仓的主力军还有广发基金管理公司旗下的3只基金，华商基金旗下的2只基金。这些众多实力超群的基金扎堆出现在公司的前十大股东中，表明该股的资质较为优良。投资者要注意伺机吸纳，跟庄买入。

2010年7月初，大盘MACD指标出现经典的“DIFF线与股价底背离”形态，表明大盘即将出现一波上涨走势（见图2—32）。投资者此时可以果断选择中恒集团买入。之后该股持续上涨，涨幅惊人。

2010年11月，中恒集团在高位滞涨，不断放量震荡。从12月31日的前十大股东分布图上已经找不到华夏基金王亚伟的影子，但广发基金和华商基金却都相应地加大了仓位。据此可以判断，华夏基金王亚伟有较大可能已经在11月份股价放量震荡时出货，而广发系和华商系应该是在短时间内加大了仓位。

与分析股东户数变化一样，分析股东名单变动也存在着时间滞后的弊端，投资者在实战中要加以注意。

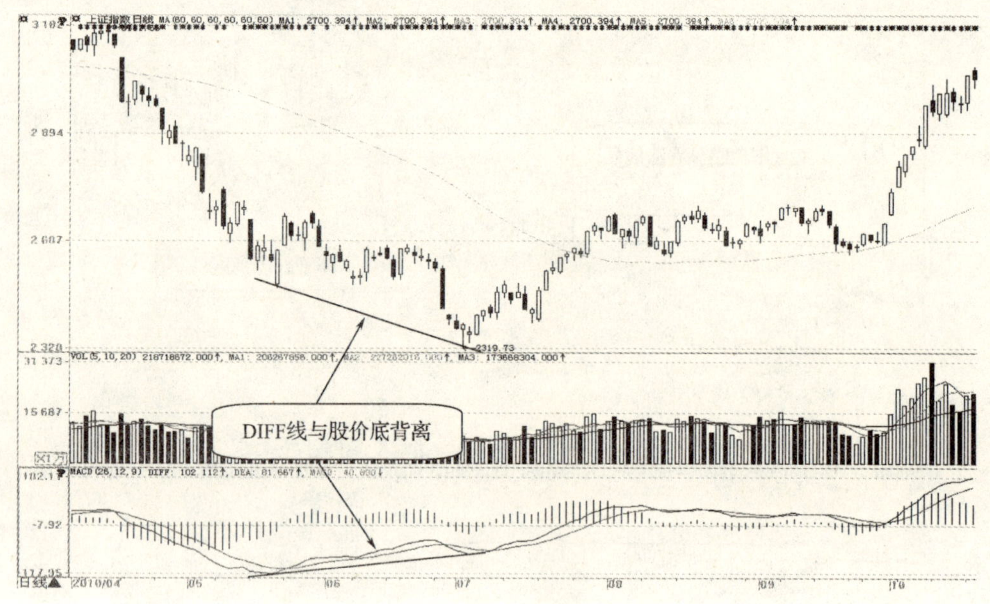

图 2—32　上证指数日 K 线

2.5.3　成交回报

沪深两市交易所规定，针对某些交易情况，将公布当日交易额最大的前五家营业部的名称及其买入、卖出金额，这些信息就是市场交易公开信息，也叫成交回报。需要公布成交回报的交易情况主要有以下四种。

第一，有价格涨跌幅限制的，日收盘价格涨跌幅偏离值达到 7%的前三只证券。

第二，有价格涨跌幅限制的，日价格振幅达到 15%的前三只证券。

第三，有价格涨跌幅限制的，日换手率达到 20%的前三只证券。

第四，无价格涨跌幅限制的证券。

在这些成交回报中，投资者可以发现很多有用信息，尤其是短线庄家的动态信息。例如，鼎鼎大名的银河证券宁波解放南路营业部，市场称为“涨停板敢死队”，就是由于经常制造涨停板，在成交回报中屡屡出现该营业部名称才被大家发现。

投资者可以利用成交回报中的有利信息，寻找短线庄家踪迹，积极把握短线交易机会。

2010 年 2 月 3 日，大禹节水（300021）网下申购的限售新股开始上市流通。限售股上市当天，该股换手率达 23.94%，达到交易所规定的“日换手率达到 20%以上的前三只股票”的成交回报信息披露要求，该股当天的成交回报如图2—33所示。

从图2—33中的成交回报可以看出，买入、卖出双方泾渭分明。先看卖方，前五名全是机构专用席位，也就是基金席位。这些基金卖出的股票，应该是参加网下申购的中签股票，基金在三个月解禁期满后大量抛出。而买入席位所在的营业部，都有游资经常出没，如东海证券杭州建国北路、红塔证券深圳益田路、华泰联合证券深圳深南大道等营业部，因此，买入方主要是市场游资。

【2010-02-03】大禹节水02月03日换手率超过20%
涨跌幅%：-5.93 成交量(万股)：430.89 成交金额(万元)：12680.60
买入金额最大的前5名：

营业部名称	买入金额(元)	卖出金额(元)
东海证券有限责任公司杭州建国北路证券营业部	9 590 388.73	0.00
安信证券股份有限公司深圳建安路证券营业部	5 240 906.60	44 250.00
红塔证券股份有限公司深圳益田路证券营业部	2 734 400.00	0.00
国信证券股份有限公司深圳沙嘴南路证券营业部	2 720 032.96	57 100.00
华泰联合证券有限责任公司深圳深南大道证券营业部	2 152 509.50	119 528.91

卖出金额最大的前5名：

营业部名称	买入金额(元)	卖出金额(元)
机构专用1	0.00	4 804 466.38
机构专用2	0.00	3 386 826.96
机构专用3	0.00	3 364 909.40
机构专用4	0.00	3 360 320.44
机构专用5	0.00	3 358 755.60

图2—33 大禹节水成交回报（2010年2月3日）

当一只股票出现多个游资席位时，往往意味着短庄已经入场，那么该股很可能会有一波短线拉升行情。在本例中，投资者发现游资动作后，应密切关注大盘和该股的后续走势，积极寻找短线机会。

图2—34所示是大禹节水在2010年2月份的走势图。2月3日游资入场后，由于大盘处于弱势，该股也出现横盘整理走势。各路游资采取了蛰伏等待的策略，同时也进行了适当的洗盘。2月10日大盘走势转强，该股中的游资突然发力，开始拉抬股价，并完全突破了2月3日的阴线区间，此时投资者应注意及时跟进。

2月25日，该股继上个交易日涨停之后，出现了放量震荡走势，投资者应谨防游资可能借机出货。

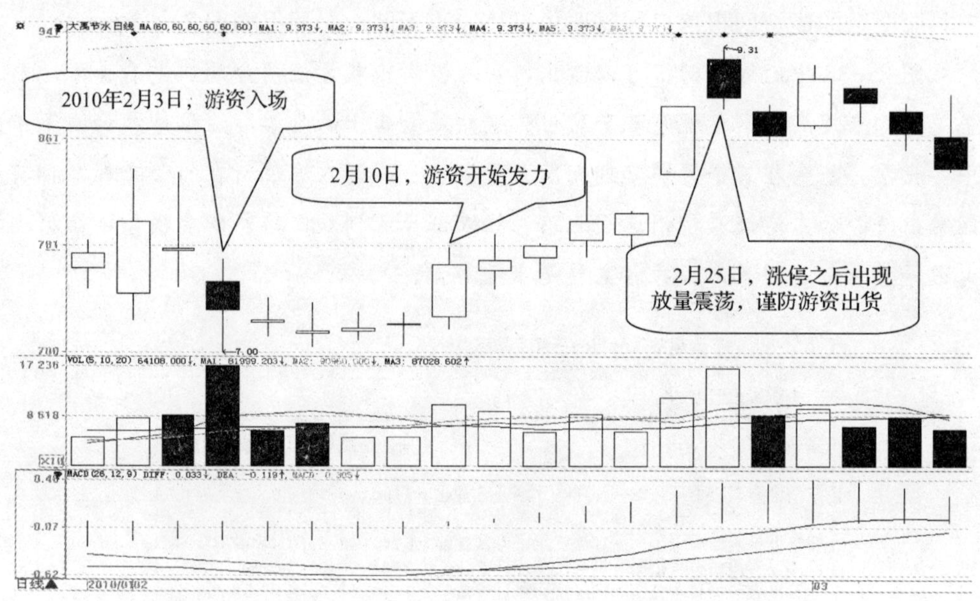

图 2—34　大禹节水 2010 年 2 月走势图

第 3 章

庄家建仓

建仓是庄家坐庄过程中的第一步，建仓在整个坐庄过程中的重要性仅次于出货。在这个阶段，庄家的运作手段多种多样，例如有向下打压建仓、暗中慢慢吸筹、拉高快速建仓等。

按照其走势的不同，我们大致可以将庄家建仓手段分为以下三大类。

1. 打压建仓

打压建仓是指庄家在初步掌握一部分股票后，利用这些股票作为砸盘的筹码，借助大势不好或者个股利空的消息，向下打压砸盘。庄家通过打压，往往造成股价的破位形态或是连续大跌形态，制造恐慌情绪，借机吓出其他投资者手中的股票，实现低位建仓的目标。

在熊市的尾声阶段，或者大盘处于弱势时，如果建仓时间比较充裕，有实力的庄家一般都会采用这种建仓方式。打压建仓方式通常是庄家蓄谋已久、有备而来，而且对于目标个股势在必得，因此，其后续的涨势一般持续时间较长，幅度也较大。

2. 震荡建仓

震荡建仓是指庄家在入场建仓后，为了控制股价，避免涨幅过高而增加建仓成本，当股价升至某价位时主力就开始打压，当回落至某价位时又开始积极买入，使得股价呈现一个箱体震荡的走势。对于持股的投资者来说，由于股价长时间在一个箱体内运行，始终没有大的涨幅，很容易失去耐心而抛出股票，庄家则趁机完成他们的建仓工作。

如果庄家采用这种建仓方式，那么股票横盘的时间越长，说明庄家建仓力度越大，后期上涨的空间也就越大。

3. 拉高建仓

拉高建仓是指庄家主动向上不断收集股票，基本不考虑价格高低，以尽快建仓为主要目标。拉高建仓，必然导致成本明显增高。同时，股票大涨也会吸引众多投资者的关注，许多短线跟风盘会追涨买入，增加了日后洗盘的难度。当然，拉高建仓也有其优点，当有重大利好消息出现时，庄家需要在短时间内收集筹码，只有牺牲价位，赢得时间。另外，也因为有大量跟风盘，盘子比较轻，拉高不费力，只要能够及时退出，实际获利幅度并不低。投资者需要注意的是，拉高建仓的股票，庄家持仓量低，而跟风盘众多，因此，一旦见顶后，往往都会出现跳水走势。

在第 2 章“识别庄股的 5 个技巧”中，我们介绍了通过分时信息、走势形态识别庄家动向的一些技巧，这些技巧同样适用于如何判断庄家建仓，例如逆势而动，成交放大等。除此之外，投资者还要注意以下两个要点。

要点 1：连续缩量下跌之后，如果出现连续放量，同时股价不再继续下跌，往往意味着庄家开始建仓。

要点 2：每次的放量价位，不应成为阶段性的高点。也就是说，如果放量后股价下跌，那么这个放量区间，应该能很快收复，不能成为一个较长时间的套牢区间。

如果庄家在放量过程中大举建仓，那么庄家会尽量避免把自己给套牢，因此，股价应该在短期内能够再次回到该价位。如果股价在较长时间内都无法回到这个放量价位，就说明此次放量有问题，投资者需谨慎观望。

如图 3—1 所示，2010 年 7 月初，大盘开始反弹向上，与此同时三爱富（600636）的 MACD 指标也出现“DIFF 线与股价底背离”形态，之后该股放量上涨，表明庄家开始积极建仓。

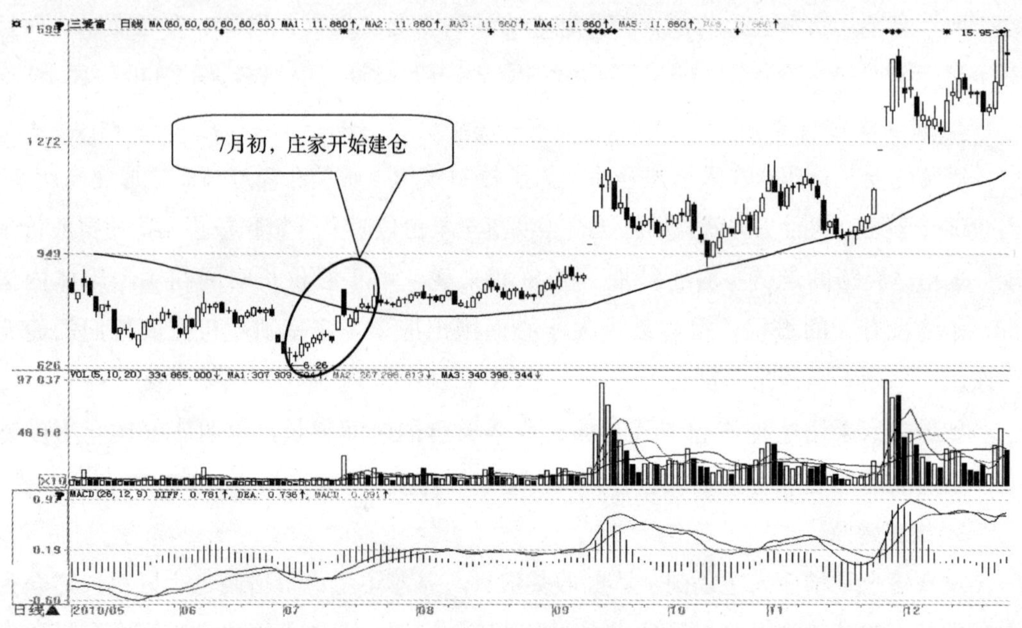

图 3—1　三爱富日 K 线

3.1 打压建仓

3.1.1 庄家打压建仓的走势特征

一般来说，在大熊市接近尾声，或者市场人气比较低迷的时候，庄家往往会采用打压建仓的方式。此时庄家不用费太大劲就可以把股价打下去，同时还能引出许多恐慌性抛盘，庄家正好可以收入囊中，可以一举两得。

还有一种情况，就是部分庄家对于大势的判断有误，入场时机太早，当大势继续下跌时，庄家开始反手做空，将股价打至更低位置，既能吃到更便宜的筹码，又可以高抛低吸赚取差价。

打压建仓一般具有如下 5 个特点。

特点 1：打压建仓一般发生在大势较弱、人气低迷的时候，或者个股出现利空消息的时候，庄家借势向下打压，吓出里面的持股者。

特点 2：打压个股的盘中走势，往往突然跳水，然后在低位横盘震荡。

特点 3：在打压建仓当日，成交量一般都会放大，在打压之后又会很快缩量。

特点 4：K 线走势上，往往会出现破位或者创新低等非常恶劣的形态。

特点 5：打压建仓当天的跌幅，在后市会很快被重新收复。因为庄家不希望在低于自己买入价的位置停留过久，以防止散户重新在低位补回。

我们可以通过实例看一下，庄家进行打压建仓时个股的盘面走势。

如图 3—2 所示，2012 年年初，德赛电池（000049）的庄家借助股价下跌至低价的机会开始买入股票建仓。在建仓过程中，庄家为了尽量降低成本，连续多次将股价向下打压。其中两次有代表性的打压分别出现在 1 月 4 日—5 日和 1 月 11 日—12 日。

如图 3—3 和图 3—4 所示，1 月 4 日和 1 月 5 日，庄家刚刚开盘就将股价持续向下打压，造成股价在盘中一直下跌，这样的行情会引发一般投资者的恐慌，纷纷抛出股票。庄家就可以在底部逐渐买入。

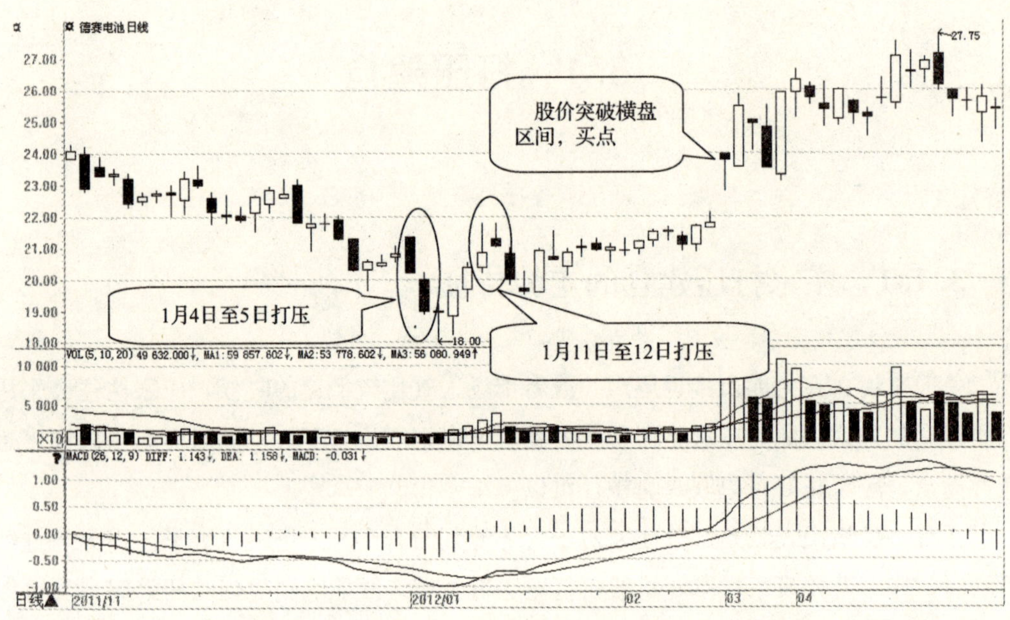

图 3—2　德赛电池日 K 线

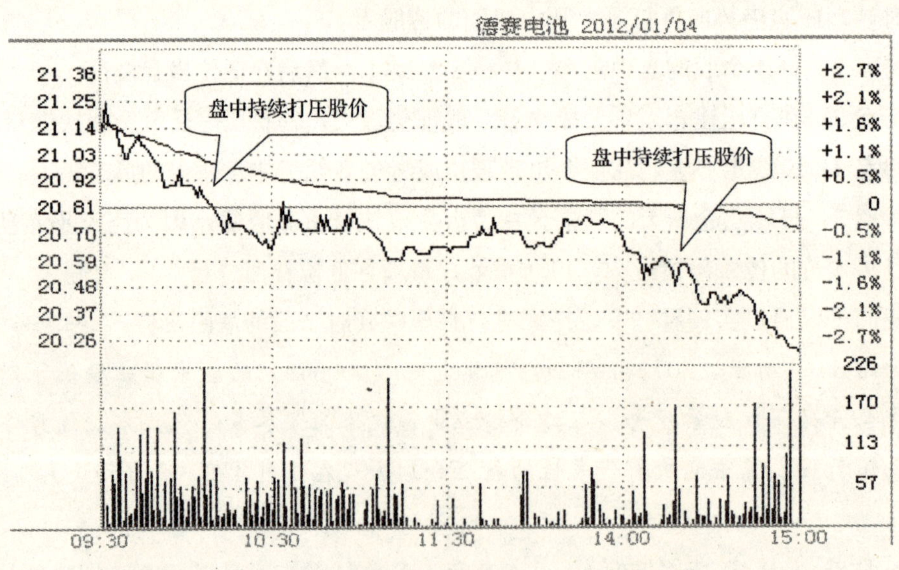

图 3—3　德赛电池分时走势图（2012 年 1 月 4 日）

图 3—4 德赛电池分时走势图（2012 年 1 月 5 日）

如图 3—5、图 3—6 所示，1 月 11 日至 12 日，庄家在开盘阶段先将股价向上拉升，随后再将股价自高位打压下来。经过这样的操作，K 线形成明显见顶信号。之前在小幅反弹过程中买入股票的投资者，为了保证收益会抛出股票。

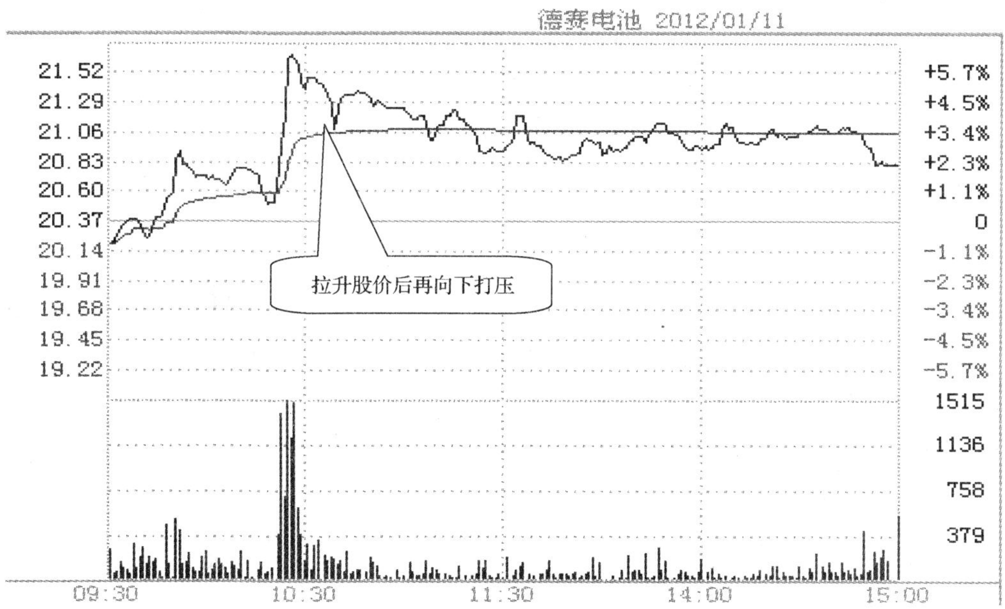

图 3—5 德赛电池分时走势图（2012 年 1 月 11 日）

图 3—6 德赛电池分时走势图（2012 年 1 月 12 日）

当机构正在打压建仓时，投资者可以先持币观望。打压建仓一般发生在庄家建仓的初期阶段，投资者此时介入将忍受长时间的横盘震荡折磨。从图 3—2 中可以看出，经过庄家连续打压建仓后，股价又在底部横盘整理一段时间后才被拉升向上。投资者可以等到股价突破横盘整理区间时再买入股票。

在 2010 年的震荡市中，广晟有色借壳上市之后的大幅上涨是极为惹眼的，但庄家在拉升它之前，也进行了打压建仓。

图 3—7 所示为广晟有色（600259）和上证指数 2010 年 2 月到 8 月的走势图。

2 月到 3 月上旬，该股的走势与大盘基本一致，但从 3 月中旬开始，广晟有色走势开始明显强于大盘，两者形成喇叭口形态。在大盘震荡的时候走强，表明有庄家正在建仓，此建仓过程一直持续到 7 月份。

在庄家建仓过程中，有多次打压建仓。

第一次出现在 4 月 15 日（当时该股还处于 ST 阶段，见图 3—8），股价在横向整理一段时间之后大幅下跌，到尾盘时已经跌停，下跌的同时还伴随着成交量的放大，但很快股价就再次上涨，创出新高，这是典型的庄家打压建仓手段。

第二次出现在 4 月 29 日（见图 3—9），此时股价创出新高，庄家为低价吸筹开始再次打压。当天下午一开盘，股价就再次放量下跌，至尾盘时，已经牢牢封死在跌停板上。之后股价短暂下跌，但到5月下旬时，股价再次放量上涨，证明前期的下跌仍是庄家为吸筹而打压股价。

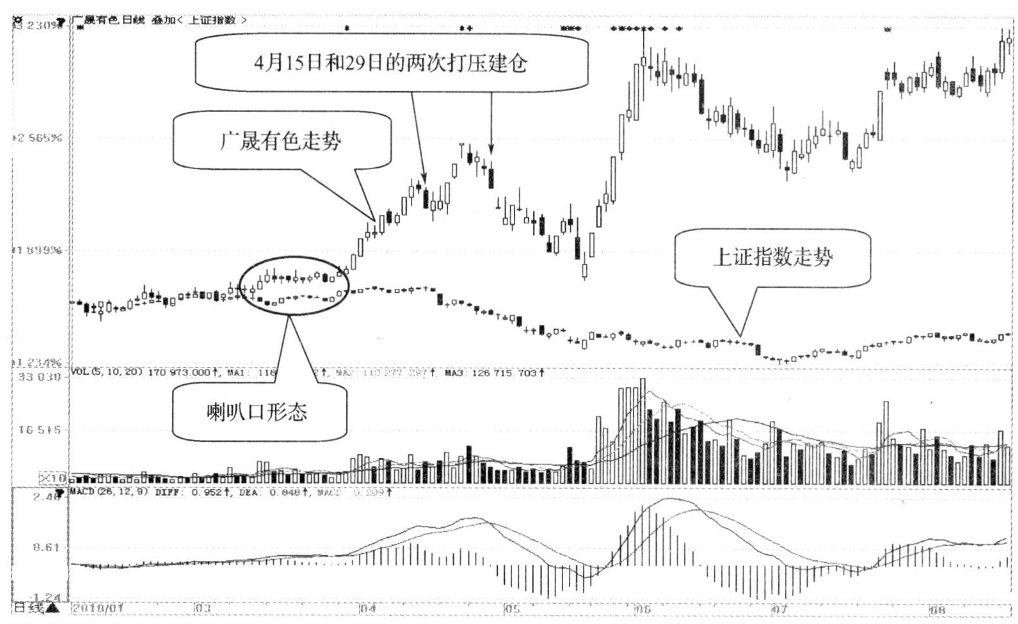

图3—7 广晟有色日K线1

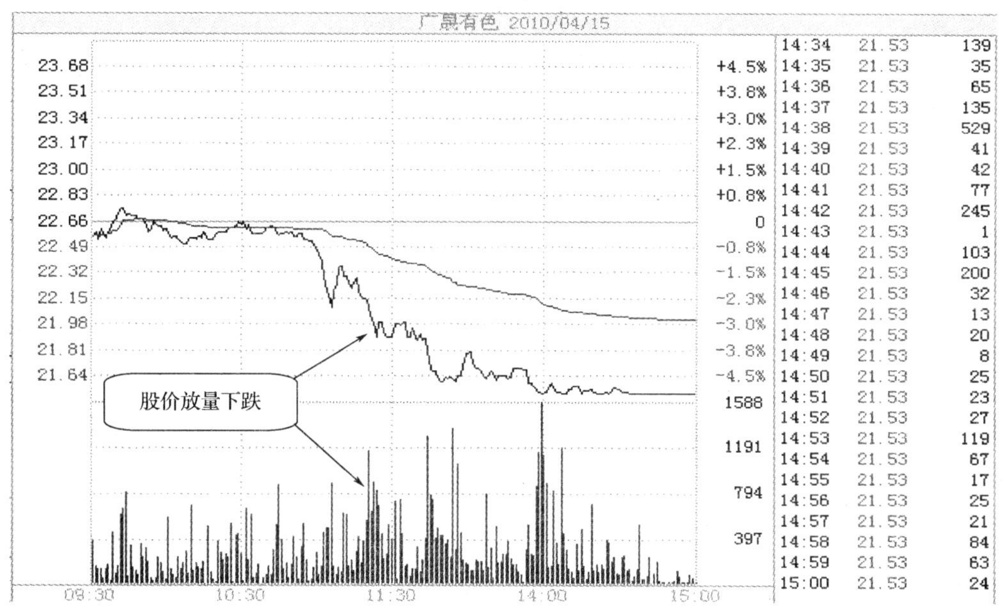

图3—8 广晟有色分时走势图（2010年4月15日）

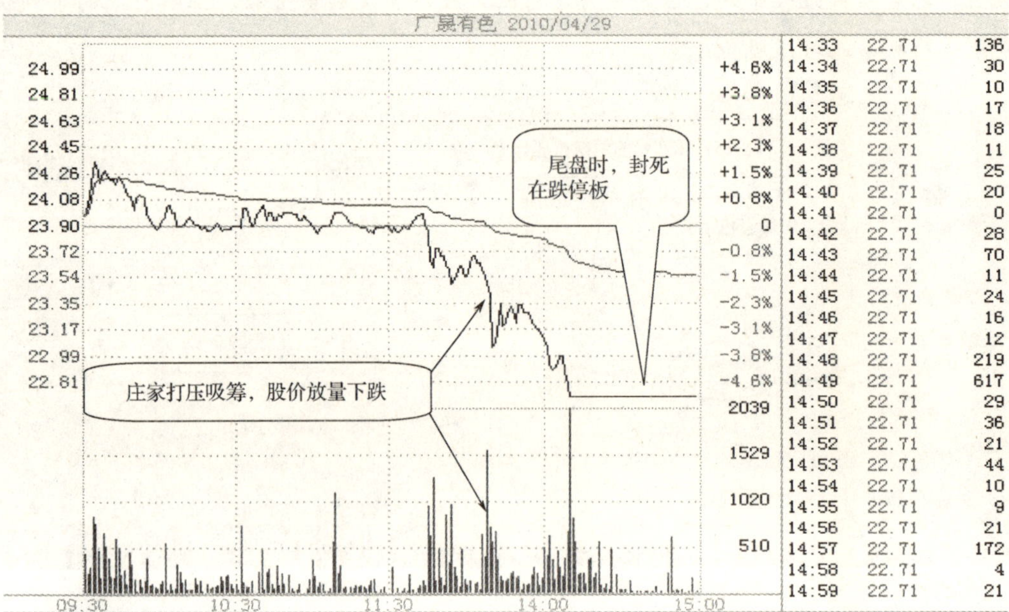

图 3—9　广晟有色分时走势图（2010 年 4 月 29 日）

在庄家打压建仓之后，一直到 9 月份，拉升过程才开始，如图 3—10 所示。

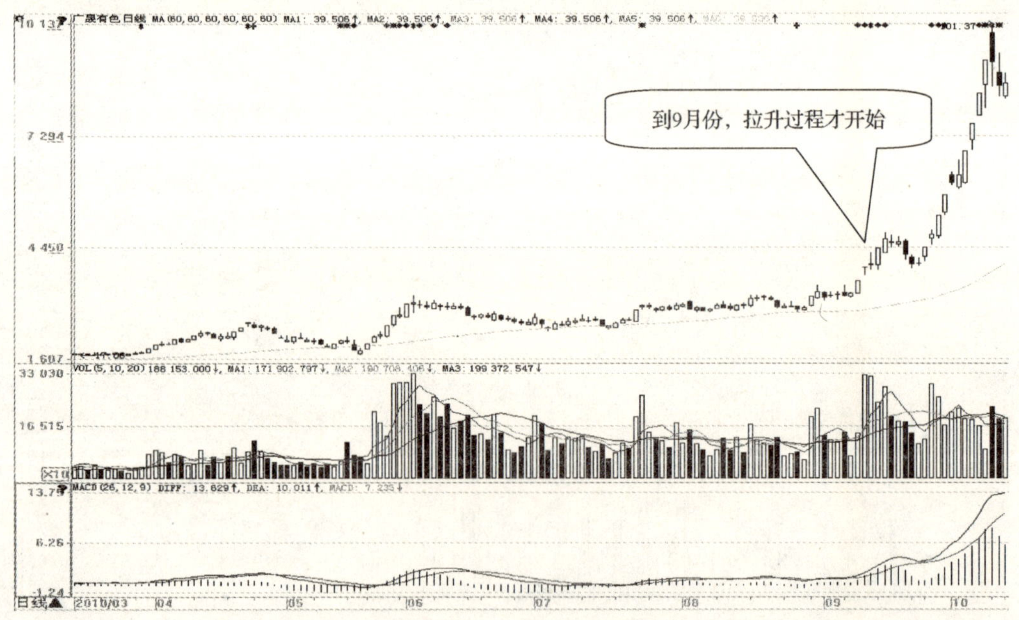

图 3—10　广晟有色日 K 线 2

3.1.2 打压建仓的买点

投资者从德赛电池和广晟有色两个实例中可以看出，庄家在打压建仓后，一般都会有一段下跌走势出现，在大多数情况下，需要较长的一段时间拉升过程才会出现。因此，空仓投资者不必急于入场，套牢的投资者也不要在恐慌中盲目杀跌，如果判断是机构在打压建仓，那么可以继续持股不动，耐心等待庄家拉升过程的到来，这么做主要是基于以下考虑。

第一，既然目前机构在向下打压要筹码，说明庄家正处于建仓的初期，在庄家没有实现建仓目标之前，不会很快就拉升，股价走势肯定有许多波折。投资者选择此时入场，不仅利润有限，而且将承受股价上下震荡的折磨，对持股心态是个考验。

第二，由于机构的消息比普通投资者灵通许多，因此，不排除机构事先得知了一些利空消息，或者发现大势不妙，开始杀跌出局，如果新股民此时入场正好接了机构的筹码。

因此，投资者在发现庄家打压建仓时，宜保持观望。

3.2 震荡建仓

3.2.1 震荡建仓的走势特征

当股价经过一段时期的下跌后，开始止跌回稳，但是却又不马上上涨，而是在一个区间内不断地上下波动，股价的运行方向呈现横向运动，或者略微向上倾斜，同时成交量整体水平要比之前高出不少，时不时会出现不规则的放量。如果出现以上情况，那么很可能是机构在采用震荡的方式建仓。

如图 3—11 所示，闽东电力（000993）股价经过持续的下跌行情后，在底部反复震荡。震荡时间超过 4 个月。震荡过程中，成交量多次放大。这是有庄家在震荡过程中建仓的信号。当股价突破震荡区间的高点时，投资者可以积极买入股票。

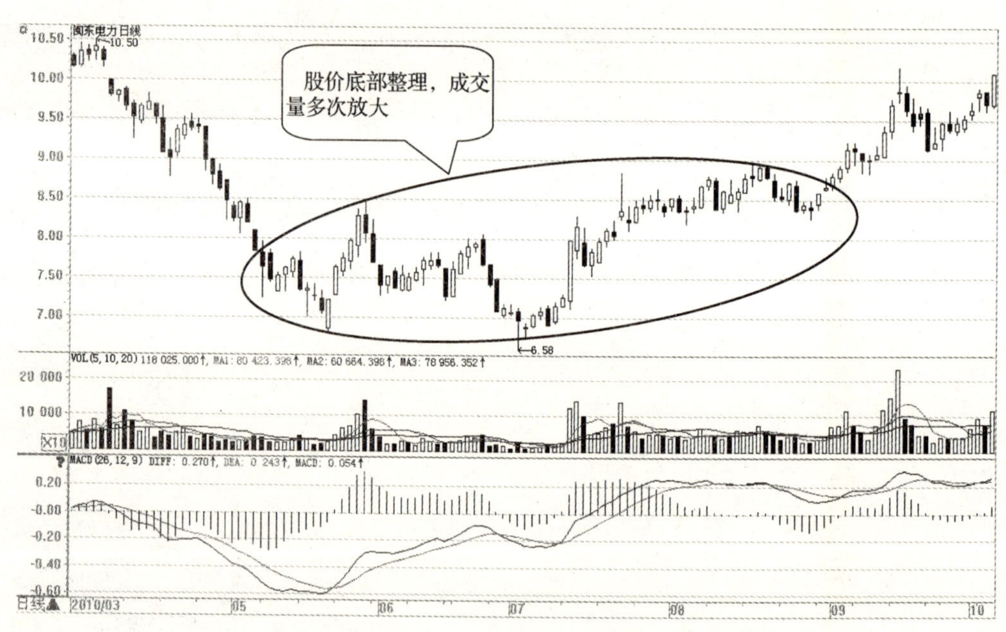

图 3—11 闽东电力震荡建仓

震荡建仓是庄家比较常用的一种建仓手法，庄家资金雄厚，要想尽量不引人注意地进驻某只股票并非短期内可以做到的，往往需要在低位进行反复、长期的震荡。一方面，庄家通过这种走势可以消磨投资者的耐心，当投资者终于无法忍受选择换股的时候，正是庄家买进的时候。图 3—12 中，闽东电力的庄家通过 4 个月的时间吸筹，很多投资者早已失去信心换成别的股票。另一方面，庄家通过震荡引诱部分投资者高抛低吸，但最终大部分的结果是低抛高吸，经过如此的“巧取豪夺”，投资者的筹码已悄然流入庄家的手中。

震荡建仓具有以下特征。

特征 1： 震荡整理的时间一般较长，往往长达数月。股谚云“横有多长，竖有多高”，充分的建仓时间，说明庄家建仓充分，控盘程度高，为日后惊人的升幅打下坚实的基础。

特征 2： 在震荡建仓期间，股价往往呈现上拉下砸的走势，并伴随着较大的成交量，充分体现了庄家通过拉高，引诱场内的持股者见利即抛，再通过下砸让场外的投资者避而远之。

特征 3： 随着庄家仓位的逐渐增大，股价重心将逐渐上移，因而震荡区间有时会呈现略为上倾的形态。

如图 3—12 所示，从 2011 年 12 月到 2012 年 2 月，兆驰股份（002429）在 2 个多月的时间里震荡向上，同时成交量不规则地放大。它表明庄家正在不断地吸筹，而且随着庄家仓位的逐渐增大，股价重心逐渐上移，股价震荡区间也略微上倾。

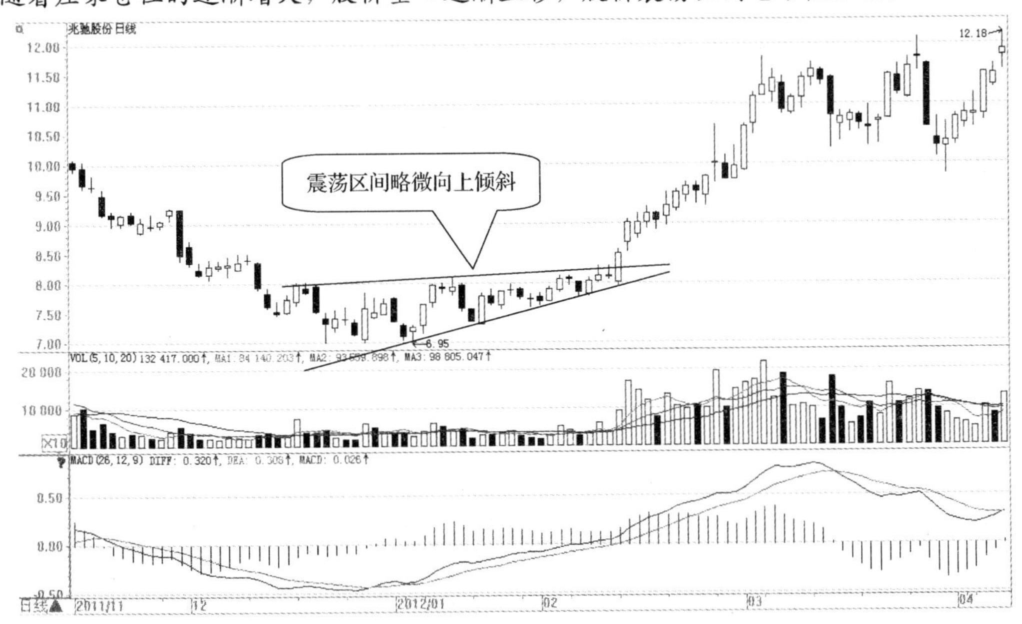

图 3—12 兆驰股份日 K 线

特征 4： 震荡建仓过程中，走势往往以各种持续整理形态呈现，例如矩形形态、三角形形态、平台震荡形态等。

如图 3—13 所示为上证指数和厦门钨业（600549）2010 年 2 月到 10 月的走势对比图。从图中可以看出，2 月和 3 月，该股走势与大盘基本一致。从 4 月份开始，厦门钨业开始明显强于大盘，两者走势形成喇叭口形态，同时在这个过程中，成交量明显放大。一切都预示着庄家正在建仓。在庄家建仓过程中，股价在 16.6～22.5 元区间范围上下震荡，形成矩形形态，同时伴随着成交量的不规则放量。

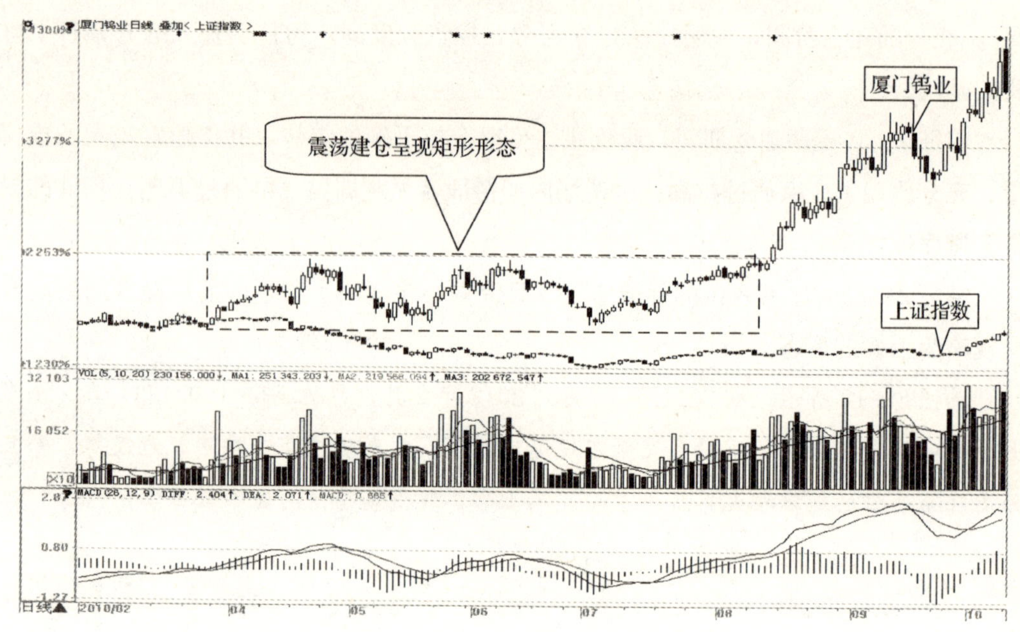

图 3—13　厦门钨业日 K 线

如图 3—14 所示，2011 年 7 月，大盘还处于大熊市中，没有什么迹象显示熊市要结束，但舒泰神（300204）却在低位逐渐企稳。7 月 28 日，该股放出天量且逼近涨停（见图 3—15），这是明显的庄家入场信号。之后，该股走势明显强于大盘。从 8 月到 10 月，该股庄家以收敛三角形震荡形态不断吸筹，放大的成交量也说明了这一点。

在震荡建仓走势中，还有一种“平台震荡”走势。这种震荡中，股价在一个狭小空间内运行，通过大量出现的小阴小阳线来耗掉散户的持股耐心，而等散户抛出持股之后，他们再趁机吸纳。

如图 3—16 所示，2011 年 6 月到 10 月，大盘持续下跌，但宁沪高速（600377）同期却不断震荡，走势明显强于大盘，表明有庄家已经开始建仓，该判断也可以从

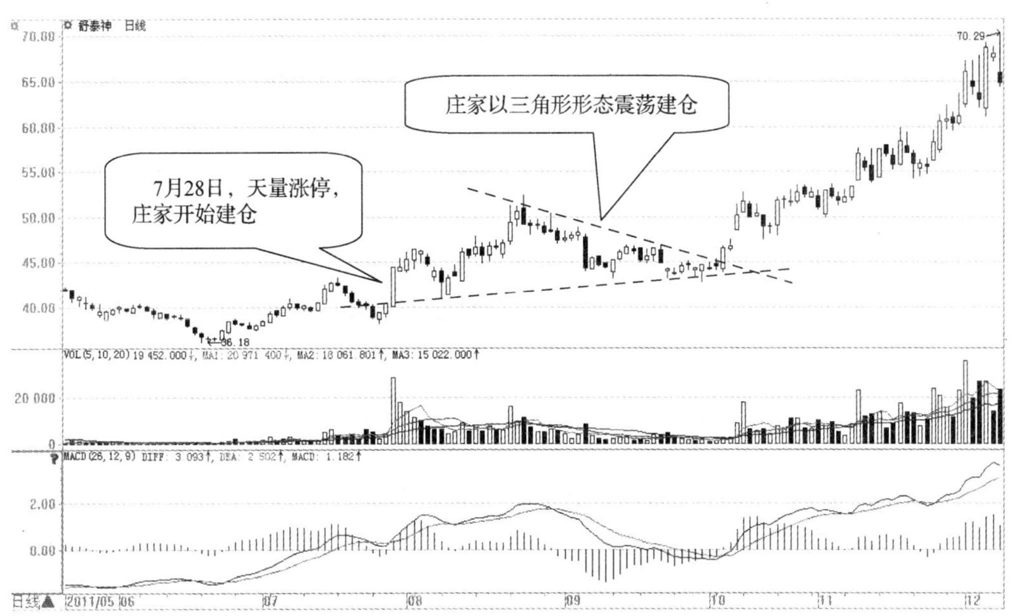

图 3—14　舒泰神日 K 线

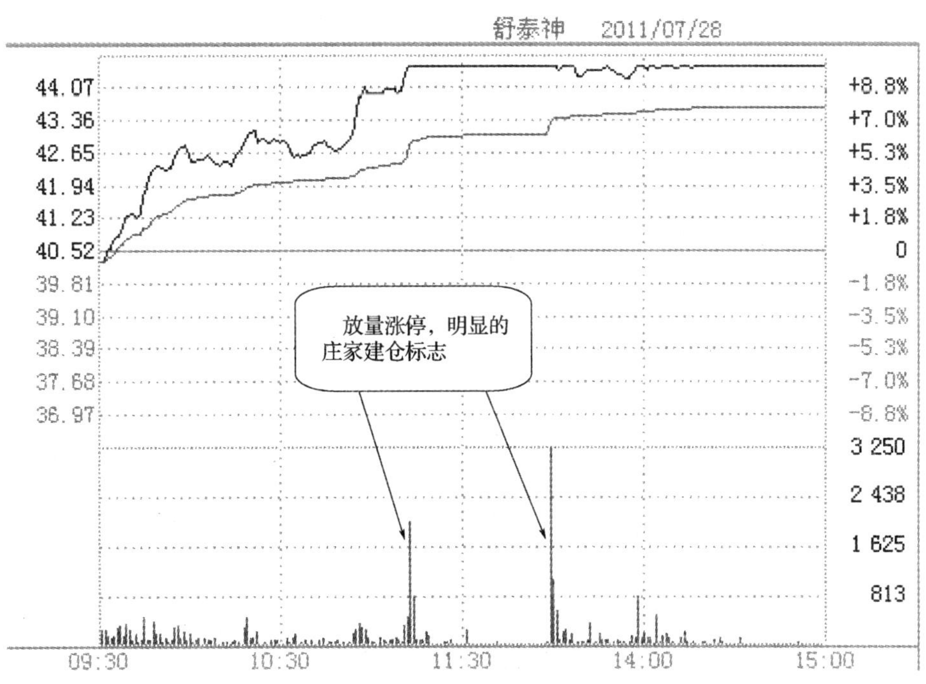

图 3—15　舒泰神分时走势图（2011 年 7 月 28 日）

8 月 8 日的分时走势图中得到验证（见图 3—17）。

2011 年 11 月到 2012 年 1 月，该股脱离原来的震荡区域，略微上涨之后，在上方

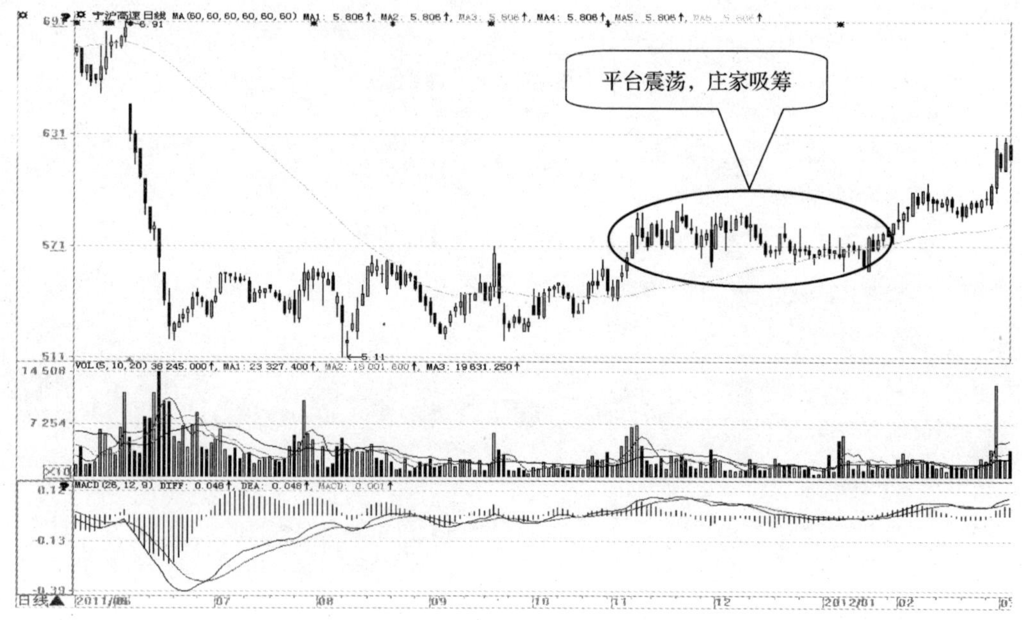

图 3—16　宁沪高速日 K 线

以小阴小阳线的方式持续震荡。在 3 个月的震荡中，股价显得软弱无力，死气沉沉，这正是庄家通过平台震荡对散户的误导。

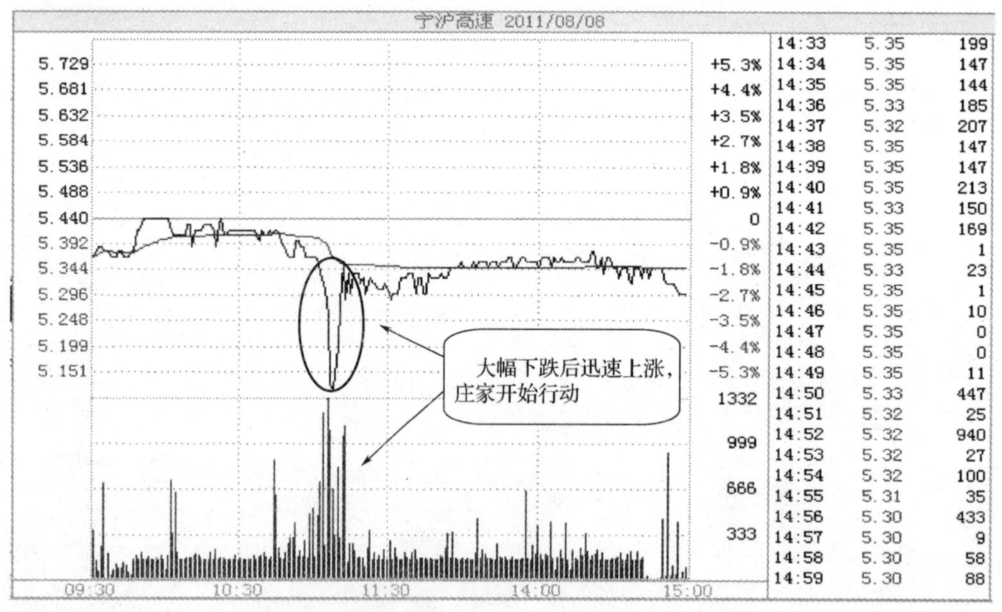

图 3—17　宁沪高速分时走势图（2011 年 8 月 8 日）

3.2.2 震荡建仓的买点

以上三种震荡建仓方式，虽然在走势形态上有所区别，但本质上都是庄家压住价格，利用长时间的横盘震荡，消磨散户的持股耐心。投资者要认清庄家真实意图，这样就不容易被庄家所迷惑。当投资者遇到震荡建仓的走势时，可以有以下两种选择。

1. 保持关注，等突破时介入

整个震荡建仓时间，短的一周，长的近一年，投资者如果入场过早，只会过早承受庄家反复的震荡洗盘。因此，投资者应耐心等待该过程结束的那一刻再买入。判断庄家结束震荡建仓洗盘过程，开始拉升的一个很简单的标准就是突破。

如图3—18所示，2012年2月至4月，陕国投A（000563）的庄家采用了震荡建仓方式，此时投资者可以保持关注。当股价突破原先震荡区间的上沿时，说明庄家已经结束了此前的建仓过程，开始进入拉升阶段。此时投资者介入的话，可以充分享受后续的上升走势，同时又不用承担前期震荡的折磨，是散户跟庄非常合适的买入点。

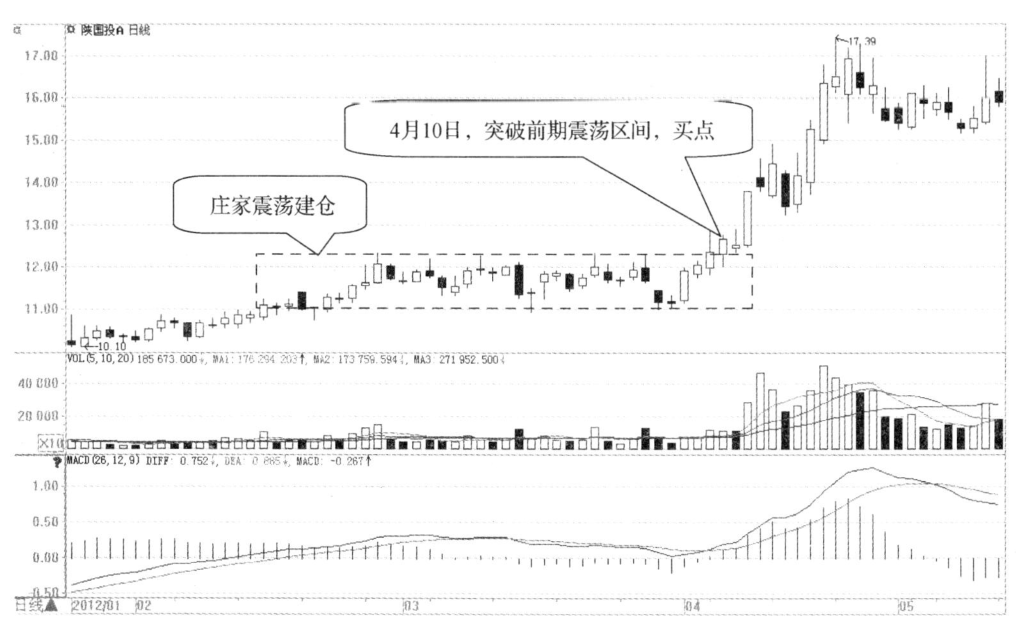

图3—18 陕国投A日K线

2. 逢低逐步入场

对于部分风险承受能力强、心理素质好的投资者而言，可以选择在庄家震荡建仓的过程中，逢低逐步买入，逢高适当减仓，既可以实现低位买入，又可以获得波段差价。

如图 3—19 所示，从 2011 年 8 月到 2012 年 6 月，武汉健民（600976）的庄家不断地震荡建仓。在整个震荡过程中，股价波动幅度很大。投资者可以选择在矩形的下边线买入，在矩形的上边线卖出，反复进行波段交易。

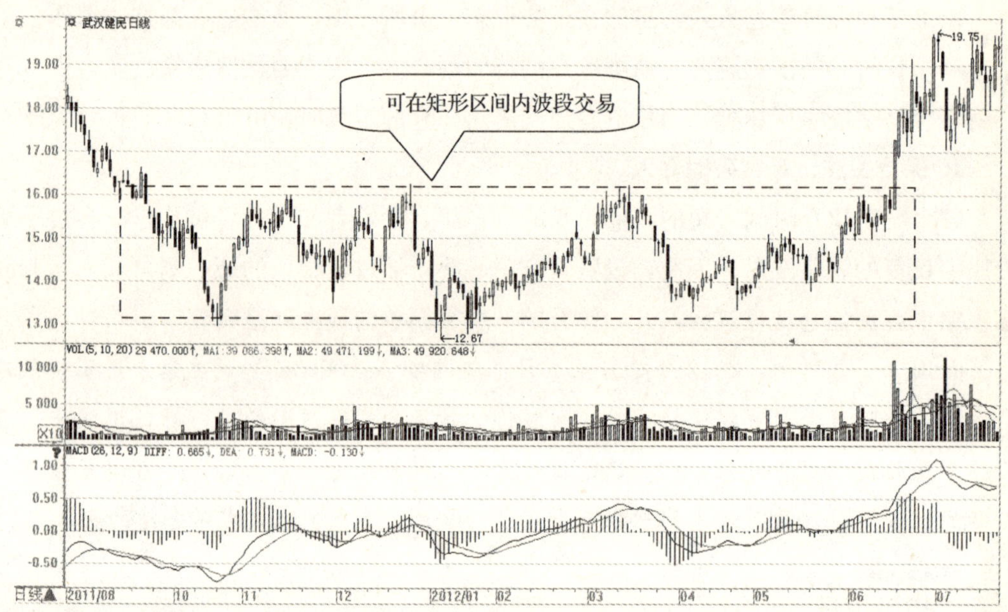

图 3—19 武汉健民日 K 线

3.3 拉高建仓

3.3.1 拉高建仓的走势特征

当市场或者个股由于突发性利好消息，走势突然转强时，如果庄家正处于空仓状态，或者没有实现建仓的目标，那么庄家往往会采用拉高建仓的手法。因为此时庄家没有时间慢慢建仓，也没有持股者愿意在低位卖出，因此，庄家就不能再采取打压建仓或者震荡建仓的方式，而只能采取拉高建仓的手法向上快速扫盘。当短期涨幅达到一定幅度时，很多持股者会担心失去这一段快速的利润而开始卖出，庄家则趁机大力买入。

拉高建仓的走势有以下几个特征。

特征1：连续拉升发生在大盘或者个股的相对低位，或者涨势的初期。

特征2：往往伴随着突发性的重大利好。

特征3：成交量持续放大。

特征4：往往会出现高开低走的放量阴线，当日换手率一般至少超过10%，说明当天抛压非常沉重，但同时接盘也很踊跃。

特征5：如果后市能够很快收复放量阴线位置，即可完全确认庄家的拉高建仓意图。

图3—20所示就是一个典型的拉高建仓手法。1999年“5·19行情”突然爆发，市场突然转强，网络股成为市场热点，此时综艺股份（600770）的庄家就采取了拉高建仓的手法。该股在连续两个涨停后，开始放量震荡，全天换手率达28%。很多投资者仍然处于熊市思维当中，误以为庄家借反弹出货而纷纷卖出，庄家却趁机大力买进。

拉高建仓之后，经过短暂的强势整理，庄家又开始了新的一轮拉升。

另外，投资者从图中还可以看出，庄家在强势整理过程中，始终没有跌破放量阴线的价格区间，进一步证实了庄家拉高建仓的真实意图。

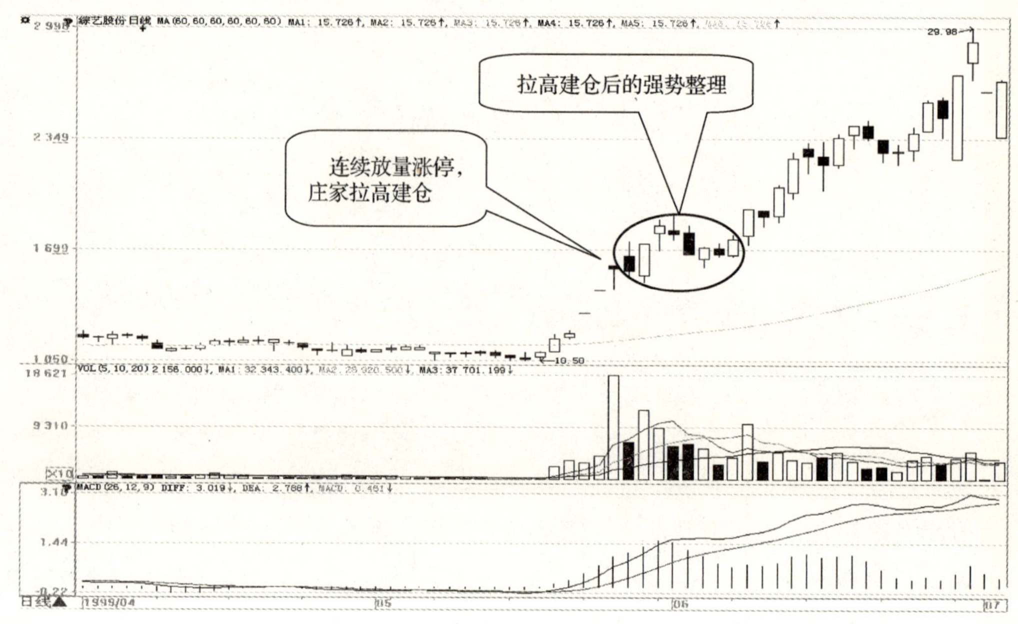

图 3—20　综艺股份日 K 线

3.3.2　拉高建仓的买点

当个股出现连续大涨之后的放量震荡走势时，如果满足以下三个条件，那么投资者可以初步得出判断，是庄家正在拉高建仓。

第一，处于涨势初期。

第二，放量震荡位置处于前期的密集套牢区。

第三，市场大众对后市仍有较大的疑虑。

此时，投资者虽然可以得出拉高建仓的初步判断，但为了稳妥起见，仍应继续观察后市走势。如果后面股价重心能够维持在放量区间，或者突破了放量区间，那么可以完全确定庄家在拉高建仓，投资者可以在放量拉升区间的上方，积极追高买入。

图 3—21 所示为华帝股份（002035）2010 年 4 月到 12 月的走势图；图 3—22 所示则为该股 2010 年 7 月 2 日的分时走势图。

如图 3—22 所示，2010 年 7 月初，伴随着大盘 MACD 指标 DIFF 线与股价底背离形态的形成，华帝股份也在 60 日均线下方逐渐企稳。从 7 月 2 日的分时走势图中可以看出，该股放量下跌之后被快速拉升，表明已经有庄家开始在低位吸筹。之后该庄家持续地拉升建仓，股价也持续上涨，突破前期高点。从 9 月中旬开始，股价震荡

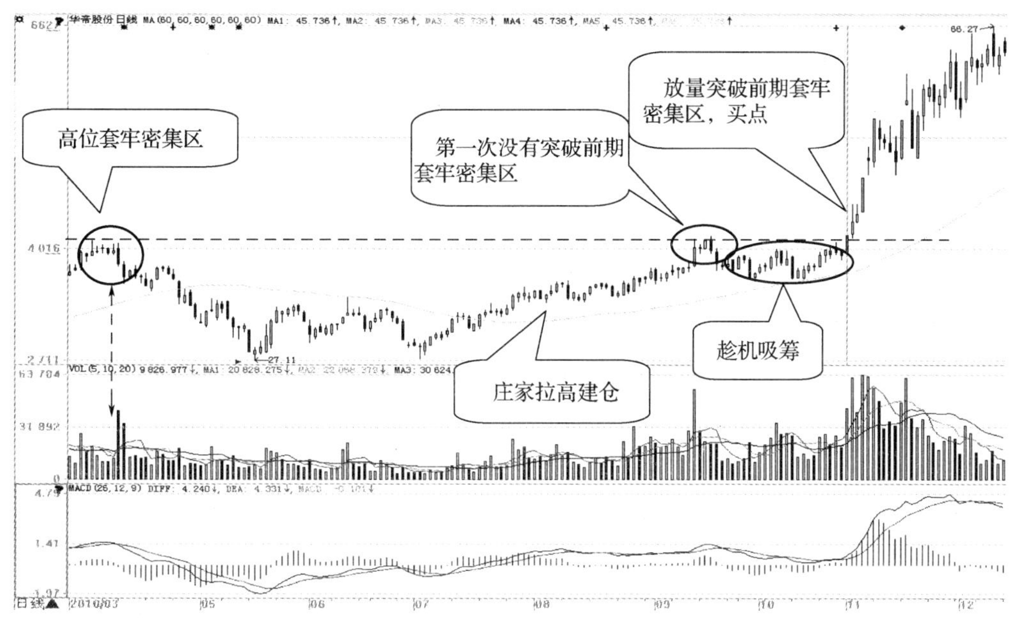

图 3—21　华帝股份日 K 线 1

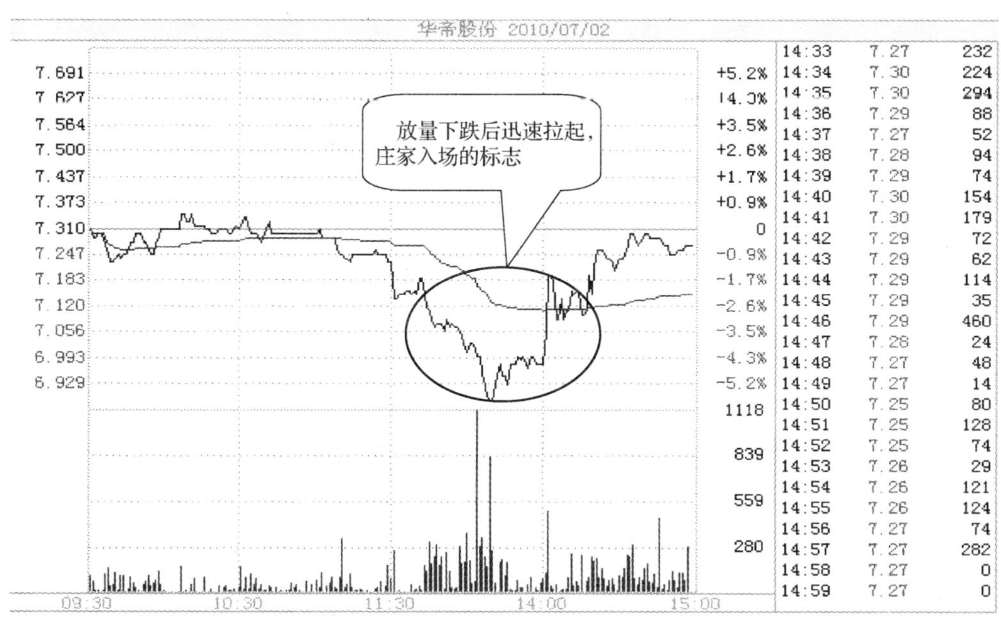

图 3—22　华帝股份分时走势图（2010 年 7 月 2 日）

回调，但很快被再次拉起。它表明该股庄家实力十分强大。

11 月 2 日，股价向上突破前期套牢密集区，投资者可以积极追高买入。

在本例的实战中，投资者还要注意以下几个关键点。

关键点 1：其他技术指标的配合

投资者在跟庄时，要注意其他技术指标的配合作用，特别是 MACD 指标，是用来狙杀庄家的利器。

例如，华帝股份在 2010 年 7 月初，MACD 指标随着大盘（见图 3—22）也出现了 DIFF 线与股价底背离形态。此形态表明有上涨动能在积聚，而上涨动能几乎就是庄家建仓的同义词。只要大资金有所行动，必然会在价格形态上有所表现，投资者要坚信这一点。

关键点 2：3 个买点

对本例来说，庄家在拉高建仓时，实际上有多个买点供散户投资者挖掘。

第一个买点是双底形态和 MACD 指标的底背离（见图 3—23）。7 月初，DIFF 线与股价底背离形态已经较为明显，而随着股价的企稳上升，双底形态也逐渐出现。这一切都表明庄家已经开始建仓，尽管大部分投资者仍在犹豫怀疑，激进的投资者可以部分买入。

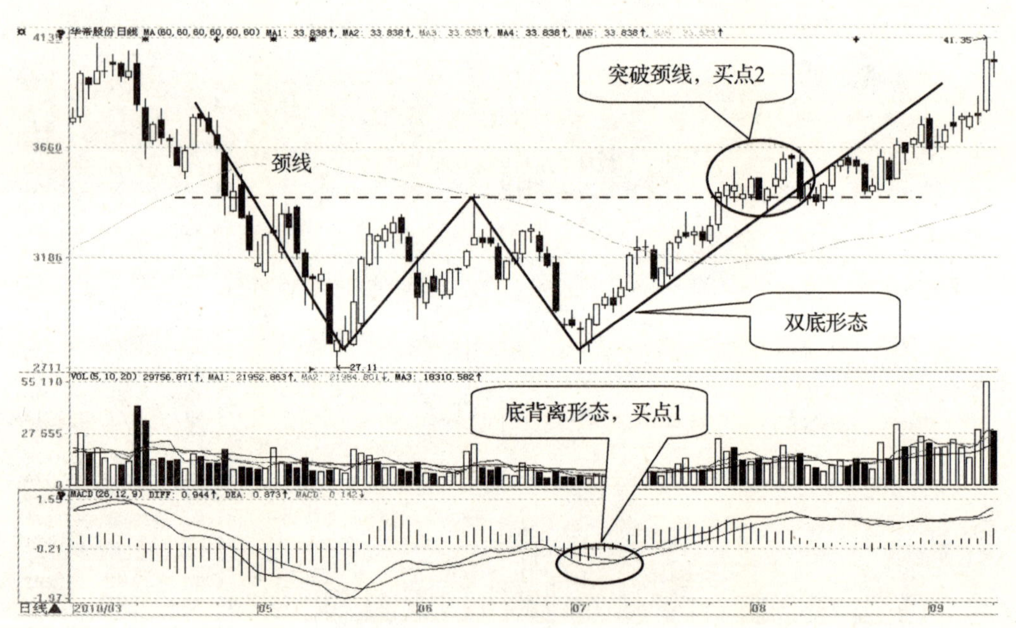

图 3—23　华帝股份日 K 线 2

第二个买点是股价向上突破双底形态颈线。7 月底 8 月初，股价正式向上突破颈线，投资者则可以加仓买入。

第三个买点是图 3—21 中的买点，该买点最为安全、稳妥，此时，庄家拉高建仓已经彻底确定，但也接近尾声。

关键点 3：突破的艰难

庄家在拉升时，也并不是一帆风顺。尽管可以通过种种方法来削弱前期套牢盘的巨大阻力，但在最终决战的一刻，仍然需要较强的实力才能获胜。表现在量价关系上，往往是天量成交量的出现。这一点在分时走势图中表现得最为明显。

例如，华帝股份在 2010 年 11 月 2 日的买点，就出现了天量成交，如图 3—24 所示。

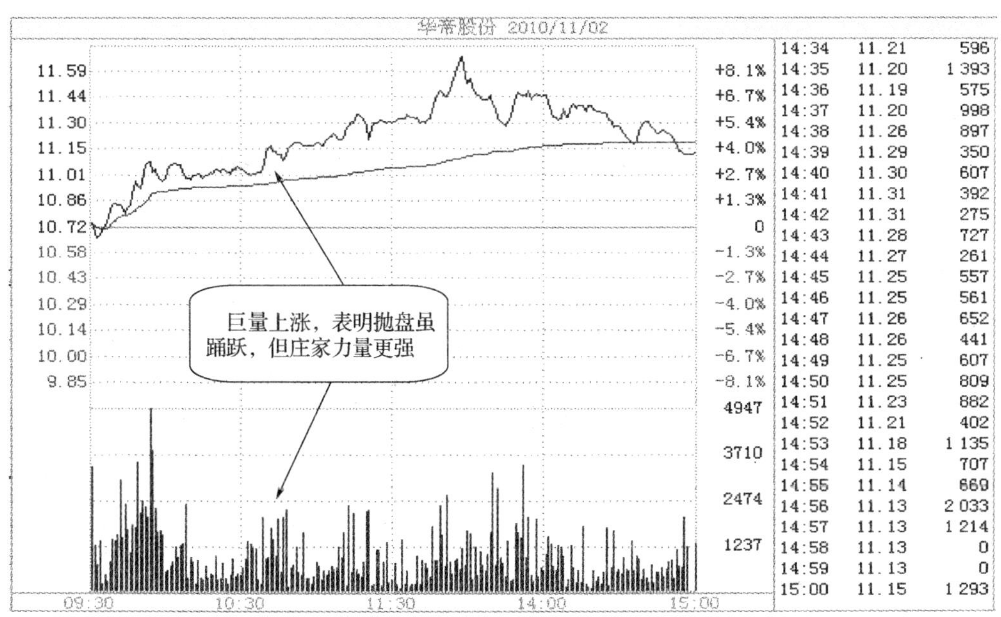

图 3—24 华帝股份分时走势图（2010 年 11 月 2 日）

关键点 4：庄股的风采

11 月 2 日，该股出现第三个买点，对谨慎的投资者来说，只能算是第一个买点。此时，大盘在高位滞涨，十分无力。到 11 月 10 日左右，大盘出现“MACD 柱线与股价顶背离”的看跌信号，之后不久下跌动能发动，大盘持续下跌，但该股在庄家的运作下却持续上涨，几乎不受影响，显示出庄股的强势风采。

3.4 推高建仓

3.4.1 推高建仓的走势特征

当庄家在低位建仓一段时期之后，会发现卖盘逐步减少，继续在低位吸筹难度加大，此时庄家便开始推高股价，向上逐渐寻找卖盘。有时，由于大盘转好、市场人气转强等因素出现，庄家为防止其他资金抢筹，不允许股价继续维持在低位，开始逐步推高股价继续建仓。此阶段庄家手中筹码比较充足，对股价的控制力增强，这个阶段的推升走势一般不会半途终止，股价往往特立独行，有其固定的趋势和节奏。

由于在推高建仓阶段，股价走势比较稳定，洗盘不够充分，因此，推高过程结束后，庄家往往会采用大幅度的打压下跌来进行凶猛的洗盘。洗盘过后才会开始真正的拉升过程。

在庄家的推高建仓阶段，虽然整体涨幅往往有限，但是由于上升趋势明显，股价波动较小，对于投资者来说，这一阶段的参与价值比较高。

与拉高建仓相比，推高建仓的最大特点是上升速度比较缓慢，K线走势呈现向上有所倾斜的带状，成交量一般比较稳定，或者呈现缓慢增加的态势。

如图3—25所示，舒泰神（300204）股价自2011年7月开始了第一波上涨走势。这是该股庄家的初步建仓，之后该股见顶后小幅回调。进入10月后，该股缓缓上升，庄家开始不断地推高建仓。到12月，庄家建仓结束，开始将股价向下打压洗盘。

如图3—26所示，该股庄家在洗盘的过程中，不惜以跌停板的方式来恐吓散户投资者。这种操作手法既说明庄家的实力较为雄厚，也说明其操作方式十分豪迈。自2012年2月份开始的大幅上涨行情，就是这种豪迈风格的直接体现。

3.4.2 推高建仓的买点

投资者从以上三个例子中可以看出，一般出现推高建仓的股票，其后期涨幅往往都很大。这是因为，庄家为了能够实现建仓的目标，愿意付出更多的成本，庄家对该

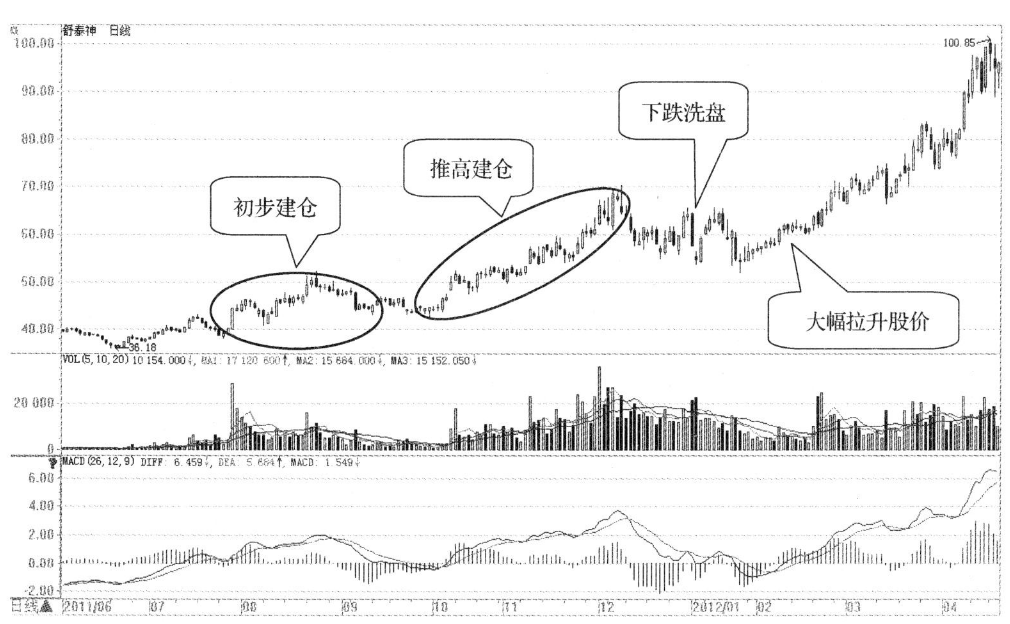

图 3—25　舒泰神日 K 线 1

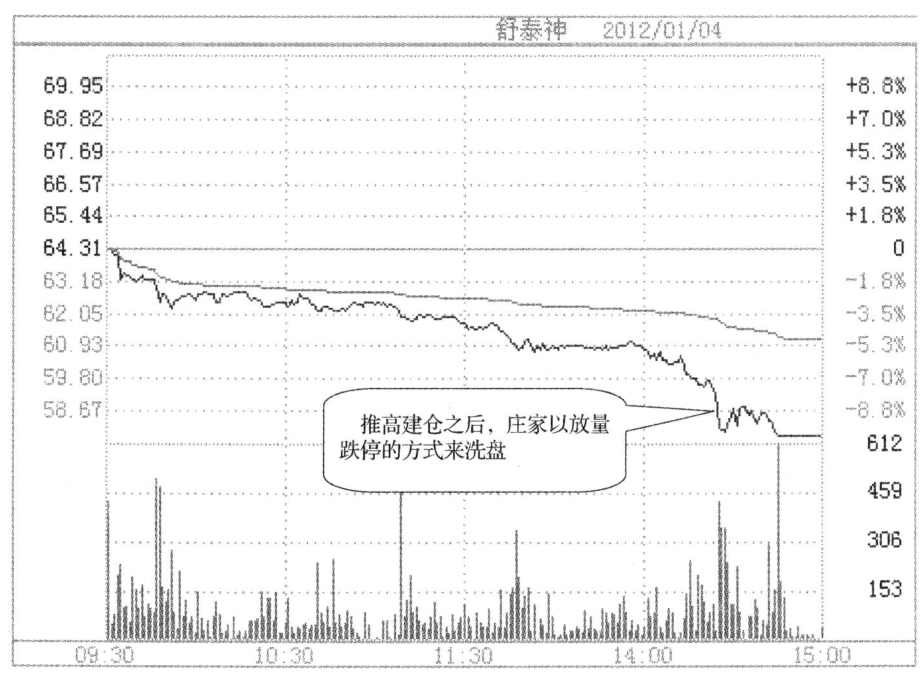

图 3—26　舒泰神分时走势图（2012 年 1 月 4 日）

股的后市非常看好，而愿意用几个月的时间来慢慢建仓的庄家，一般都是中长线庄家，他们运作的股票容易出现牛股。

在实战中，投资者要注意以下两个买入时机。

时机 1：发现推高宜跟进

如果发现股票出现推高建仓走势，中线投资者可以在推高过程中逢低买入。对于短线投资者来说，大多数情况下，庄家缓慢推升建仓的股票，后边往往会有一个快速的拉高过程，在这个拉高过程开始的初期，就是短线投资者介入的绝佳时机。

如图 3—27 所示，自 2012 年 1 月开始，国海证券（000750）出现缓步推升走势。这种上涨行情一直持续到 4 月初。在 3 个月的攀升过程中，成交量虽然时有放大，但整体上仍然保持平稳，庄家推高建仓的迹象明显。在这个过程中，中线投资者可以逢低逐步买入。

4 月 6 日，该股突然放量上攻，并突破了此前运行的上升通道的上边线，预示着庄家推高建仓阶段的结束，快速拉升阶段的开始。此时短线投资者可以果断入场，把握后续的连续大涨走势。

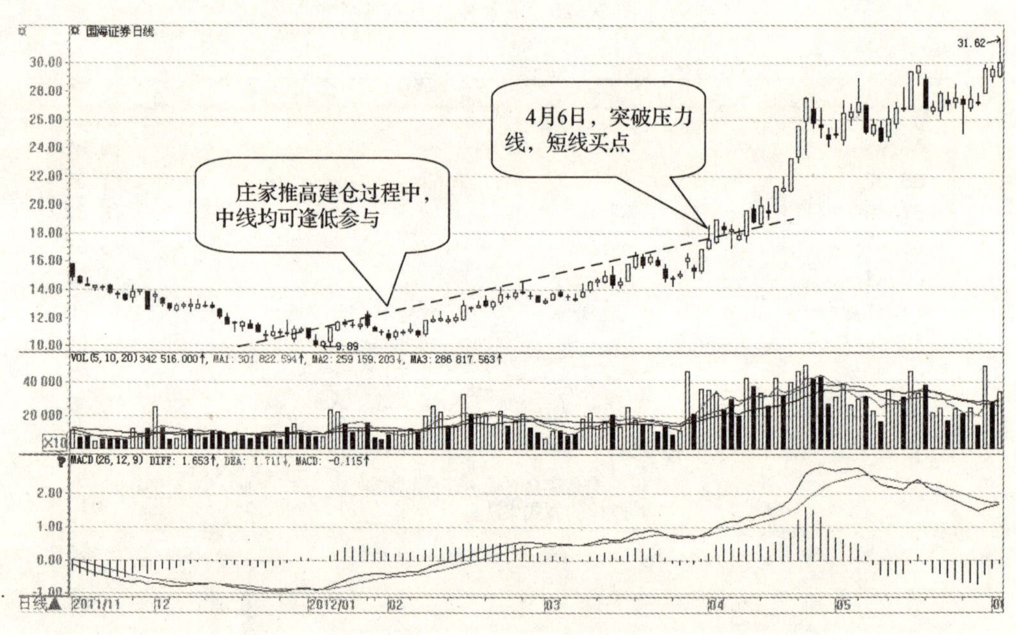

图 3—27　国海证券日 K 线

时机 2：洗盘结束可加仓

由于推高建仓股价波动较小，洗盘效果不佳。因此，庄家在真正拉升之前，往往会进行比较猛烈的洗盘动作，试图将推升过程中买入的散户清洗出局。待洗盘结束后，庄家将正式开始拉升阶段。因此，洗盘结束、拉升开始时，同样是投资者的一个加仓买入机会。

我们仍以舒泰神 2011 年 12 月至 2012 年 1 月的打压洗盘为例加以说明。

图 3—28 是图 3—25 中庄家洗盘过程的放大图。该股的庄家在推高建仓阶段结束后，采取了大幅打压的洗盘方式。到 2012 年 2 月初，成交量极度萎缩，而股价也不再下跌，预示着洗盘阶段的结束。2 月 20 日，股价突破前期整理过程的阻力线，此时是投资者加仓买入股票的时机。

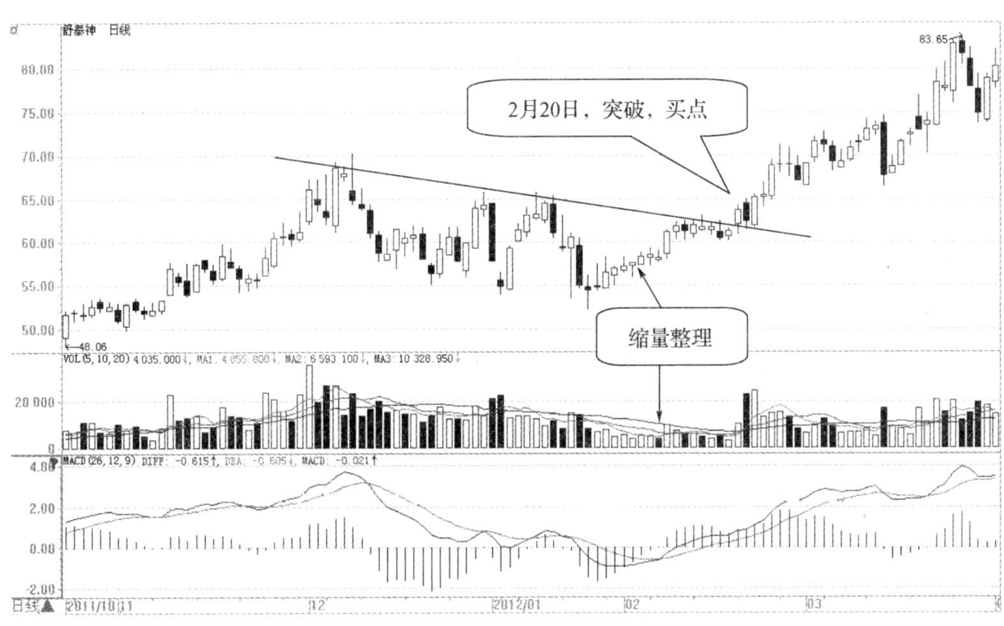

图 3—28 舒泰神日 K 线 2

第 4 章

庄家试盘

在战场上，两军真正交战之前，往往会进行一些试探性攻击，以了解对方的实力，分析对方的意图。在股市当中也一样，庄家在真正行动之前，比如建仓之前或者拉升之前，都会采用一些比较突然的动作，来试探市场其他投资者对该动作的反应，例如测试一下套牢盘的解套意愿，获利盘的卖出意愿和跟风盘的多寡，甚至包括是否有别的庄家等。这些试探性动作，一般是选择一个合适的时机，用小部分资金或筹码突然拉抬或者打压股价，制造股价异动，借此观察其他投资者的表现。然后庄家再加以分析，决定下一步的运作计划。庄家的这个试探的过程，就叫作“试盘”。

当然，并非每只股票或者股价走势的每个阶段都需要试盘，当主力已经高度控盘或者需要速战速决时，试盘就失去了其真正的意义。试盘的主要目的也是为了更好地掌握主动，尽可能地了解市场状况，降低主力运作成本，降低运作风险。

通过试盘庄家可以了解以下几个方面的信息。

第一，如果在庄家试盘时，股价没有出现明显的“散户风格”，那十有八九是有别的庄家已经进入。一般情况下，庄家在察觉一只股票中还有其他庄家存在时会设法与对方沟通，双方协商解决，但也不排除有的庄家会利用各种手段强行驱逐其他庄家，出现庄斗庄的情形。

第二，庄家通过试盘可以知道筹码的分布情况，知道在不同的价位上有多少跟风盘会买入，又有多少筹码会被卖出，这些信息将有助于庄家制定后续的操作策略。

第三，庄家在试盘时除了要获得信息外，还会考虑试盘走势对市场氛围的影响，通过试盘为下一步的运作埋好伏笔。

根据试盘目的的不同，庄家会以不同的思路操作，在K线图上留下的形态也会有所不同。散户投资者可以通过这些形态，来把握庄家坐庄的蛛丝马迹。

从试盘的K线表现形态来看，大致可以分为四种表现形式：长上影、长下影、低开阳线和高开阴线。

4.1 长上影线试盘

4.1.1 长上影线试盘的K线形态

当庄家需要了解即将运作个股的筹码锁定情况或跟风盘情况时，会选择在走势比较平静时，突然向上大幅拉升股价，然后再突然撤掉买盘让股价自由回落，这就出现K线长上影线。

庄家做出K线长上影线形态，主要是为了观察股价回落过程中的股价走势，借以判断“股性”，制定下一步的交易策略。下面是长上影线试盘中常见的3种走势，投资者要加以注意。

1. 大量卖盘

如果庄家向上拉升的过程中和股价自由回落过程中出现了大量的卖盘，则说明在当前价位的上方还有巨大抛盘，而且筹码很不稳定，此时庄家会选择继续打压吸筹或者洗盘，清洗浮筹。

2. 抛盘稀少

如果股价向上拉升抛盘稀少，股价只是缓慢地回落，说明上方抛盘很少，在此价位下庄家很难吸筹，需考虑抬高价位建仓。

3. 买盘众多

如果股价在被抬高后难以回落，甚至有上涨趋势，则表示市场跟风资金众多，说明庄家不必花费太大的力气就可以将股价借势拉升，此时庄家可能会展开一波拉升。

如图4—1所示，从2011年9月到2012年1月，道博股份（600136）一直处于下跌趋势中。

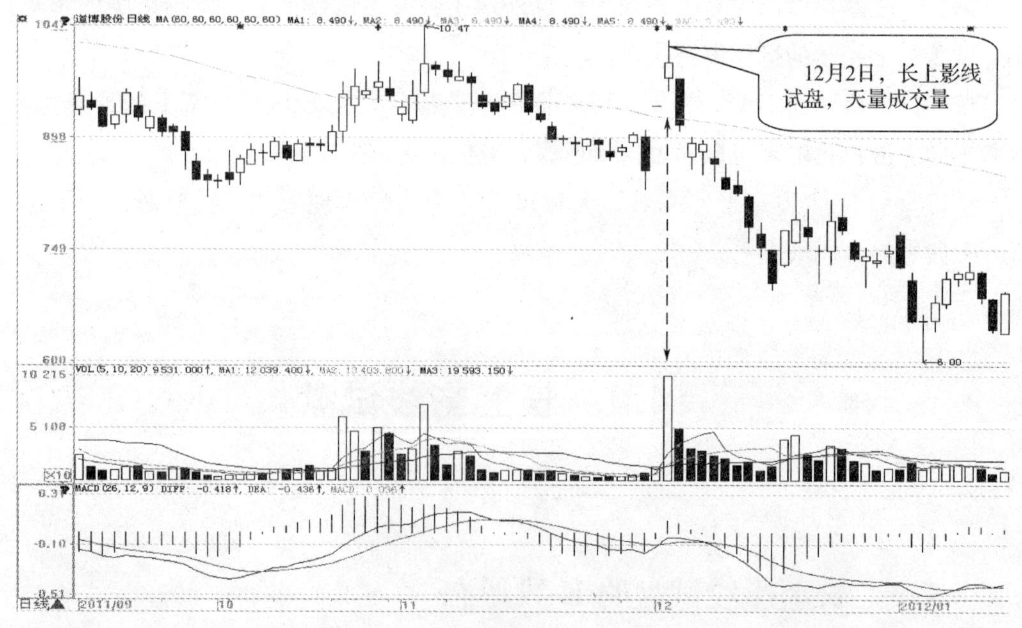

图4—1　道博股份日K线

11月初，股价向上突破60日均线短暂回调后再次上升，同时伴随着成交量的显著放量。但自11月3日创出新高后，由于上方套牢盘的压力，股价很快再次向下。

12月初，股价在低位逐渐企稳，庄家开始试盘。伴随着上市公司12月1日发布的利好消息，股价以涨停板的形式突破60日均线。12月2日，庄家停止拉升，K线形成长上影线，同时成交量几乎形成天量。它表明上方套牢盘力量仍然非常多，股价延续原来下跌趋势的概率较高，投资者要注意持币观望。

实战经验

在道博股份的例子中，12月初，该股MACD指标中，DIFF线与股价形成底背离形态，表明上涨动能较强，为买入区域。但12月2日出现的长上影线以及天量的成交量则说明上方压力非常强，之前买入的投资者要注意及时止损出场。

另外，12月1日的利好消息对一般投资者来说是一个巨大的陷阱，许多投资者正是在这个利好的影响下才在第二天买入的，但没想到的是，一买入马上就被套牢。

图4—2、图4—3分别为道博股份2011年12月2日、5日的分时走势图。

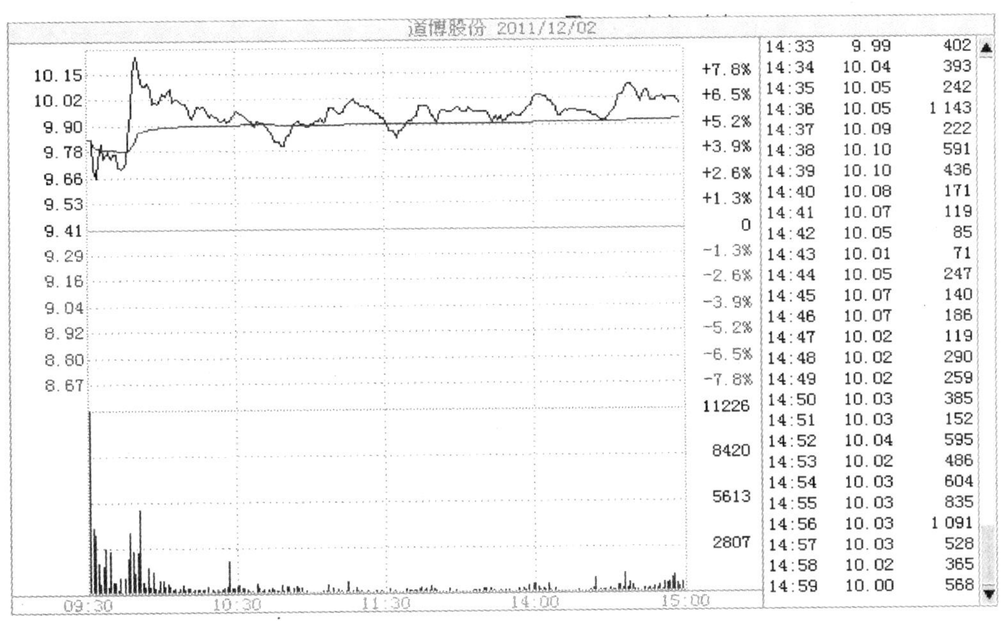

图4—2　道博股份分时走势图1（2011年12月2日）

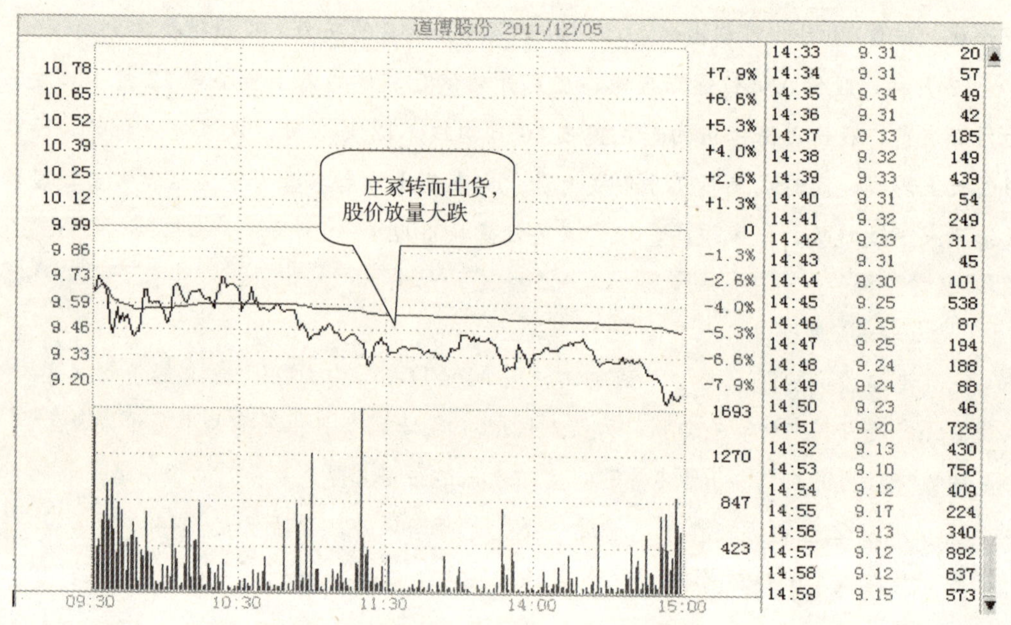

图 4—3 道博股份分时走势图 2（2011 年 12 月 5 日）

从图 4—1 可以知道，该股在 12 月 2 日创出天量，但从当日的分时走势图中，投资者会发现当天大部分成交量都出现在开盘后的半个小时内，之后的 3.5 小时里成交量极小，这说明庄家突然停止了拉升，股价随即下落，但下方仍有部分散户跟入。第二天，庄家开始转而出货，股价全天持续放量下跌。

道博股份的例子中，庄家的试盘出现在下跌趋势中。但在大多数情况下，试盘发生在主力建仓阶段或者拉升初期，此时由于股价长期处于低迷状态，跟风盘不多，所以在日 K 线上便落下长长的上影线。

如图 4—4 所示，2011 年 12 月，安洁科技（002635）股价上涨一段时间后形成高点。该形态说明在这个价位上有较大阻力存在。

2012 年 3 月至 4 月，股价运行到前期高点附近时，因为担心再次遇到阻力，庄家连续试盘。由于大量抛盘涌出，K 线形成长上影线。之后，股价短暂回调，但并没有创新低，随即再次上涨，在前期高点位置多次形成长上影线。这表明庄家经过试盘后发现套牢筹码并不是太多，正在不断地买入以掌握更多筹码。

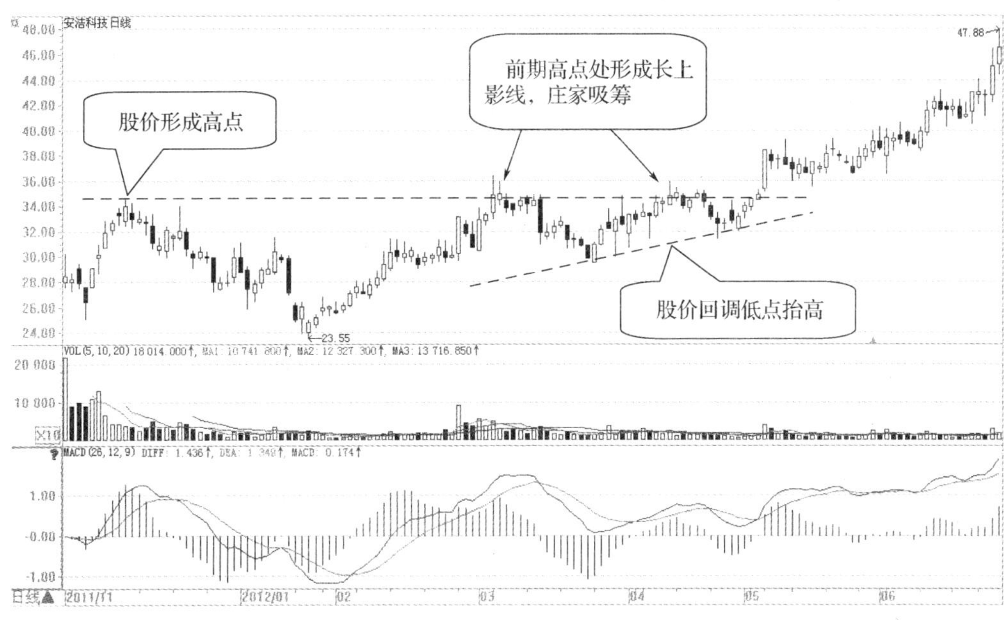

图 4—4 安洁科技日 K 线

实战经验

在实战中，投资者要注意以下几个方面。

(1) 上影线试盘，有点类似“捅马蜂窝”的作用。本来马蜂都在蜂窝里不出来，一捅就会有很多马蜂飞出来。上影线试盘也有着类似“捅马蜂窝”的作用，可以刺激上方的部分套牢盘，使其松动而卖出。

(2) 在安洁科技的例子中，2012 年 1 月，该股 MACD 指标形成“MACD 柱线与股价底背离”形态。一些激进的投资者可以积极买入。

(3) 与道博股份相比，安洁科技在 2012 年 1 月，MACD 指标底背离之后，上涨走势更为强劲，且回调过程中，DIFF 线始终没能跌破 0 轴，所以上涨趋势彻底形成。

4.1.2 上影线试盘的买卖点

当股价在盘中被突然拉起时，散户投资者要注意的是不能见涨就追。因为如果这次突然拉起是庄家试盘的话，那么短期内的走势具有较大的不确定性，试盘后回落的可能性还是不小的，如果太着急介入就可能会套在一个短期高点上。尤其是做短线的投资者更应注意，盘中的突然拉高，往往都是短线陷阱，尤其当股价正处于前期套牢区时，需要投资者非常谨慎。

如图4—5所示，2012年3月29日，广州药业（600332）开盘后大幅上涨，最大涨幅超过7%。但股价到达高位后开始持续下跌，到当天收盘时股价反而下跌了1.52%。这种“高位半日游”走势就是典型的陷阱。

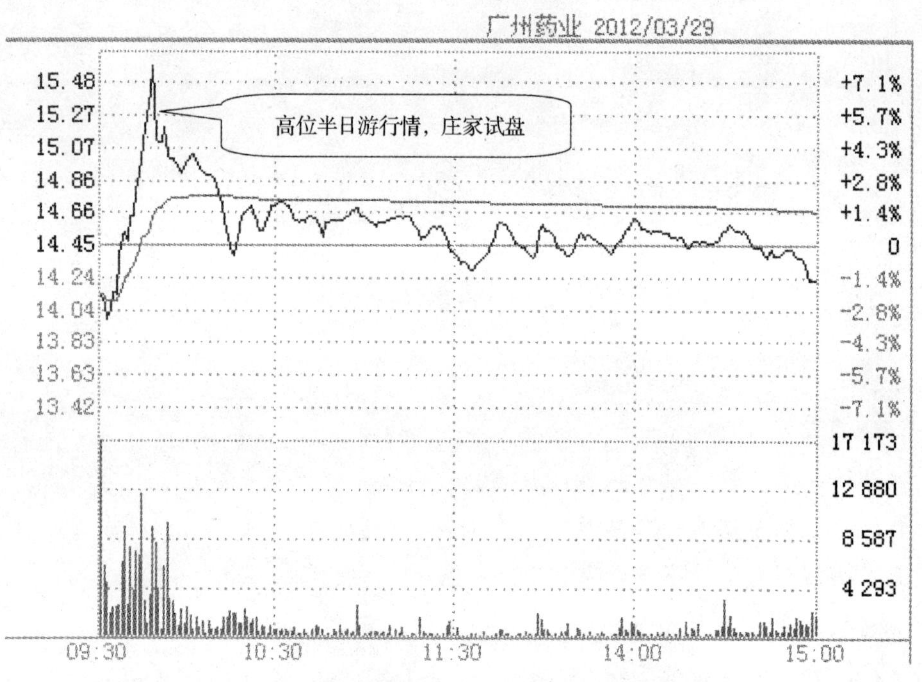

图4—5 广州药业分时走势图（2012年3月29日）

该陷阱在日线走势图中表现得更为明显。

如图4—6所示，在前期下跌过程中，广州药业股价曾形成一个三角形整理区间，并且最终跌破三角形下边线。在这个整理区间内，积累了大量套牢盘等待解套。

3月29日股价冲高时，正好运行至前期套牢区位置，可以判断这次上涨是庄家的一次大规模试盘行为，意在测试当前价位的抛盘压力。该股当天下午的跌幅较大，说明有比较大的抛盘压力。庄家在这次试盘之后反手做空，清洗浮筹，股价出现连续下跌。当3月下旬股价再次回到上影线位置并实现突破时，说明庄家开始正式拉升，短线投资者可以积极介入。

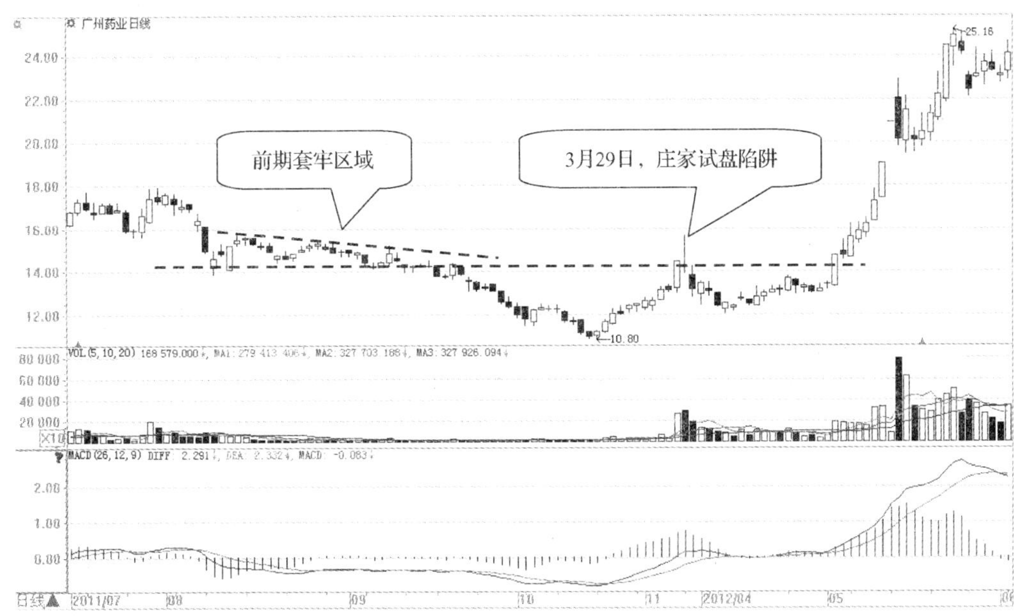

图 4—6 广州药业上影线试盘

从以上的例子中，投资者可以总结出应对策略。

1. 最佳时机

当股价运行至某个重要套牢区时，如果投资者在盘中看到这种长上影的试盘方式，应该密切关注盘面动态。如果在试盘过程中抛压较大，那么庄家很可能会继续打压洗盘，消化上方压力。当庄家调整完毕，股价再次回到之前位置时，如果这时抛压明显减小，庄家很快就会拉升股价，这时是投资者跟庄入场的最佳时机。

2. 保持充分的耐心

有时，庄家要经过多次的试盘和调整才能突破一个重要的阻力位，这时投资者要有充足的耐心。

如图 4—7 所示，2010 年 6 月到 9 月，盘江股份（600395）在运行到 20 元附近的前期套牢区后，遇到巨大阻力。庄家通过连续的试盘和打压洗盘，消化上方套牢压力。到 10 月 8 日，在抛盘力量消耗殆尽后，股价终于突破了这个压力位置，拉升过程正式开始。当股价突破之时，就是投资者买入之时。

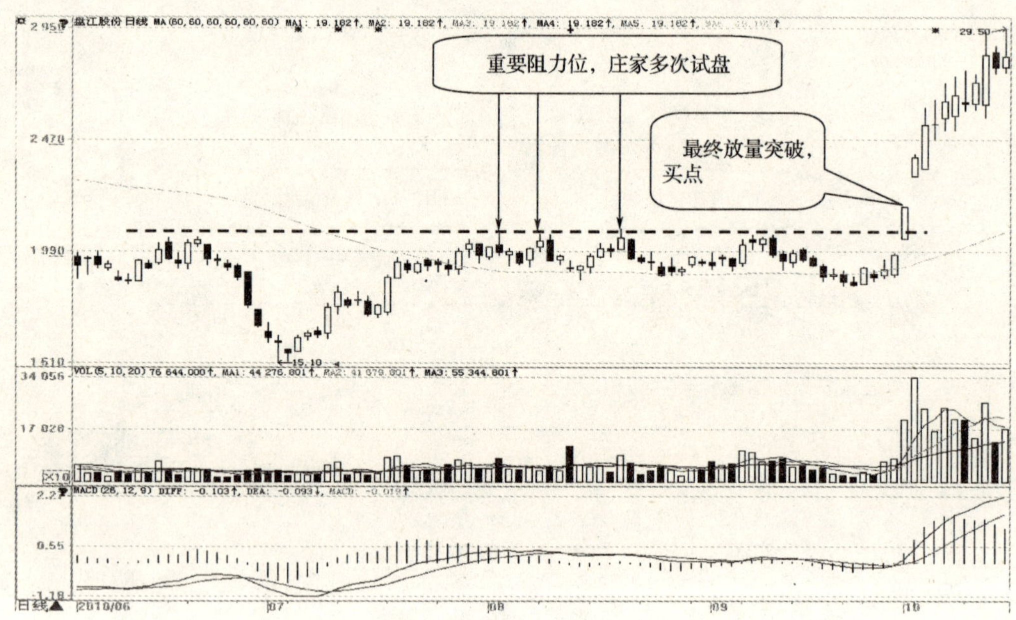

图 4—7　盘江股份日 K 线

4.2 长下影线试盘

4.2.1 长下影线试盘的K线形态

上影线试盘，庄家主要是为了测试股价抛压和跟风买盘。与此相对应，下影线试盘，庄家主要是为了测试股价支撑力度和跟风抛盘。

下影线试盘时，庄家会将手中的少量筹码出其不意地抛出，将股价大幅打低，以此来试探跟风抛盘和抄底买盘的数量。具体来说，庄家以下影线试盘，主要出于两个目的。

第一，观察跟风抛盘的数量，庄家可以决定是否继续打压股价。

第二，观察有多少买盘对降低的股价感兴趣而开始逢低买进，以此了解打压该股的价格极限。确定价格极限后，庄家后续的打压将不太可能低于该价格。因为如果低于该极限价位，会引发其他投资者的抄底意愿，庄家打压出去的筹码就可能被买走而无法收回。

下影线试盘的具体表现形式是盘中股价会突然大幅下跌，而且往往是一下就跌到位，股价随后逐步开始回升，当天的日K线上出现一根较长的下影线。

图4—8所示是平煤股份（601666）2011年7月到9月的走势图。8月初，当该股跌到12元价位时，在8月9日、8月19日和9月6日，均出现了长下影线的走势，这三个交易日的分时走势图分别如图4—9至图4—11所示。

投资者可以看出，这3个交易日盘中走势的共同点是股价突然大幅下跌，几乎都是一步跌到位，到位后股价迅速回升，并且不再回落至原先低点，因此，在当日K线上留下长长的下影线。出现这种情况，很可能是庄家在开始建仓后展开的试盘动作。庄家需要知道，如果股价继续下跌的话，跟风抛盘和逢低买盘的数量到底有多少。

从这3天的分时图中可以看出，股价下跌后能够很快回升，并且收盘时能够回到均价线附近，说明在目前价位，逢低买盘力量大于卖盘力量。庄家将暂时不会再继续打低股价，而是开始在当前价位横盘吸筹。

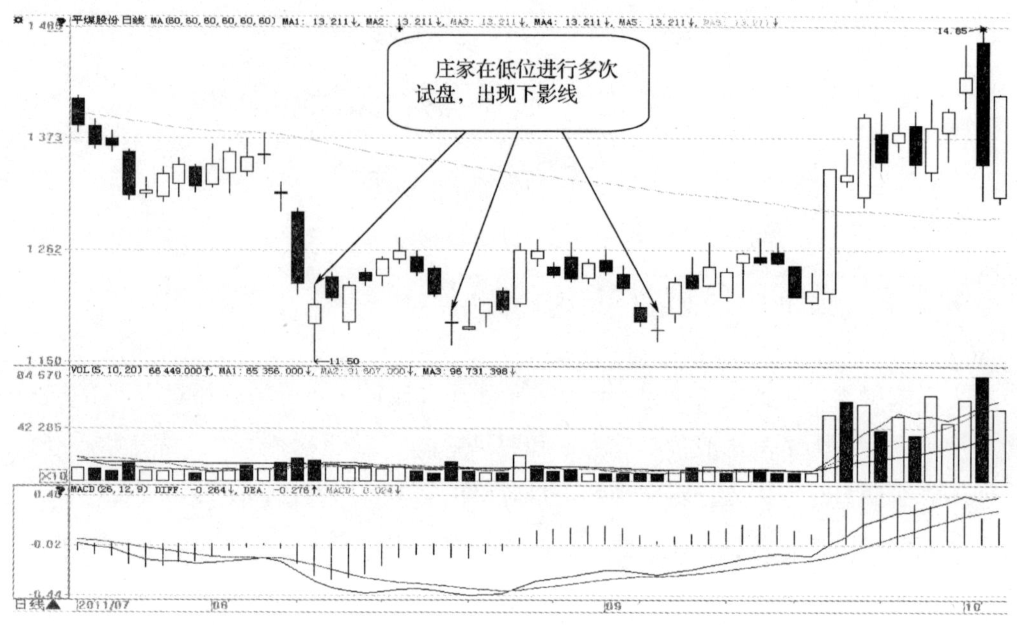

图 4—8 平煤股份日 K 线

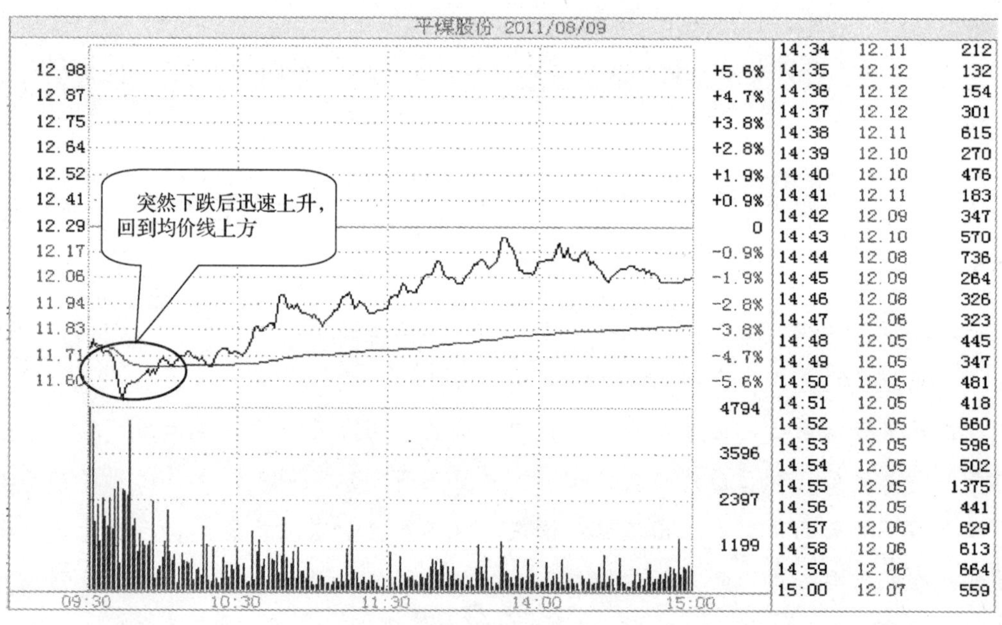

图 4—9 平煤股份分时走势图（2011 年 8 月 9 日）

有时候，在上涨走势中，庄家也会突然打压试盘，以试探下方支撑力度。如果下方支撑力度很强的话，表明许多散户投资者正在跟风买入，庄家很可能会顺势出货。

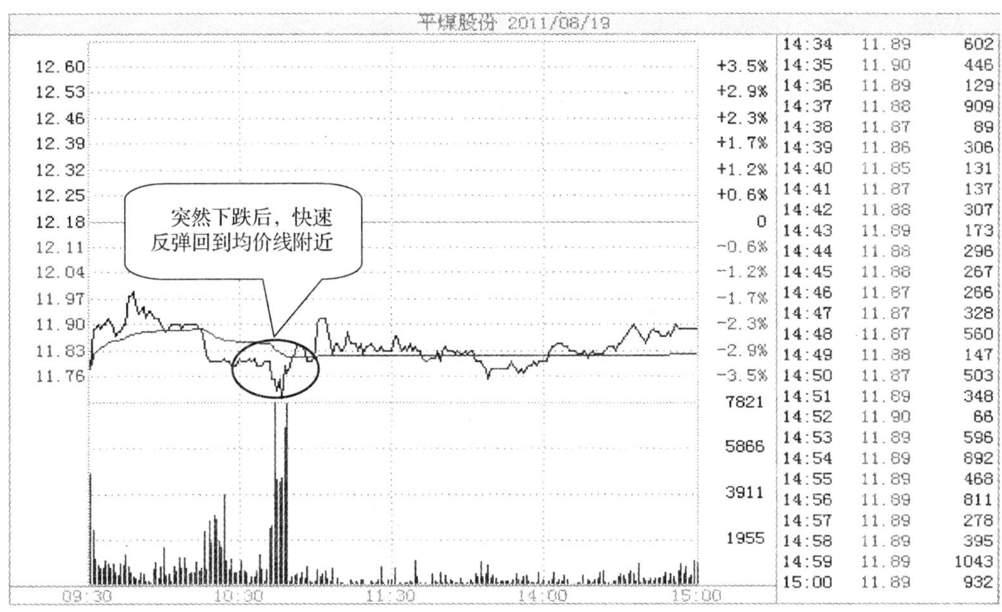

图 4—10 平煤股份分时走势图（2011 年 8 月 19 日）

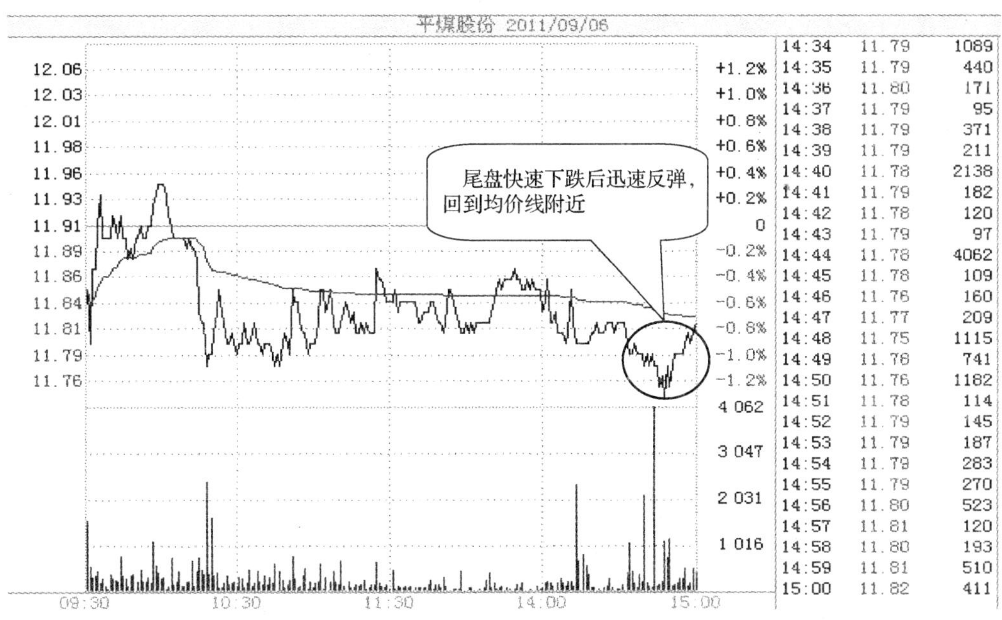

图 4—11 平煤股份分时走势图（2011 年 9 月 6 日）

如图 4—12 所示，2011 年 10 月，东方银星（600753）在经过一波上涨走势之后，在相对高位出现放量滞涨行情。从 10 月 18 日到 24 日，庄家不断地打压试盘，以测试下方支撑力度。

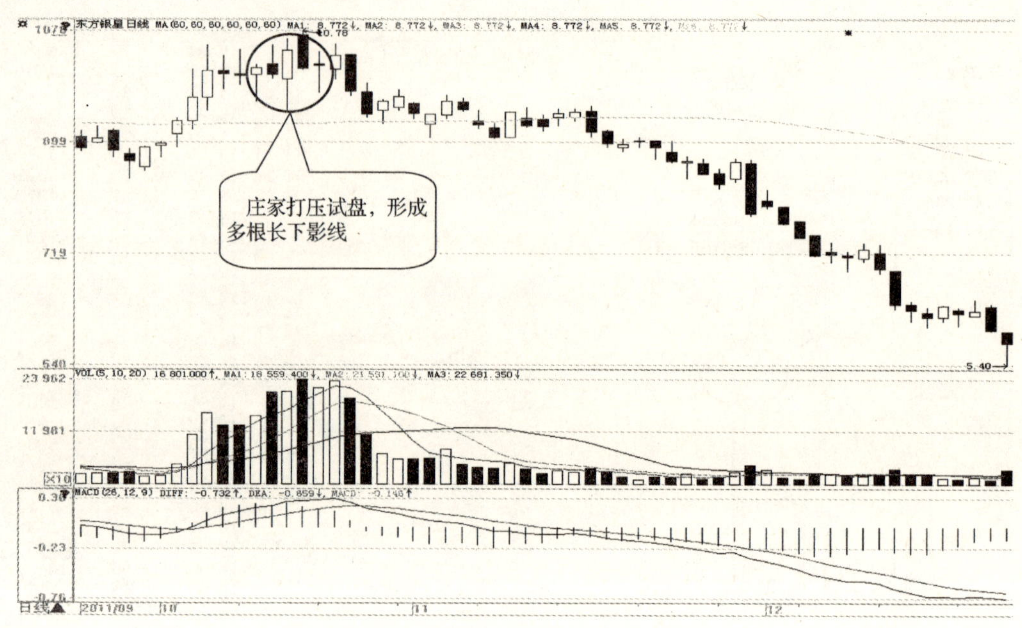

图 4—12　东方银星日 K 线

图 4—13 和图 4—14 是东方银星 2011 年 10 月 18 日、20 日的分时走势图。从图中可以看出，尽管庄家多次打压试盘，但跟风盘不断涌入，股价短暂下跌后总是快速向上收复失地。

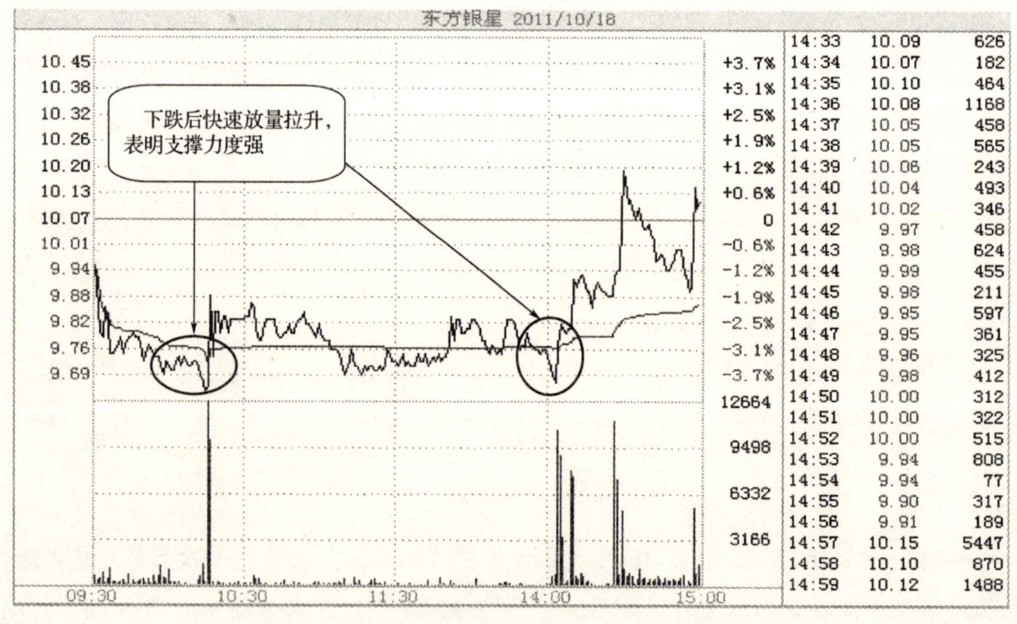

图 4—13　东方银星分时走势图（2011 年 10 月 18 日）

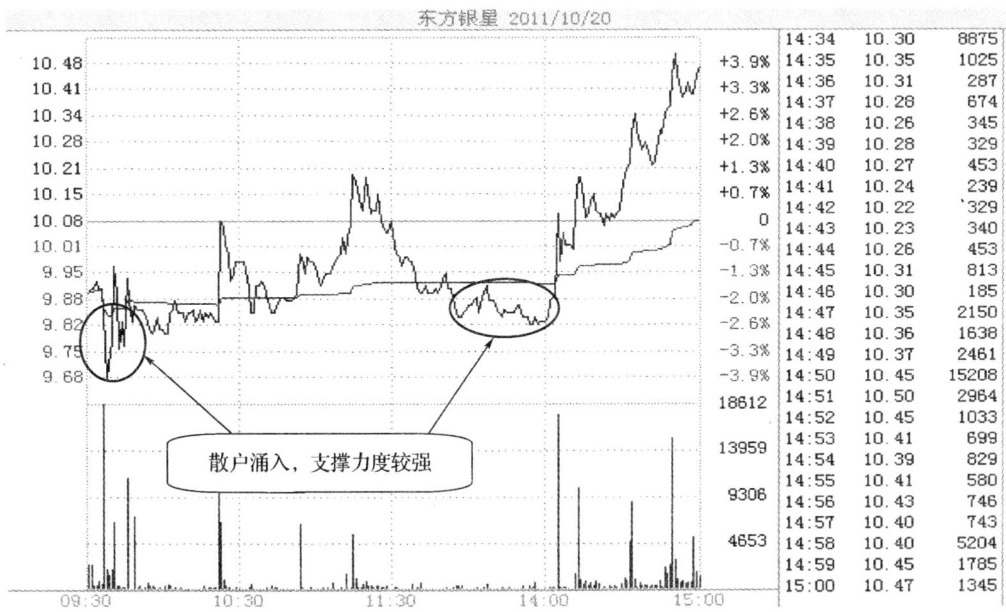

图 4—14 东方银星分时走势图（2011 年 10 月 20 日）

4.2.2 下影线的买卖点

在很多时候，长下影线出现时表示庄家在向下试探抛盘和买盘，如果庄家认为这个价位不能形成有效支撑，会继续向下打压股价。因此，在长下影线试盘时，投资者不应该有抄底心态贸然进入，而是等上涨趋势彻底形成后再伺机入场。

如图 4—15 所示，2012 年 3 月，九芝堂（000989）在经过一波上涨走势后回调。在回调过程中，股价多次形成长下影线。这些下影线是庄家的打压试盘所致，庄家用以测试下方支撑力量的大小。投资者要注意先不要买入。

4 月 17 日，该股回调受到 60 日均线支撑作用再次向上，上涨趋势彻底形成，投资者可以积极买入。

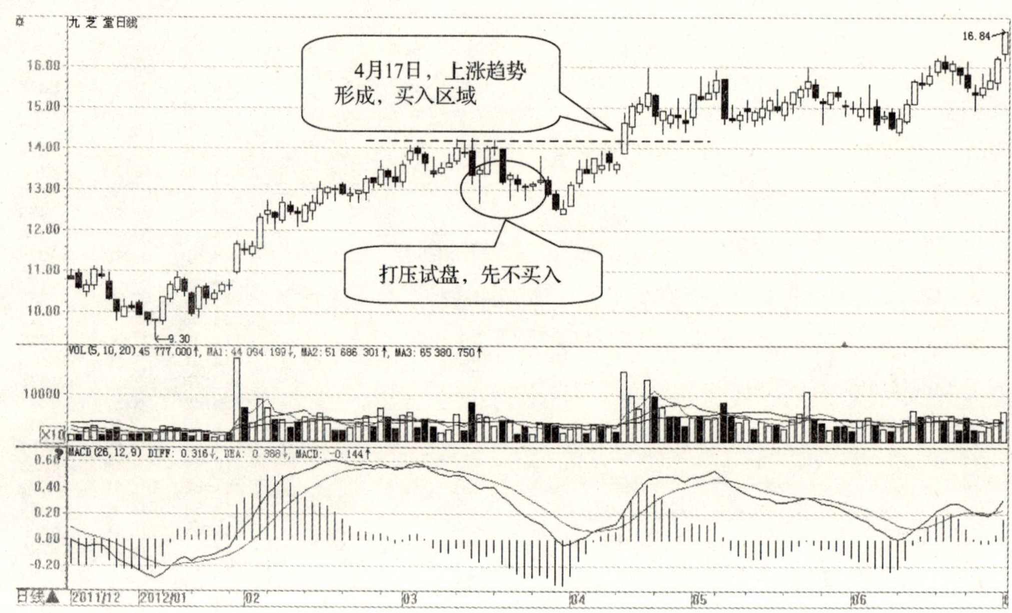

图 4—15　九芝堂日 K 线

4.3 低开阳线试盘

4.3.1 低开阳线试盘的K线形态

低开阳线也是庄家经常采用的一种试盘方式，其作用与长下影线比较类似。庄家在利用长下影线试盘时，经常会招来很多抄底资金抢买股票，导致庄家在打压过程中损失较多筹码。为了避免这种现象，有的庄家会在集合竞价阶段就把股票的开盘价压低，等开盘后再向上拉抬股价。这样就会在K线图上出现一个大幅低开的阳线。

庄家采用低开阳线的方法试盘，除了能够测试股价下方的支撑位，还可以避免过多的抄底买盘，防止筹码外流。这种方法的弊端就是试盘和洗盘的效果不如下影线的效果好。

投资者另外需要注意的是，低开阳线往往发生在调整走势的末端，一般没有下影线或者下影线很短。

如图4—16所示，2012年5月底，粤电力A（000539）小幅上涨一段时间后开始窄幅横盘震荡，成交量极度萎缩。

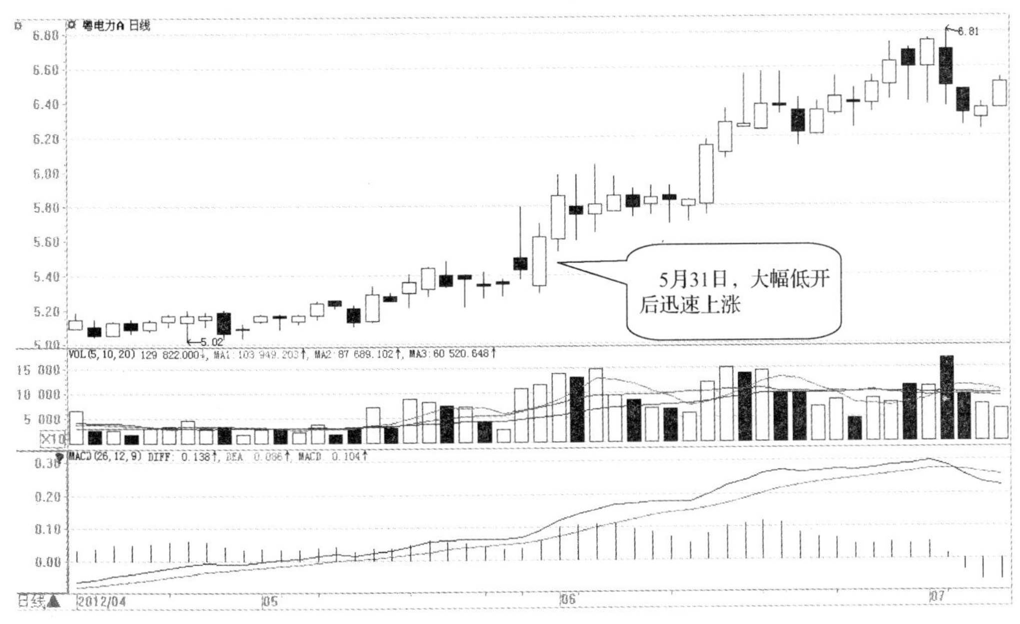

图4—16 粤电力A日K线

经过连续一周左右的横盘后，5 月 31 日该股股价突然低开 2%，但开盘后立即走高，最终以 3.3%的涨幅收盘。当天成交量有所放大，股价也突破了此前的震荡区域。随后的走势证明低开阳线的最低价，同时也是一个阶段性的低点。

如图 4—17 所示，粤电力 A 这次的低开阳线，显然是庄家在试探股价下方的逢低买盘。股价在大幅低开后迅速上涨，说明在下方有大量的抄底资金存在。庄家如果将股价继续压低，很可能会有大量资金与自己争夺筹码。因此，在后续的走势中，股价始终没有再跌至低开阳线的位置。

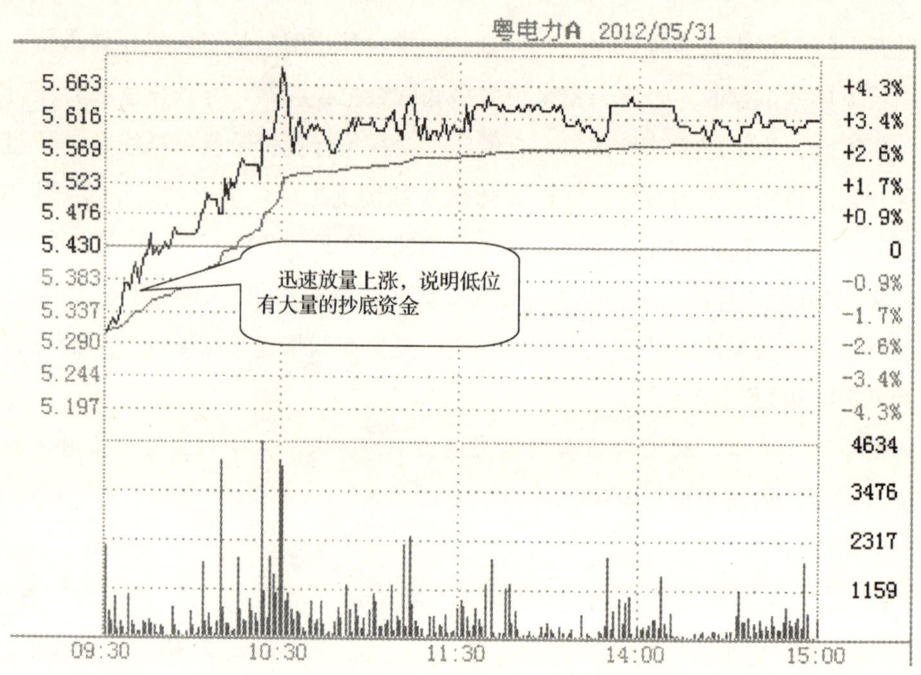

图 4—17 粤电力 A 分时走势图（2012 年 5 月 31 日）

4.3.2 低开阳线的买点

如果发现有股票在相对低位出现低开阳线的情况，同时低开后当日的走势比较强劲，那么说明庄家很可能在低开试盘，而且试盘的情况说明买盘强于卖盘。此时投资者注意不要急于介入，而是应该继续观察后续几天的走势。

在这个过程中，投资者要注意两个买点。

买点 1：如果后续走势较强，不再回到低开阳线的区域，那么可以进行买入操作。

买点 2：当后期走势出现回调，但是在低开阳线位置获得强力支撑时，说明底部基本确立，投资者也可以进行买入操作。

如图 4—18 所示，2012 年 1 月 6 日，在经过一波下跌趋势之后，云南旅游（002059）在低位出现低开阳线，表明庄家在试盘。之后该股的后续走势不再回到低开阳线的区域，表明上涨动能较强，投资者可以适当买入。

如图 4—19 所示，2012 年 1 月 17 日，东源电器（002074）在经过一波大幅下跌

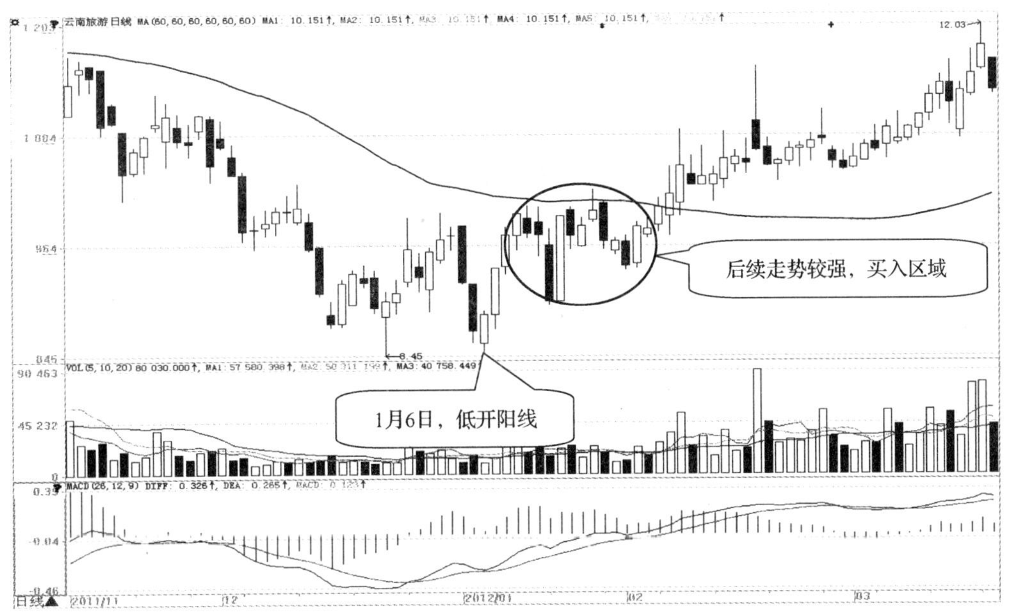

图 4—18 云南旅游日 K 线

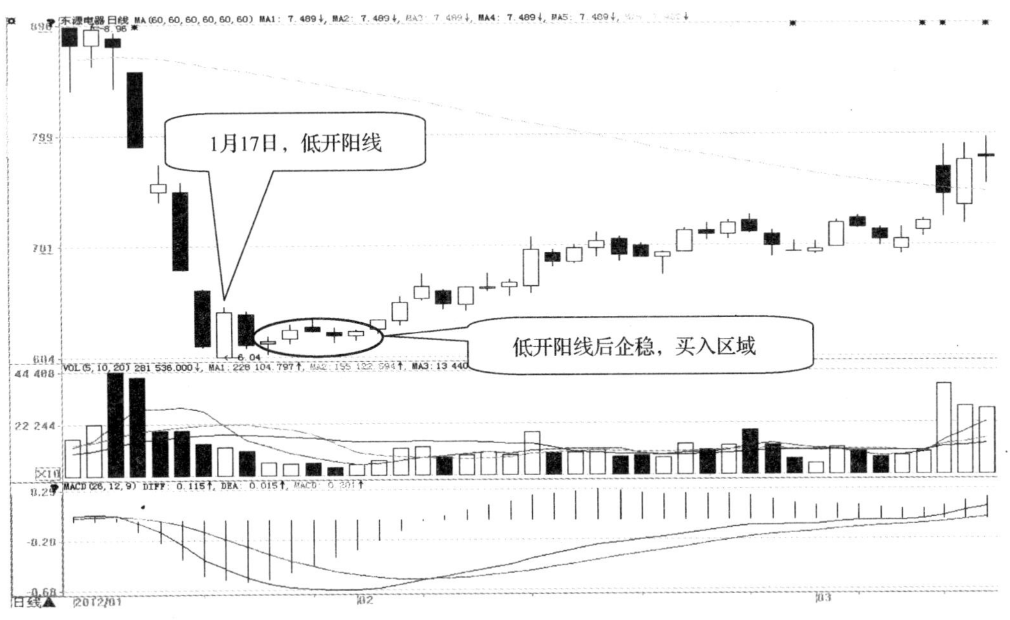

图 4—19 东源电器日 K 线

之后，出现低开阳线，表明庄家正在试盘。之后几个交易日该股在低位开始企稳，不再回到低开阳线区域，投资者可以适当买入。

实战经验

在实战中，投资者要注意以下几个方面。

(1) 低开阳线之后，投资者确定买点时，最好用其他技术指标加以印证，看买点的可靠性程度有多高。例如，云南旅游在1月6日出现低开阳线的时候，该股MACD指标出现“DIFF线与股价底背离”的看涨形态，该形态更增加了低开阳线的看涨意义。在这种背景下，投资者在买入时就可以适当加大仓位。

(2) 投资者在买入时，还要密切注意风险的控制。低开阳线出现后，即便走势企稳，不再创出新低，但上涨动能并不是特别强，投资者在买入之后，还要尽快设好止损，并且最好不要一次性满仓买入。例如，在东源电器的例子中，投资者就可以半仓或40%的仓位买入，因为买入区域确定之后，走势整体上仍处于下跌趋势，该买点只不过是在抢反弹。

(3) 低开阳线之后，如果出现买点，该买点大多也只具备短线操作价值。投资者尤其要注意这一点，不要将短线做成长线。

4.4 高开阴线试盘

4.4.1 高开阴线的K线形态

高开低走的大阴线是一种比较常见的K线形态。该形态形成时，当天股价大幅跳空高开，但在开盘后股价并没有向上攻击，而是出现回落走势，最终的收盘价相对昨天并没有下跌多少，有时甚至还是上涨的。不论收盘价是涨还是跌，K线形态上显示的都是一根高开低走的大阴线。

导致股价大幅跳空高开的原因有两个：一是受市场或者个股利好消息的影响而大幅度高开；二是在消息面比较平静的情况下，主力为达到试盘、洗盘的目的而刻意高开。我们在分析高开低走的大阴线时，主要针对的是第二种原因。

当主力通过高开阴线来进行试盘时，主要目的在于测试股价上方的抛压，更彻底地清洗上方的浮动筹码。庄家在开盘前的集合竞价阶段，将股价推高，开盘后再逐渐将股价打回原来的形态，这种操作充分利用了散户追涨杀跌的心理，一旦股价持续下跌，多数意志不坚定的股民都会跟风卖出。而庄家则充分利用这种市场氛围进行充分洗盘，为日后的拉升做好准备。

当股价在高位时，出现高开阴线走势，需要谨防主力做高开盘价是为了获得更大的出货空间。投资者在实际操作中，需要分辨清楚主力的试盘和出货两种意图。

如图4—20所示，2012年1月20日，永泰能源（600157）高开低走，当天K线收出一根中阴线。之后几个交易日，该股并没有再创新低，跌破60日均线，说明1月20日的高开阴线只是庄家的打压洗盘。2月8之后庄家开始放量拉升。

如图4—21所示，1月20日庄家的意图在分时走势图中表现得更为明显。当日开盘后，永泰能源股价先是快速冲高，之后就开始遭到庄家的不断打压，造成几轮快速下跌的行情。许多散户因为对下跌行情的恐惧，都在这个过程中抛出了自己的筹码。

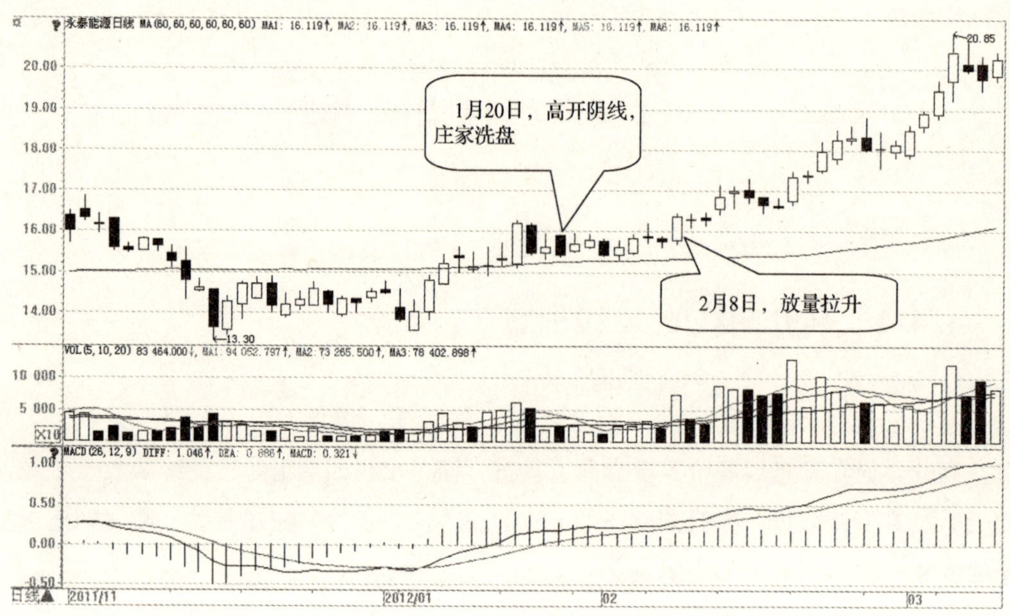

图 4—20　永泰能源日 K 线

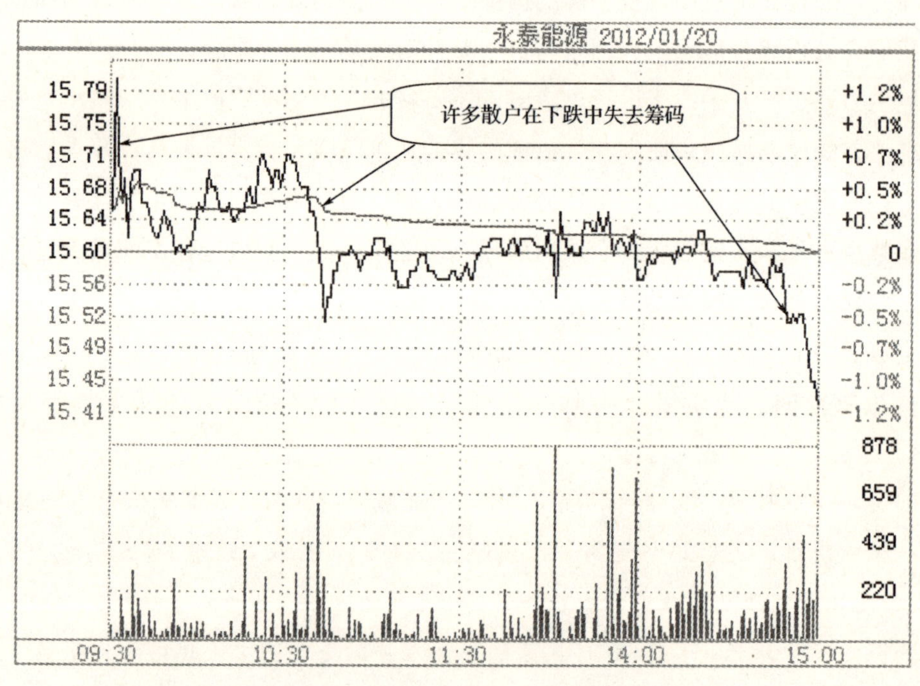

图 4—21　永泰能源分时走势图（2012 年 1 月 20 日）

如图 4—22 所示，2011 年 7 月 20 日，菲达环保（600526）在经过一波上涨走势之后，突然出现一根高开大阴线，并伴随着巨大的成交量。从当日的分时走势图可以看出（见图4—23），该股在集合竞价时成交量最高，之后一路价跌量缩。它说明庄家正在不计成本疯狂出货，但入场接盘的投资者并不是很多。

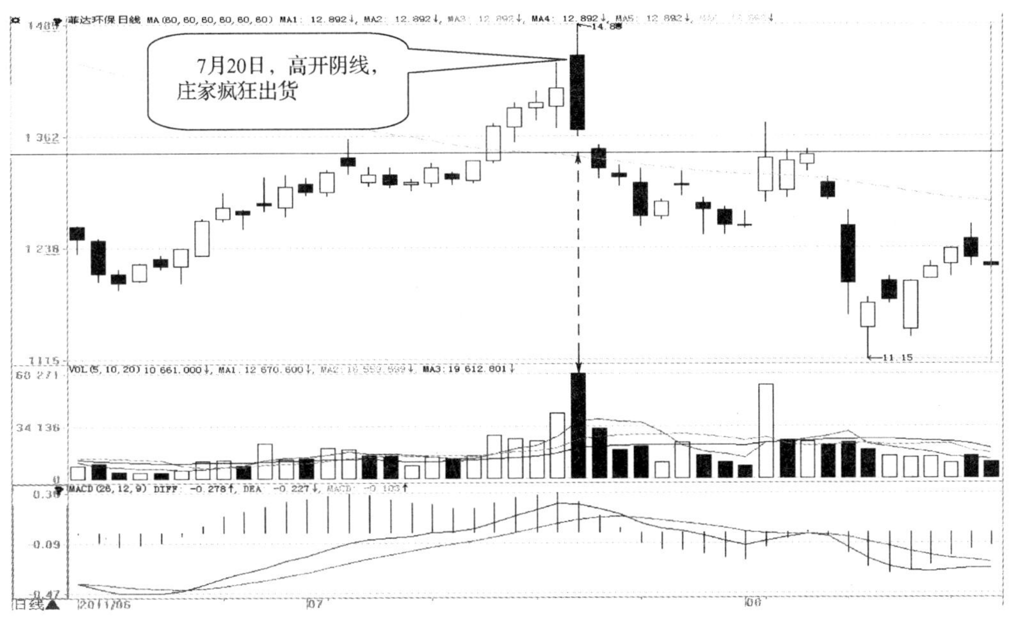

图4—22 菲达环保日K线

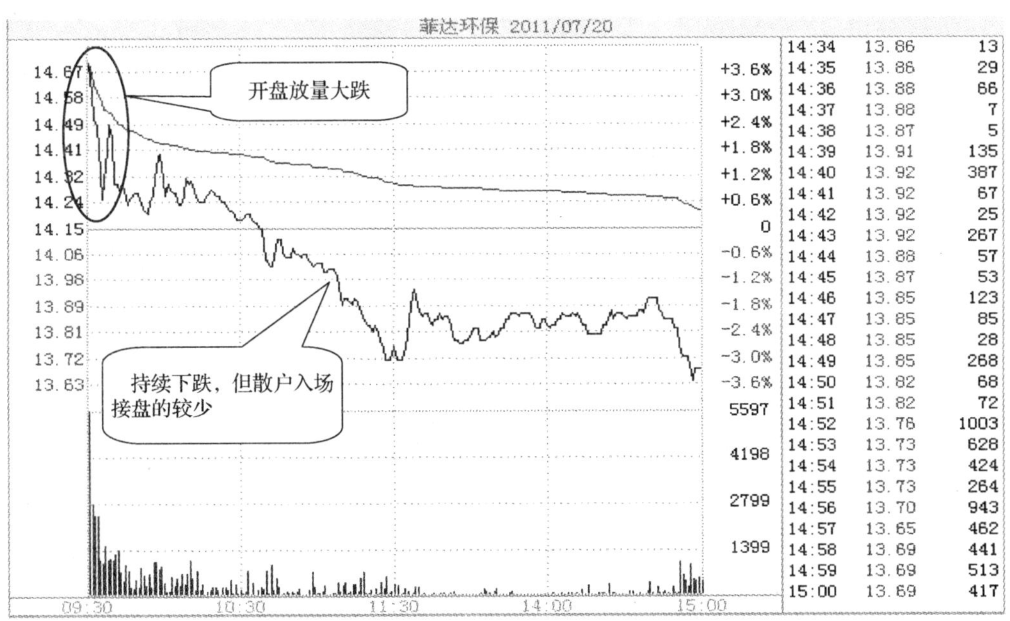

图4—23 菲达环保分时走势图（2011年7月20日）

实战经验

在菲达环保的例子中，之所以庄家大肆出货，但投资者很少入场，与当时的市场氛围密切相关。2011 年 4 月到 6 月，该股一直处于下跌走势中，市场悲观氛围浓厚。7 月开始，股价虽然反弹向上，但并没有形成彻底的上涨趋势。

另外，投资者还要注意其他技术分析工具所发出的买卖信号。例如，7 月 20 日的高开阴线与前一交易日 K 线组合，形成经典的看跌吞没形态，更增加了下跌信号的可靠性。

4.4.2 高开阴线的买卖点

高开阴线试盘是庄家在拉升之前试探人气、清洗浮筹的典型手法。如果庄家感觉上方抛压过大，或者买盘不济，就会继续进行打压洗盘。如果庄家感觉抛压不大，买盘踊跃，就会很快展开拉升。不论哪种可能，投资者都可以将高开阴线作为一个标志，当股价收复这个阴线时，就说明拉升阶段开始，投资者可以积极买入。

如图 4—24 和 4—25 所示，2012 年 1 月 20 日，国海证券（000750）收盘出现高

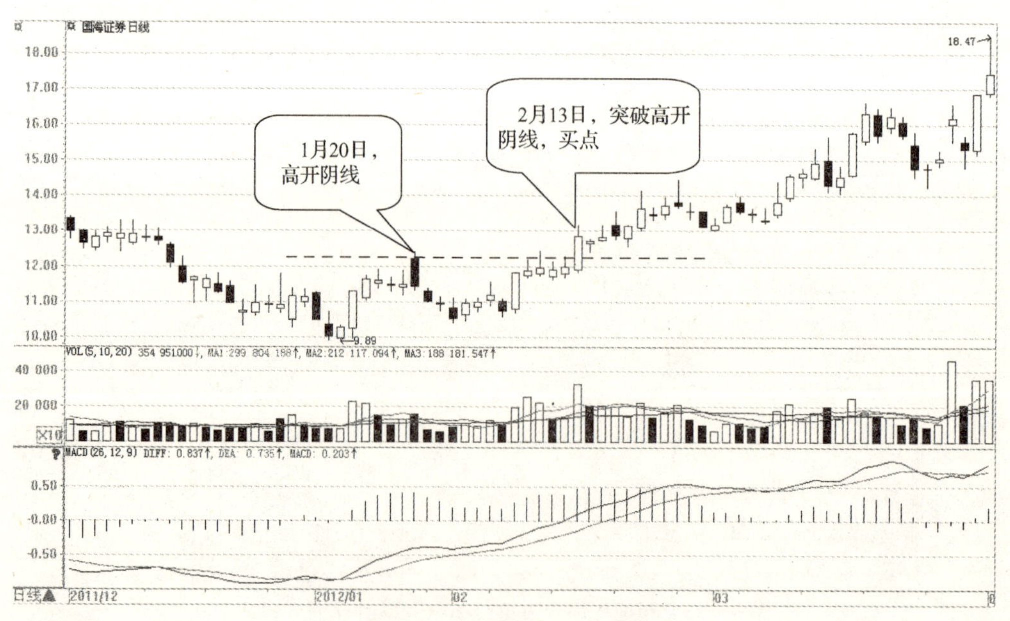

图 4—24　国海证券日 K 线

图4—25 国海证券分时走势图（2012年1月20日）

开阴线形态，该股当天成交量明显放大，盘中走势也比较疲软，说明上方抛压较重，庄家需要进一步打压洗盘。

在之后的一段时间，该股开始了横盘震荡整理，随着成交量的逐步缩减，盘中的获利浮筹逐步被清洗干净。经过一段时间的整理后，庄家正式展开了拉升动作。当股价在2月13日彻底突破前期的阴线位置时，买点出现。

对于高开阴线的判断，投资者可能感觉比较困难的地方，就是如何将试盘、洗盘和出货区分开来。投资者要想准确区分，需要结合大盘走势、个股盘面等因素进行综合分析，难度较大。实际上，还有一个比较简便的方法，就是看后续走势如何，如果能够收复高开阴线，那么就是庄家在进行试盘或者洗盘，如果不能收复，同时股价又处于高位，那么庄家很可能在出货。

如图4—26所示，2011年11月21日，西北化工（000791）出现高开阴线，同时成交量放出天量。之后该股持续下跌，跌破60日均线，表明下跌趋势形成。在这种情况下，仍然持有股票的投资者要注意及时卖出。

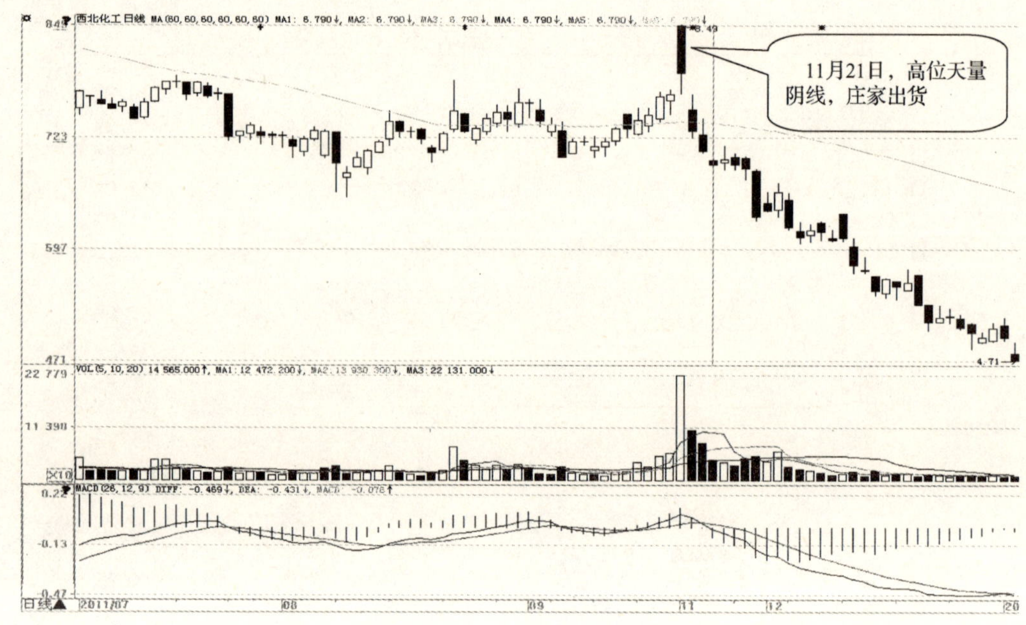

图 4—26　西北化工日 K 线

第5章

庄家洗盘

在庄家的整个运作过程中，有一个动作贯穿始终，那就是洗盘。在庄家坐庄的每个阶段，都有洗盘动作的出现。尤其在庄家建仓完毕后的拉升过程中，洗盘更加频繁，幅度也更大。

除了庄家收入囊中的股票外，在外部还有相当部分的股票在其他投资者手中。而这些流通股份的持有者，随着股价的逐步上涨，已经逐渐获利。这些获利的筹码在很大程度上制约和牵制着主力再次推高股价。这些小资金投资者"船小好掉头"，一旦继续推高，很多投资者的盈利幅度会继续加大，势必给主力造成做高股价后高位出货的难度。

主力的一切目标就是为了能在高位出货，此时最理想的状况就是不断提高市场其他投资者的持股成本，这样当庄家出货时，这些投资者会由于盈利幅度较小而不愿卖出。

洗盘目的之一：抬高市场整体成本

如果在到达顶部时，其他持股者的获利幅度并不大，那么他们对股价继续上涨就充满了渴望，此时即使庄家出货，他们手中的筹码也不会轻易出局。否则如果散户获利幅度很大，当股价开始走弱时，他们首先会想到落袋为安，这样会出现对新买盘的争夺，对主力出货非常不利。

洗盘目的之二：减轻上涨压力

通过洗盘，可以促使上方套牢盘出局，可以减轻日后上涨的抛压。另外，通过洗盘使得市场平均成本不断抬高，也有助于减轻上涨压力。

洗盘目的之三：形成心理暗示

在最初庄家的洗盘过程中，大多数投资者会比较恐慌，但经过多次类似的洗盘经历之后，大家逐渐开始习以为常。当庄家真正出货时，其他投资者仍然会认为这不过是洗盘，却不知真正的风险将至。

因此，洗盘不仅仅是为了更容易拉升，更重要的是它可以为最后的出货做好前期的心理准备工作，是庄家非常重要的一个工作内容。

庄家洗盘主要针对投资者的两个心理弱点，恐惧和缺乏耐心。担心失去已经到手的利润而卖出，实际上只得到了蝇头小利，或者在长时间的震荡中失去耐心，通过换股去追逐其他热门股票，实际上往往错失了大牛股。庄家的种种行为都是针对普通投资者的心理弱点，这一点需要大家注意。

下面以洗盘的几个具体形式来分别介绍一下洗盘的走势特征和应对策略。

5.1 打压洗盘

5.1.1 打压洗盘的走势特征

打压洗盘就是主力不断抛售股票使股票走势形态变坏，最终诱使投资者卖出股票的一种洗盘手法。这种洗盘手法往往被用在投资氛围比较浓的股票上。投资大众对这类股票大多是抱着投机的心态，一旦走势变坏就会有大量筹码出逃。这样主力通过打压洗盘的效果会比较理想。

打压洗盘一般具有 4 个特征。

特征 1：借助大势或者利空消息

打压洗盘一般发生在大盘出现下跌走势，或者市场及个股出现较大的利空消息时。此时庄家打压既能取得良好效果，又可以比较省力。

特征 2：快和狠

打压洗盘一般持续时间较短，而且往往是连续下跌，但是很快能够企稳回升。另外，打压洗盘一般都会跌穿许多重要支撑位或者移动平均线，在散户中间造成强烈的恐慌情绪。

特征 3：成交量缩减

随着股价的快速下跌，成交量往往不断缩减。成交量萎缩的幅度越大，后续上涨的力度也会越大，因为成交量的极度萎缩，说明市场的浮动筹码已经非常少了，拉升的时候自然阻力也会小。

如图 5—1 所示，2012 年 5 月，伴随着大盘的持续下跌，美亚柏科（300188）也随之快速下跌。5 月 16 日，股价创出新低，且成交量也已经极度萎缩。之后该股在 60 日均线处企稳，并再次上涨，创出新高。很明显，之前的下跌只是庄家的一次打压洗盘。

特征 4：小盘股

打压洗盘一般发生在小盘股或者市场整体环境不太好的情况下，对于小盘股来说容易打压，投资大众对这类股票大多是抱着投机的心态，一旦走势形态非常恶劣则会

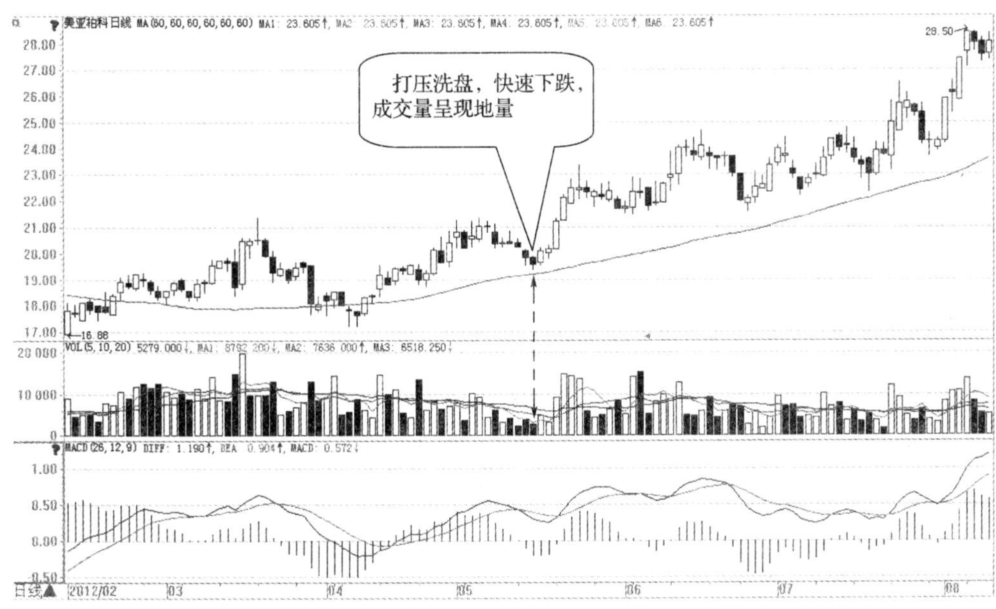

图5—1 美亚柏科日K线

纷纷出逃。

如图5—2所示，2010年7月到11月，大盘出现一波明显的上涨趋势。在此期间，小盘股表现较为抢眼。从9月中旬开始，航天电器（002025）冲高回落，10月

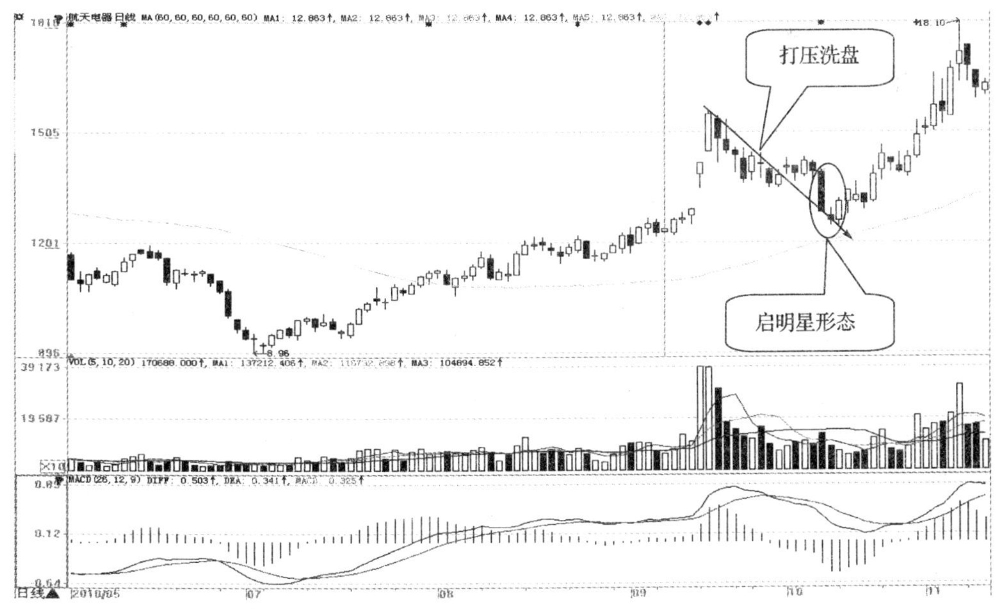

图5—2 航天电器日K线1

14 日一度出现近 8%的跌幅，同时成交量大幅缩减。10 月 18 日，该股 K 线组合出现启明星形态，预示上涨趋势仍将继续。之后，该股持续上涨，再创新高。很明显，10 月中旬的下跌，既是一次打压洗盘，又是庄家后市出货的一次预演。

投资者在实战中，要注意打压洗盘的两个显著看点。

看点 1：小盘股在震荡市中

当大盘处于长期的震荡市中，大盘蓝筹股往往走势疲软，而小盘股因为盘小容易受操纵，就更容易成为庄家的建仓对象。因此，在震荡市中，一旦发现小盘股有庄家入驻，投资者就要引起注意。之后，小盘股的涨幅一般总会超过大盘的涨幅，投资者要注意把握。

我们仍以航天电器为例加以说明。

如图 5—3 所示，从 2009 年 8 月到 2011 年 7 月，大盘在经过 2009 年上半年的中等牛市之后，开始在高位震荡。

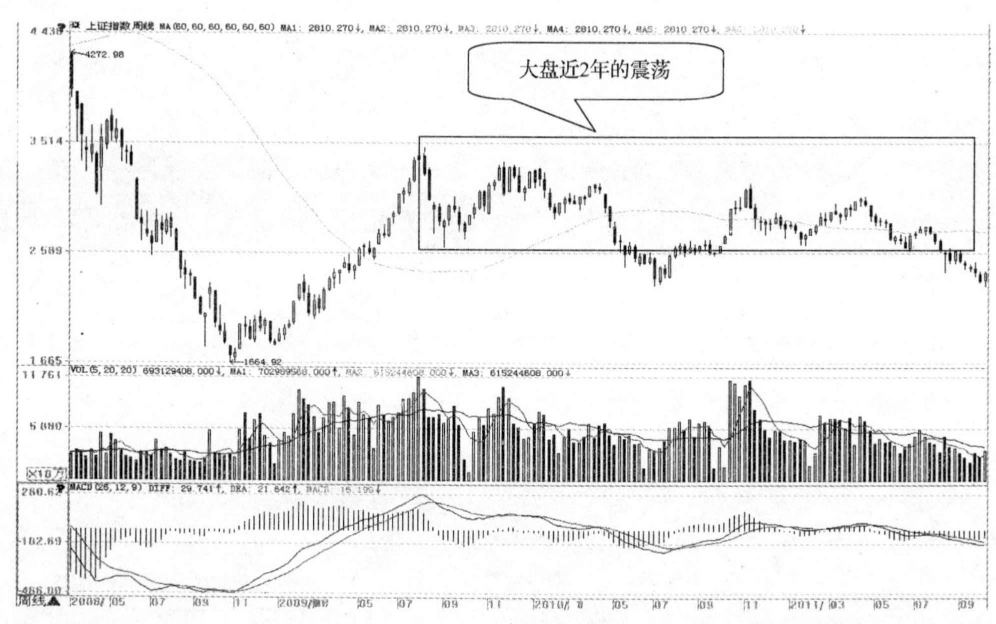

图 5—3　上证指数周 K 线

如图 5—3 所示，2010 年 7 月初，大盘仍在高位震荡时，出现了“DIFF 线与指数底背离”的看涨形态。它表明大盘的一波上涨走势不可避免。之后大盘开始持续上涨，一直到 8 月份才冲高回落。

如图 5—4 所示，几乎与大盘上涨的同时，航天电器也开始上涨。作为一只中小盘股，该股在上涨初期与大盘涨幅基本一致。但从 7 月下旬开始，该股走势与大盘走势开始形成喇叭口形态。它表明有庄家正在加紧建仓力度。8 月、9 月，大盘持续震荡，而该股则持续上涨，表明庄家正在推高建仓。

最终，从 7 月初到 11 月中，该股最大涨幅达到 102%，远超同期大盘的涨幅。

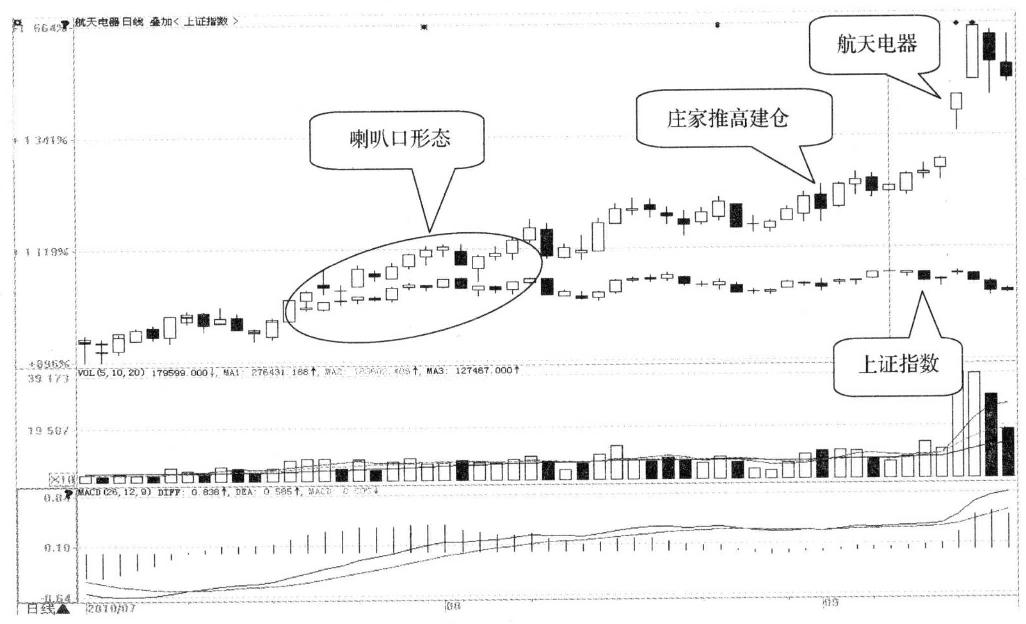

图 5—4　航天电器日 K 线 2

看点 2：警惕庄家的阴谋

打压洗盘会造成投资者的恐慌，特别是在大盘上涨时出现打压洗盘。许多投资者会认为是庄家在出货，但最后却发现不是。而在庄家真正的出货出现后，有投资者仍然会认为这不过是洗盘，却不知真正的风险将至。

如图 5—5 所示，2010 年 10 月 14 日，在大盘持续上涨的时候，航天电器却大跌近 8%。从分时走势图可以看出，当天该股持续地放量下跌。这种强烈的对比令许多投资者产生庄家在出货的错觉，但很快该股就再次上涨，证明这不过是庄家的一次打压洗盘。

从 11 月 8 日开始，该股再次冲高回落。许多投资者受到庄家前次打压洗盘的影响，会认为这次下跌仍是一次打压洗盘，却没想到这次是真正的出货，如图 5—6 所示。

在庄家的陷阱中，11 月 12 日的下跌迷惑性最大，它与 10 月 14 日的大跌几乎如出一辙（见图 5—7）。不同的是，两者出现时的大盘走势不一样（见图 5—8）。

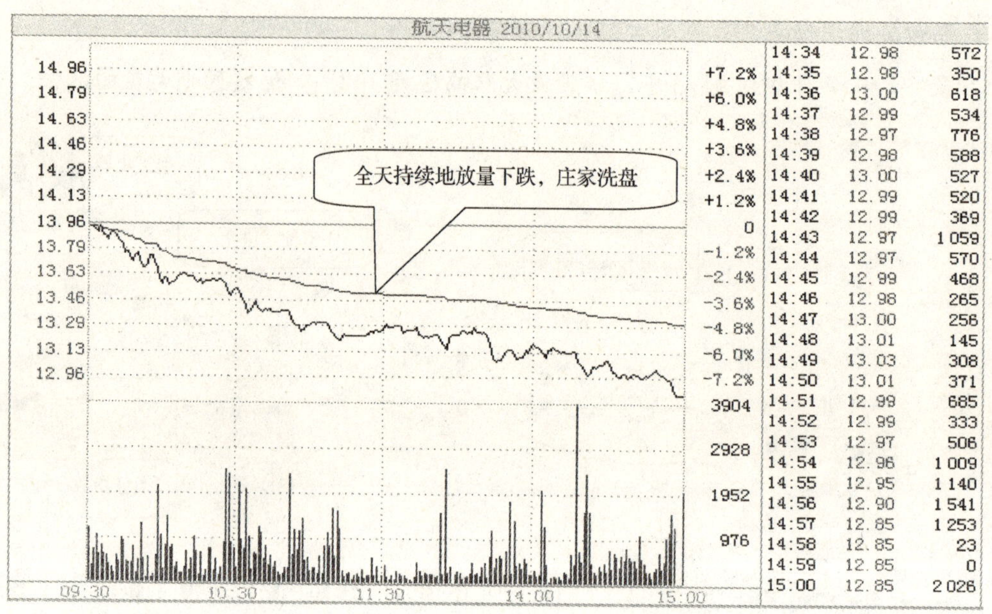

图 5—5 航天电器分时走势图（2010 年 10 月 14 日）

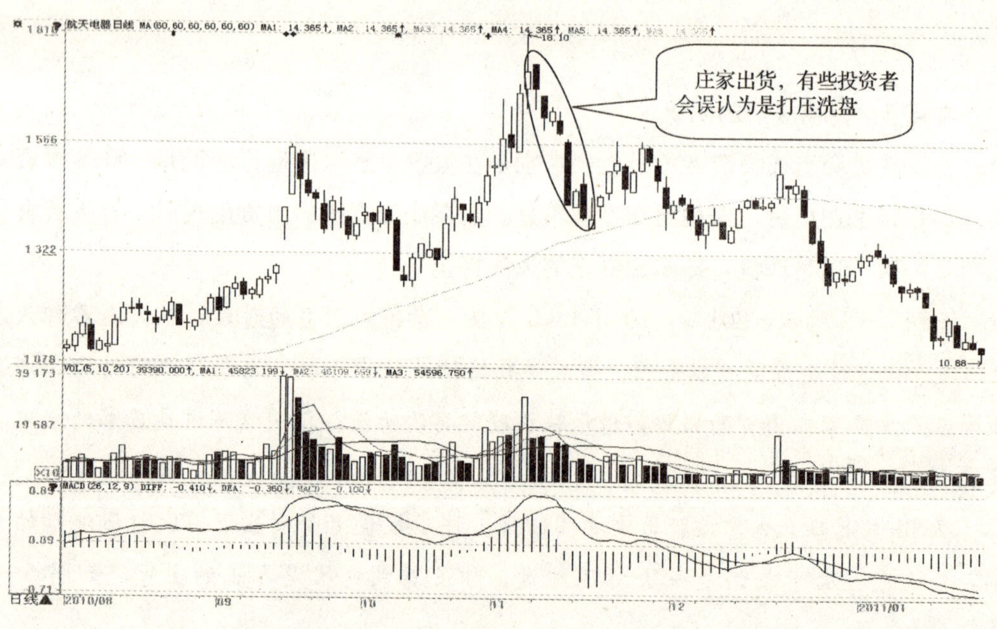

图 5—6 航天电器日 K 线 3

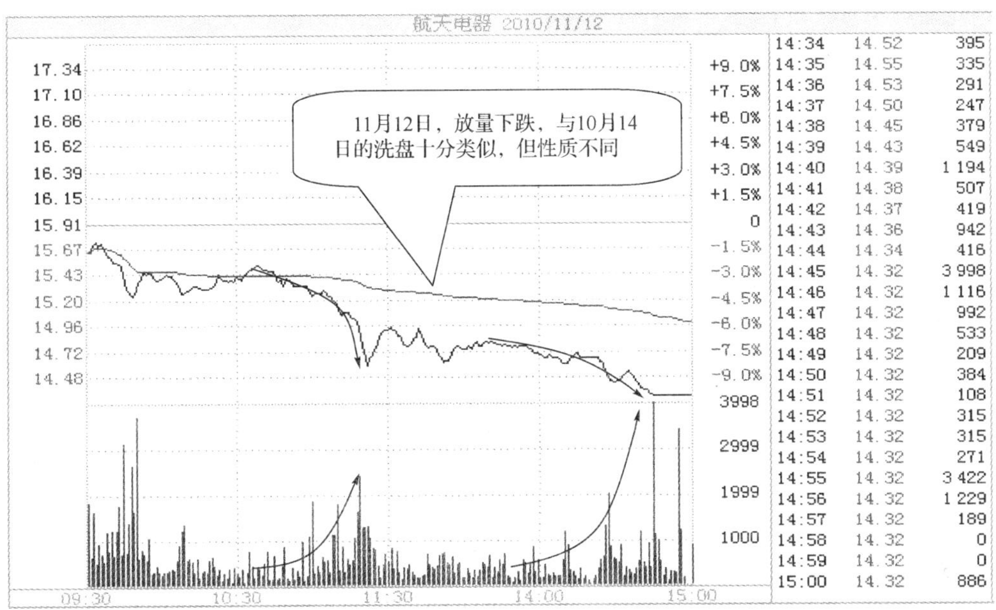

图 5—7 航天电器分时走势图（2010 年 11 月 12 日）

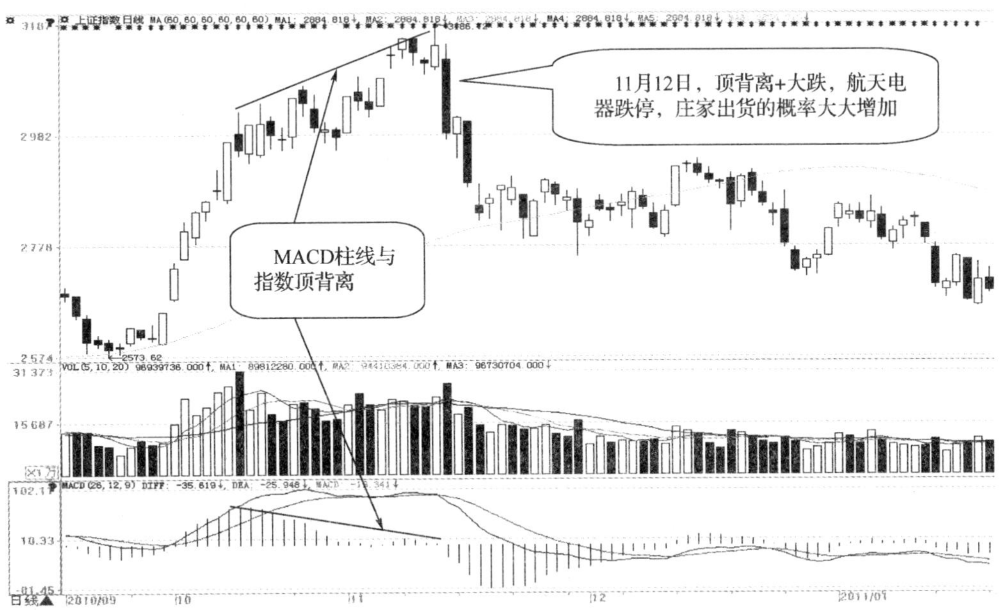

图 5—8 上证指数日 K 线

5.1.2 打压洗盘的买卖点

庄家采用打压洗盘的方式，除了洗盘目的之外，还可以为日后的打压出货创造条件。庄家通过在洗盘阶段不断地使用打压方式，使得投资者对此司空见惯，习以为常。到了庄家真正杀跌出货的时候，这些投资者就会出现麻痹心理，认为仍然是洗盘，不会和庄家抢着卖出股票，减轻了庄家的出货压力。

当投资者持有的股票出现连续下跌走势时，首先应该保持冷静客观，不要在恐慌中盲目卖出，防止被庄家清洗出局。此时投资者可以从以下 4 个方面分辨庄家是在洗盘还是在出货。

1. 大盘形势及市场氛围

一般来说，庄家不会选择在大盘涨势初期以及市场氛围还不太狂热时或者大盘处于弱势时出货，更可能的是进行打压洗盘。

2. 个股消息

在个股消息面处于真空状态或投资者对于该股并没有一致看好时，庄家不太可能进行打压出货。

3. 成交量

庄家打压洗盘时，成交量会持续缩减，如果庄家出货的话，成交量会始终保持在一个比较活跃的水平。

4. 后续走势

如果是打压洗盘，那么虽然会跌穿很多重要平均线，但是一般不会跌破前期的密集成交区，因为该区间对于庄家来说，要么是建仓成本区，要么是上次的重要洗盘区域，庄家不会轻易跌穿这些位置。如果是机构杀跌出货的话，股价很难在某个位置稳住。这是一个后知后觉的判断方法，但是可以更准确地作出判断。

如果投资者判断是庄家在打压洗盘，可以继续持股。不过为了控制风险，需要设定好止损位。投资者可以选择某条重要均线，或者前期的密集成交区作为止损位。例如，庄家打压洗盘，一般不会使股价跌破 60 日均线，投资者可以将这条均线设为止损位。

如图 5—9 所示，2012 年 2 月至 3 月，山东墨龙（002490）一直都在 60 日均线上方运行。从 3 月下旬开始，股价冲高回落，但在接近 60 日均线时受到支撑。它表明这次下跌只是庄家在上涨中的一次打压洗盘。3 月 30 日，K 线组合完成启明星形态，

图 5—9 山东墨龙日 K 线

表明洗盘结束，投资者可以积极买入。

图 5—10 所示是罗牛山（000735）在 2009 年年底至 2010 年年初的走势图，作为“海南旅游岛”概念的龙头之一，该股在当时连续暴涨。投资者可以看到，该股在进

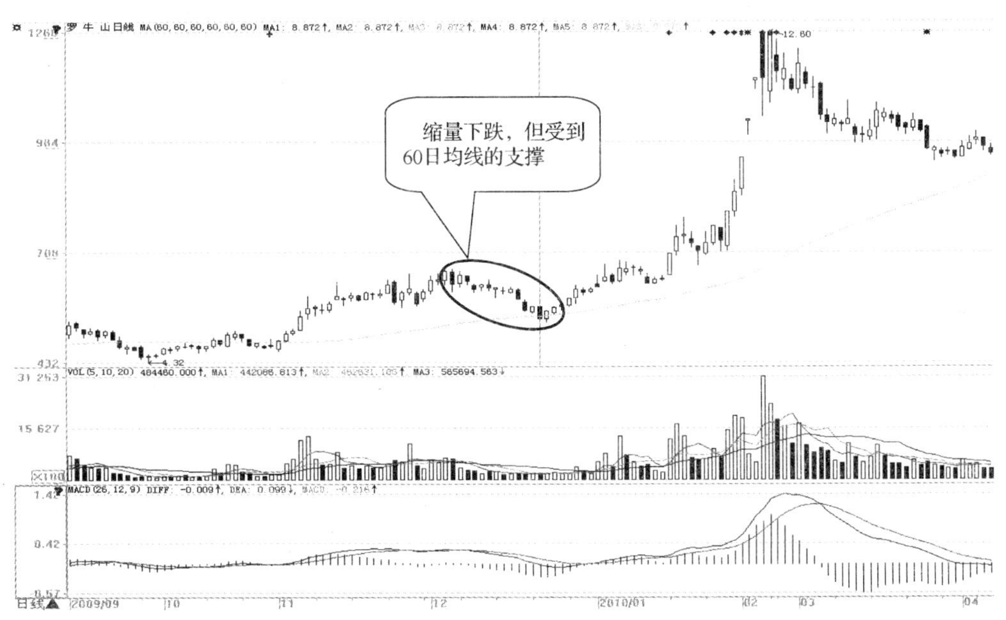

图 5—10 罗牛山日 K 线

入拉升阶段之前，曾有过一次明显的下跌洗盘过程。

从 2009 年 12 月 17 日开始，由于大盘出现连续大跌，该股也出现大跌走势。不过成交量极度缩减，同时在跌至 60 日均线处即企稳回升。从以上种种迹象来看，之前的下跌属于庄家借助大盘下跌而进行的打压洗盘。投资者若在打压洗盘之后，该股逐步走高的时候择机买入，将能很好地把握该股后续的连续涨停走势。

5.2 震荡洗盘

5.2.1 震荡洗盘的走势特征

震荡洗盘，一般发生在较大涨幅的拉升阶段之后，市场中的获利盘较多，同时很可能还面临上方套牢盘的解套压力。此时庄家通过较长时间的反复震荡，促使股票进行充分换手，可以很好地抬高市场平均成本，为下一步拉升做好充分准备。

震荡洗盘是庄家最常用的洗盘方式。在洗盘的几种方式中，打压洗盘需要大盘或者消息面的配合，而且一不小心庄家容易丢掉打压筹码，而震荡洗盘，庄家通过长时间的大幅度震荡来清洗浮筹，洗盘效果会更理想，一般不会出现丢失筹码的事情。

震荡洗盘在走势形态上有很多表现形式，不过都有一个共同特征，就是成交量呈现逐步递减的态势。

按照走势形态的不同，震荡洗盘大致可以分为三角形整理、旗形整理、弧形整理和菱形整理等。

1. 三角形震荡整理

三角形是震荡洗盘中常见的一种股价走势形态，可以分为下降三角形、对称三角形和上升三角形三种。

(1) 下降三角形。下降三角形是指股价在震荡过程中，每次波动的高点不断降低，而低点则保持在一个水平线上，将高低点分别连线后，就成为一个平躺的直角三角形形态，因为股价重心不断降低，所以称为下降三角形。

如图5—11所示，从2012年3月到4月，零七股份（000007）回落震荡，且股价波动幅度逐渐收敛。在两个多月的震荡过程中，每次波动的高点不断降低，而低点则保持在一条水平线上，同时成交量逐步缩减，形成下降三角形形态。

4月27日，股价向上放量突破下降三角形上边线，表明仍将延续原来的上涨趋势，震荡洗盘已经结束。

(2) 对称三角形。对称三角形形态是指股价在震荡过程中，每次波动的高点

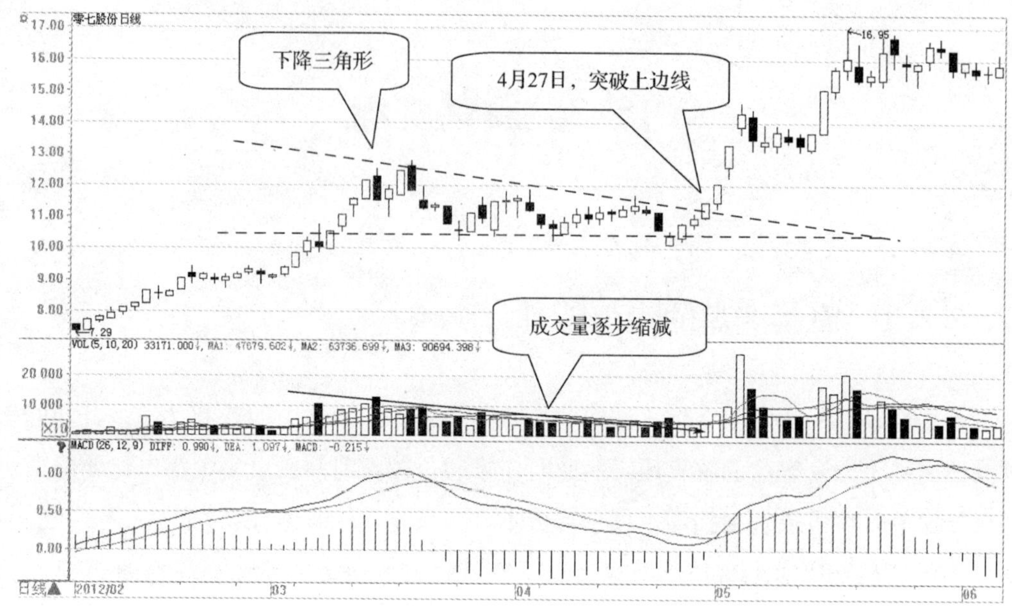

图 5—11　零七股份日 K 线

逐渐降低，低点则不断升高，将高低点分别连线后，即成为一个对称的三角形形态。

如图 5—12 所示，2010 年 1 月下旬到 3 月，兰生股份（600826）在经过一波上涨走势后，不断震荡。在两个多月的大幅震荡过程中，股价波动高点不断降低，而低点则不断上升，同时成交量持续缩减，3 月中旬前后甚至出现地量，形成对称三角形形态。随着股价放量突破对称三角形上边线，表明震荡洗盘告一段落，拉升行情正式开始。

（3）上升三角形。与下降三角形相反，上升三角形是每次波动的顶点在一条水平线，而低点则逐渐抬高，股价重心逐渐上升，称为上升三角形。

如图 5—13 所示，2012 年 2 月到 5 月，歌尔声学（002241）的股价持续震荡。在这个过程中，每次波动的顶点基本形成一条水平线，而低点则逐渐抬高，股价重心逐渐上升，形成上升三角形。

投资者还可以看到，在这两个多月的震荡洗盘中，成交量明显缩减，在 4 月中旬甚至出现罕见的地量。这是洗盘即将结束，拉升即将开始的标志。之后 5 月 7 日，股价放量突破上升三角形上边线，拉升开始。

2. 旗形震荡整理

震荡洗盘的另一种表现形态是旗形形态，表现形式是在股价的震荡整理过程中，

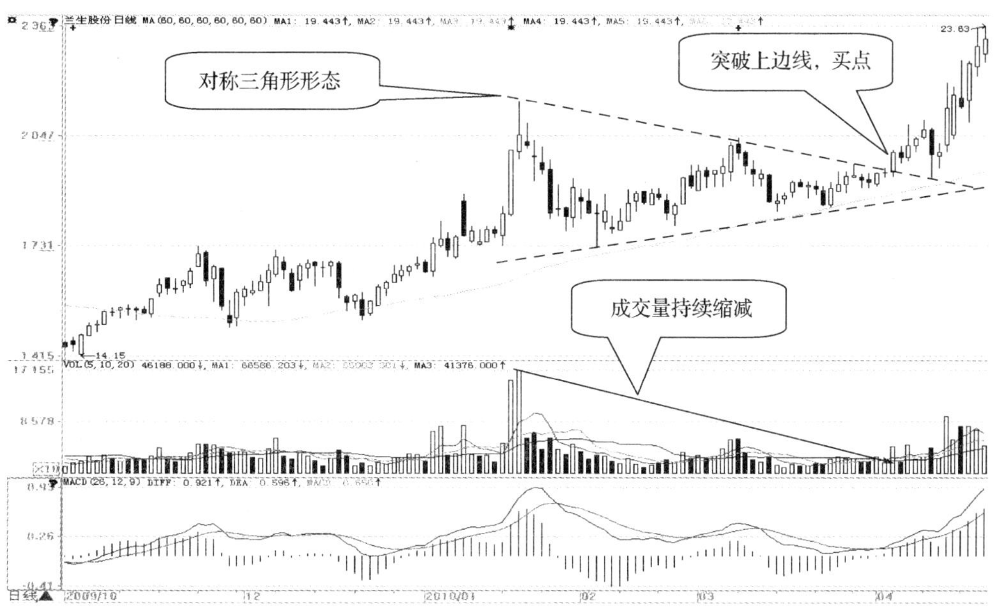

图 5—12　兰生股份日 K 线

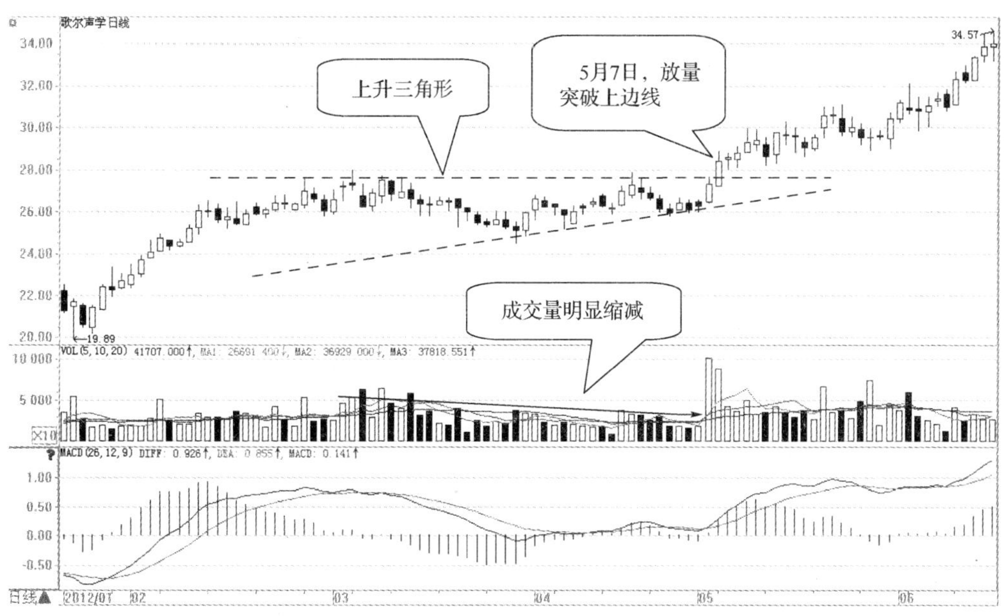

图 5—13　歌尔声学日 K 线

将两个或者两个以上的高点或者低点都连接成直线，就形成一个带形区域，如果将此前的上涨走势合起来看，就像一面旗帜，因此叫旗形形态。

旗形洗盘形态整体而言和横盘整理洗盘类似，只是方向出现倾斜而已。如果庄家在这个洗盘过程中侧重于吸货，那么股价运行的低点就会逐渐抬高，相应的高点也会抬高，就形成了一个上升的旗形形态。如果庄家在这个过程中，侧重于打压以吓出跟风获利盘，那么就形成了一个下降的旗形。如果庄家在这个过程中，打压与护盘并重，比较侧重于多空进行换手，那么就会形成横盘震荡形态。

图 5—14 所示为利德曼（300289）在 2012 年 4 月至 7 月的走势图。

5 月初，该股走势逐渐企稳，同时成交量明显放大，表明庄家正在逐步建仓。之后一直到 5 月底和 6 月初，该股以旗形形态震荡向上，同时成交量也有所放大。它表明庄家在洗盘中悄悄地吸货。6 月 14 日，股价放量突破旗形形态，拉升开始。

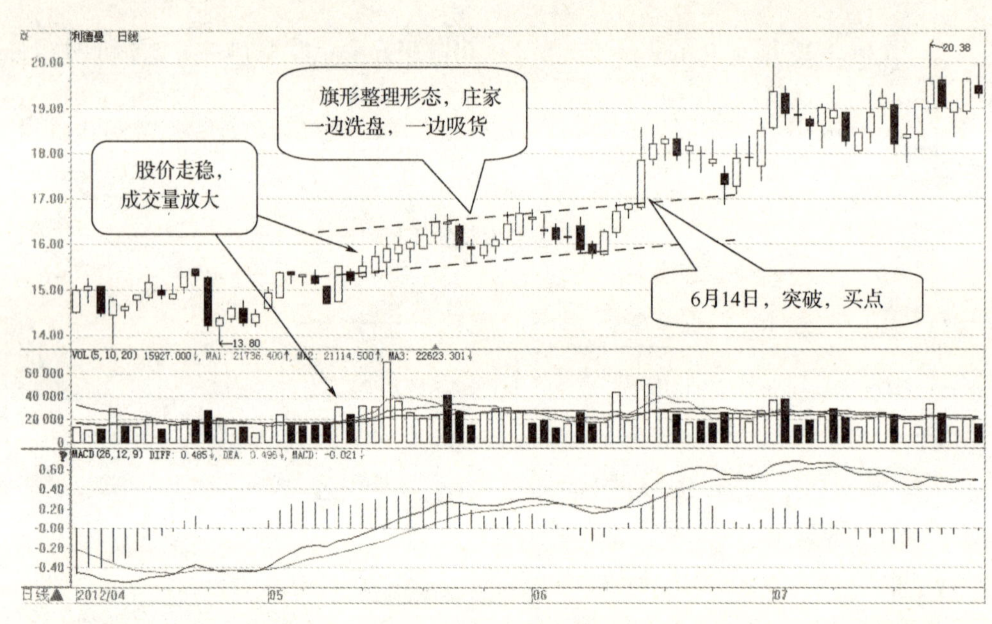

图 5—14　利德曼日 K 线

如图 5—15 所示，2011 年 3 月中旬到 5 月中旬，联美控股（600167）以旗形形态向下，同时成交量逐步缩减，在 5 月份甚至出现地量。它表明庄家此时更侧重于以打压来获得跟风获利盘。

3. 弧形与菱形震荡整理

有时庄家在震荡洗盘时，股价走势会呈现一些不太常见的形态特征。

（1）圆弧形态。有时庄家在洗盘过程中，股价走势会呈现圆弧形态。在圆弧的左侧部分，由于获利盘或者解套盘较多，市场抛压较重，因此，股价震荡下跌。在圆弧

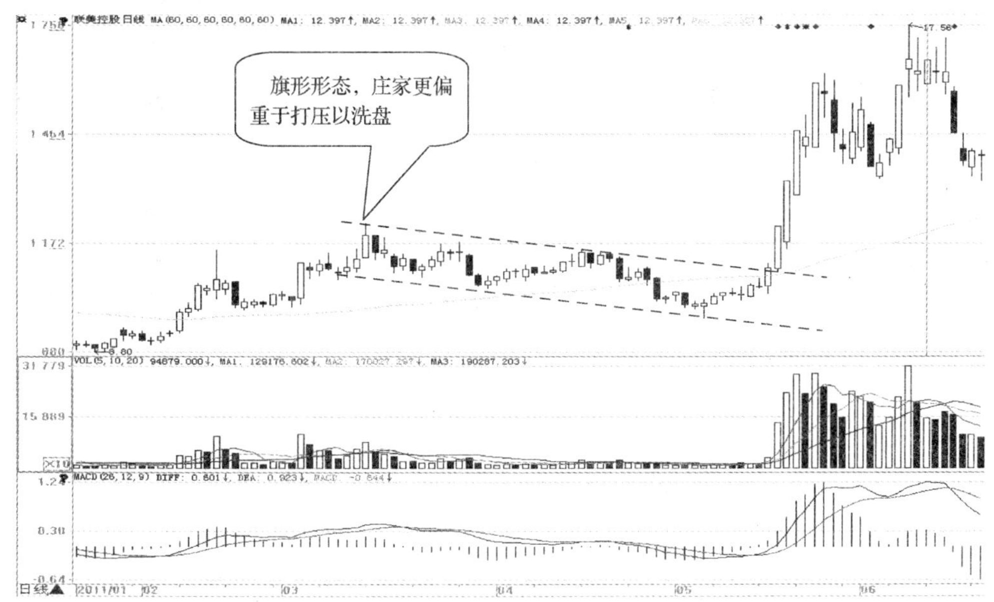

图 5—15　联美控股日 K 线

的右侧部分，市场抛压开始减小，买盘逐渐增多，因此，股价震荡上涨。整体走势就形成一个圆弧形态。

大多数情况下，圆弧形态的成交量，也会呈现一定的圆弧特征。

如图 5—16 所示，2012 年 3 月到 4 月，华东医药（000963）股价经过较长时间的震荡洗盘行情，在洗盘过程中，股价沿弧形运行，同时成交量也呈现出一个弧形形状。

3 月下旬，由于获利盘或者解套盘较多，市场抛压较重，因此，股价震荡下跌，形成圆弧的左侧部分。4 月上旬，市场抛压开始减小，买盘逐渐增多，因此，股价震荡上涨，形成圆弧的右侧部分。经过弧形整理后，庄家开始继续将股价向上拉升。

（2）菱形形态。菱形洗盘形态，从表面上看相当于把两个三角形整理形态对接在一起。在这个过程中，成交量一般不会有太明显的变化，只有在菱形的最低点时，成交量往往是地量水平。

在实战中，该形态一般不太常见。

图 5—17 所示是紫光古汉（000590）的菱形洗盘图。2012 年 5 月中旬开始，紫光古汉开始了震荡洗盘过程，其震荡幅度逐渐增大，构成了左边的扩张三角形形态。从 5 月底开始，震荡空间又开始逐渐收敛，开始构筑右边的收敛三角形形态。

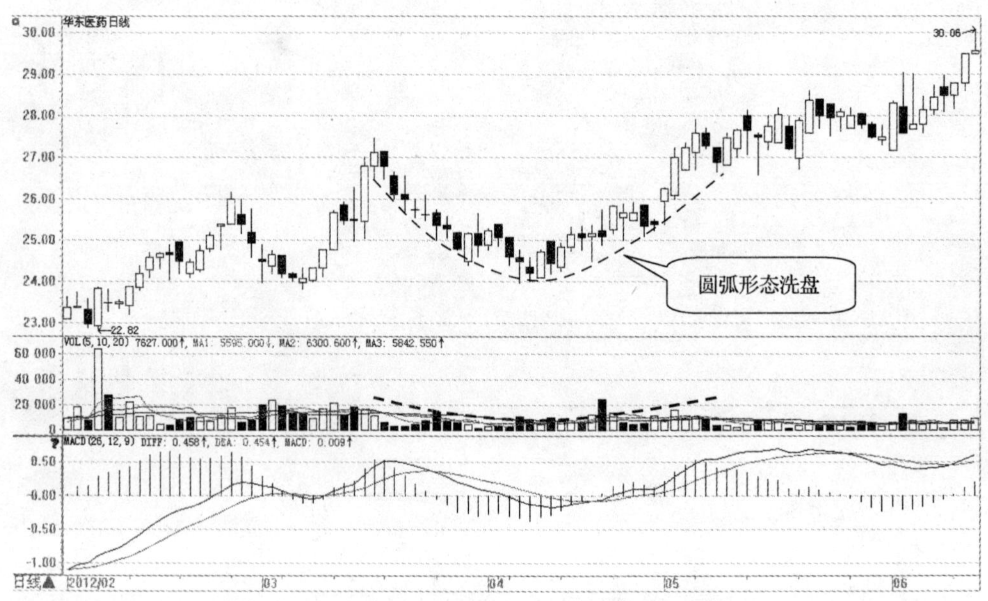

图 5—16　华东医药日 K 线

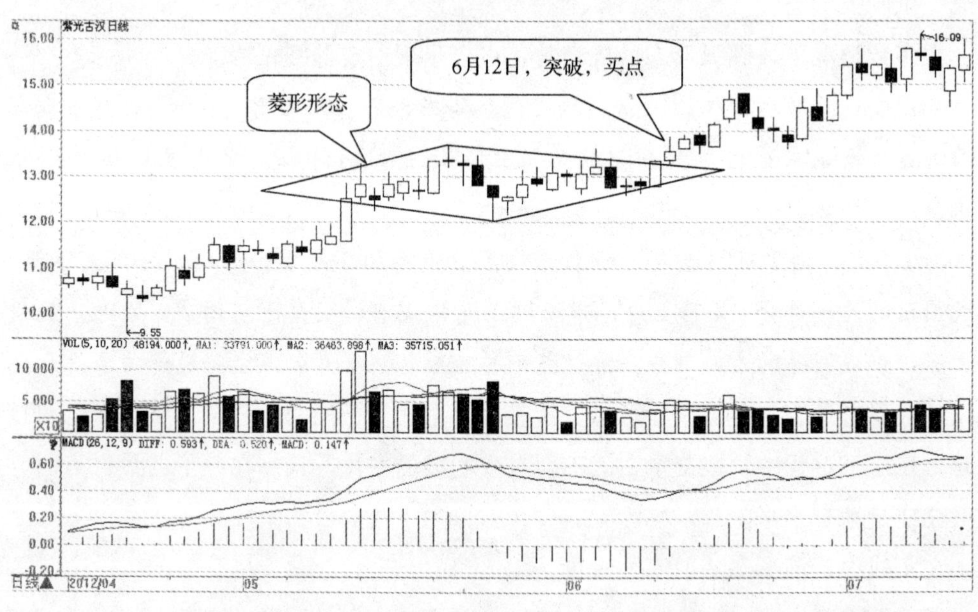

图 5—17　紫光古汉日 K 线

6 月 12 日，股价到达三角形顶端后，突破上边线，预示着洗盘结束，庄家开始了新一轮的拉升。

5.2.2 震荡洗盘的买卖点

当出现震荡洗盘形态时，已经买入的投资者可继续持股，适当时候可以拿出部分仓位，进行高抛低吸的波段操作。当股价突破此前的震荡区间时，意味着洗盘过程结束，拉升阶段开始，此时对于投资者而言是个非常合适的买入机会。

有时，股价突破震荡区间（例如震荡洗盘形态的上边线）之后，会有一个回抽确认的过程，也可以算作是买点，投资者要注意把握。

如图5—18所示，2012年3月到4月，伊力特（600197）冲高回落，以下降三角形形态呈现，同时成交量逐步缩减。这明显是庄家的震荡洗盘动作。

4月24日，股价向上突破下降三角形上边线，洗盘结束，投资者可以积极跟庄买入。4月26日，股价回抽确认，买点2出现，投资者可以加仓买入。

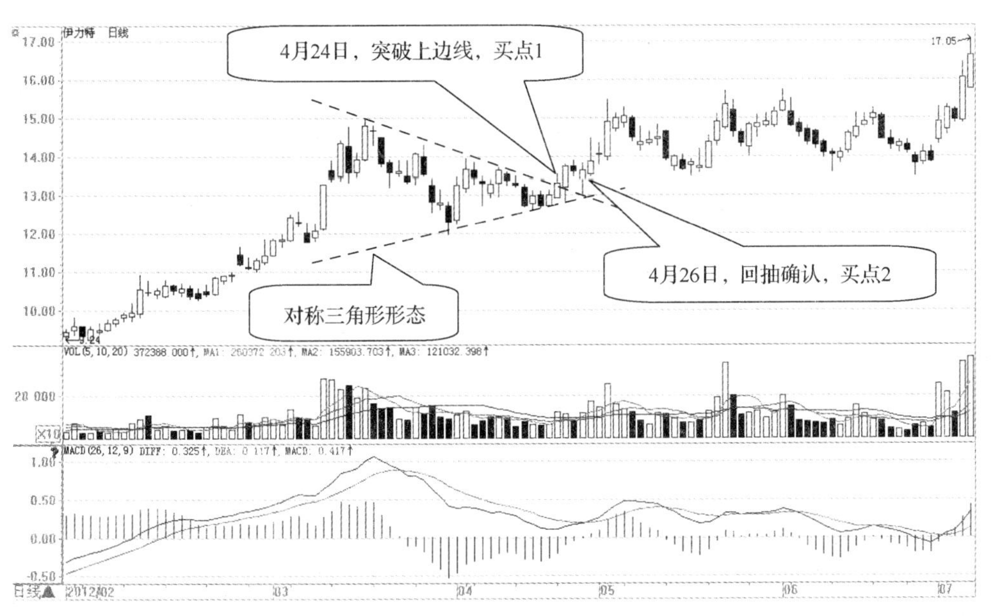

图5—18 伊力特日K线

在实战中，投资者要注意以下两种庄家的陷阱。

陷阱1：买入后庄家就出货

当股价向上突破整理形态上边线之后，有时股价会很快再次下跌，这往往是庄家出货的象征。此时，如果有其他指标也发出看跌信号，投资者就要注意积极卖出。

图 5—19 所示是天利高新（600339）在 2010 年下半年的一段走势。从 9 月初到 10 月下旬，该股以旗形形态震荡下行，明显是庄家的震荡洗盘手法。10 月 25 日股价放量突破旗形形态，表明新一波拉升开始，买点出现，投资者可以买入。但股价在突破之后，涨势很弱，11 月初，MACD 指标出现“DIFF 线与股价顶背离”的看跌信号。另外，从 11 月 9 日和 11 月 11 日的分时走势图（见图 5—20、图5—21）中可以看出，庄家在无力向上拉升之后，正在疯狂出货。投资者要注意果断卖出。

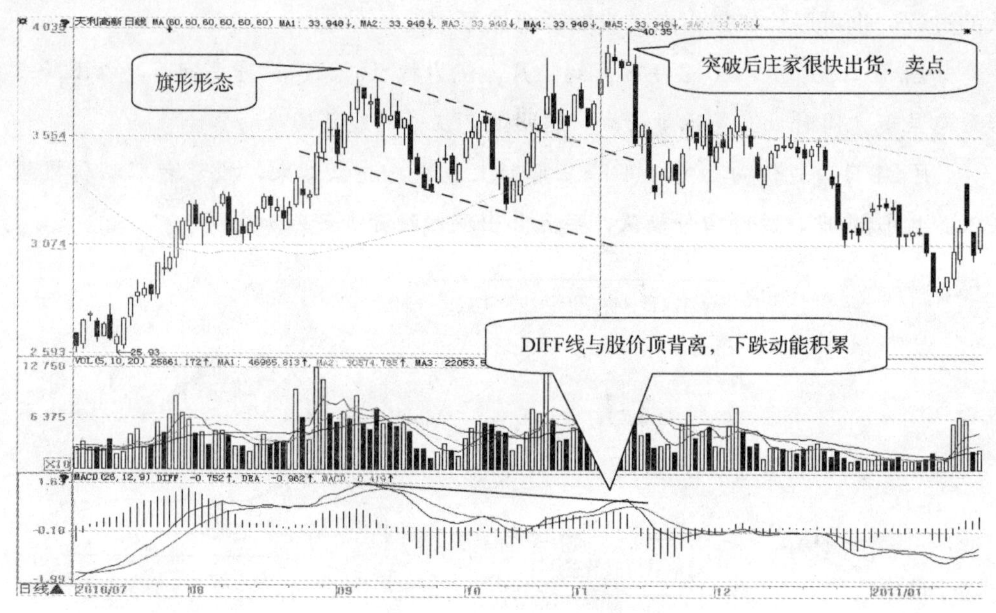

图 5—19 天利高新日 K 线

陷阱 2：假突破

假突破具有很大的误导作用。在大多数情况下，假突破只是一个诱空陷阱，庄家以此来进行最后的洗盘。投资者如果认定是下跌趋势出现，往往会错过后面的大涨走势。

图 5—22 所示是承德露露（000848）的三角形洗盘走势图。该股于 2012 年 3 月至 4 月构筑了一个三角形整理平台。当股价运行到三角形顶端时，庄家将股价强势向下打压，一举跌穿三角形的下边线，造成形态的破位。

该形态是一个庄家的诱空陷阱。承德露露此后并没有继续下跌，反而开始逆势震荡攀升，开始新一轮拉升走势。当股价重新突破三角形的上边线时，就是很好的买入时机。

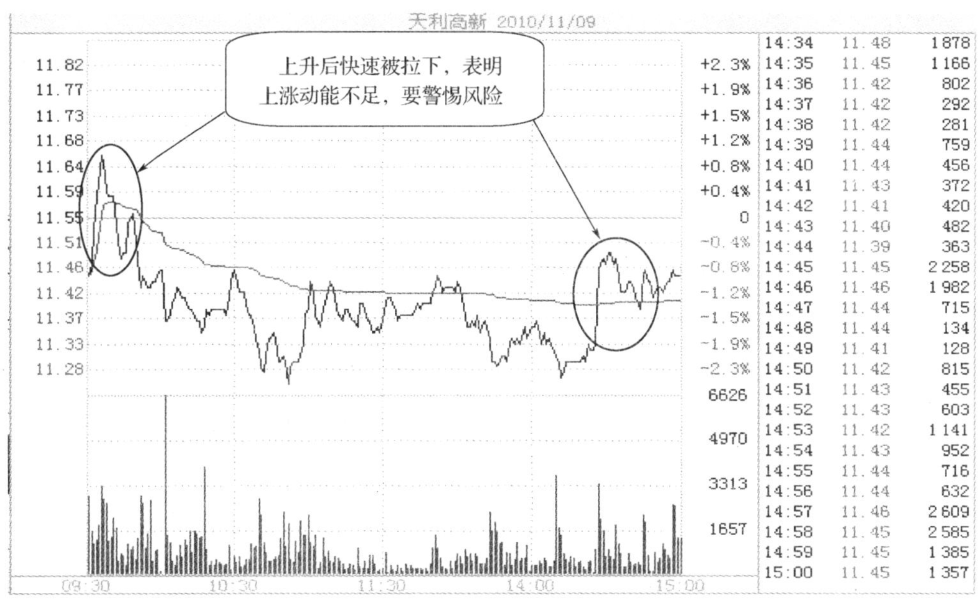

图 5—20 天利高新分时走势图（2010 年 11 月 9 日）

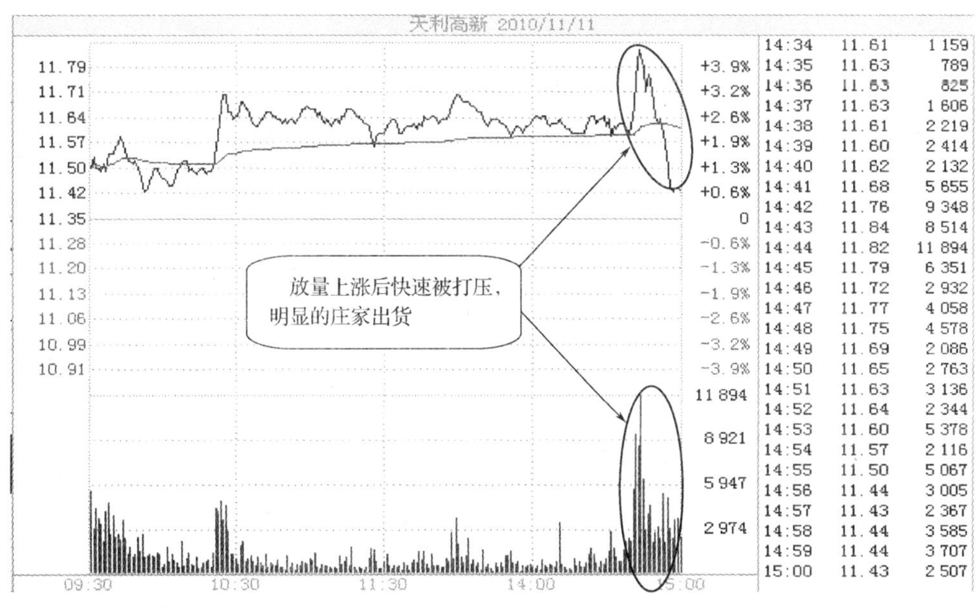

图 5—21 天利高新分时走势图（2010 年 11 月 11 日）

投资者遇到这种形态破位情况时，应进行冷静观察和理智的分析，不要急于斩仓离场。如果被庄家诱骗出局，也应在股价重新突破前期洗盘区域时重新买入，以防御底踏空行情。

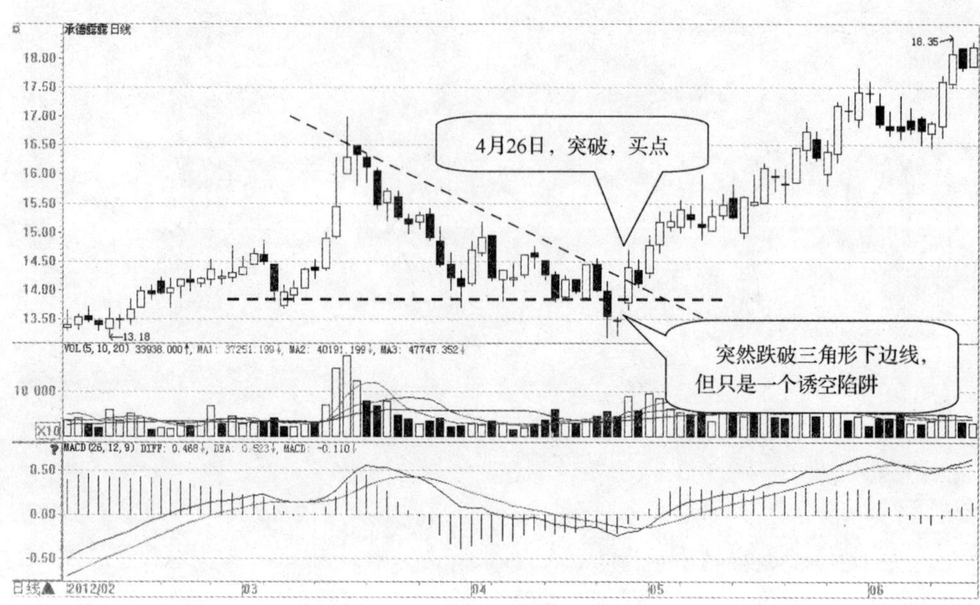

图 5—22　承德露露日 K 线

5.3 边拉边洗

5.3.1 边拉边洗的走势特征

边拉边洗是指庄家在拉升股价的同时，不断地进行小规模的洗盘，庄家通过这种方式，在拉升的同时不断进行大大小小的洗盘动作，促进市场换手，压缩短线投资者的获利空间，以减轻上涨压力。

这种洗盘方法，经常出现在大盘处于单边上扬的行情时，主力无法进行较长时间的洗盘，只能把拉升和洗盘的动作交错进行。这样边拉升边洗盘，既利用大盘的升势拉升了股价，又可以进行部分程度的洗盘。

在庄家边拉边洗的过程中，成交量一般会缓缓放量，投资者要注意把握。

图 5—23 所示是新赛股份（600540）2010 年 6 月到 11 月的走势图。

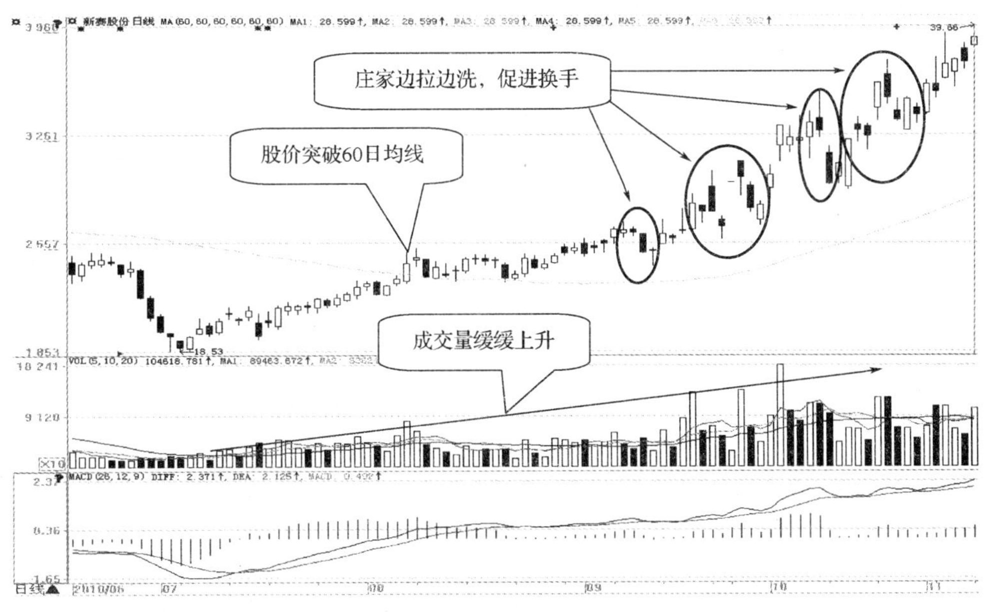

图 5—23 新赛股份日 K 线

投资者从图中可以清楚地看出，股价自从8月初向上突破60日均线并站稳之后，持续向上缓缓攀升，在攀升的同时，庄家不断进行大大小小的洗盘动作，以促进市场换手。

在庄家进行边拉边洗时，打压过程一般会比较突然。在股价平稳上升走势中，会突然出现一两根阴线，庄家就是通过这种突然袭击的手段，来制造市场恐慌，进而达到洗盘的目的。

如图5—24所示，2012年2月到5月，舒泰神（300204）的股价一直缓缓上涨。在这个过程中，庄家多次通过突然的大幅下跌来洗盘。一些短线投资者往往会因此而过早卖出，进而踏空后市走势，而这正是庄家的目的，如图5—25和图5—26所示。

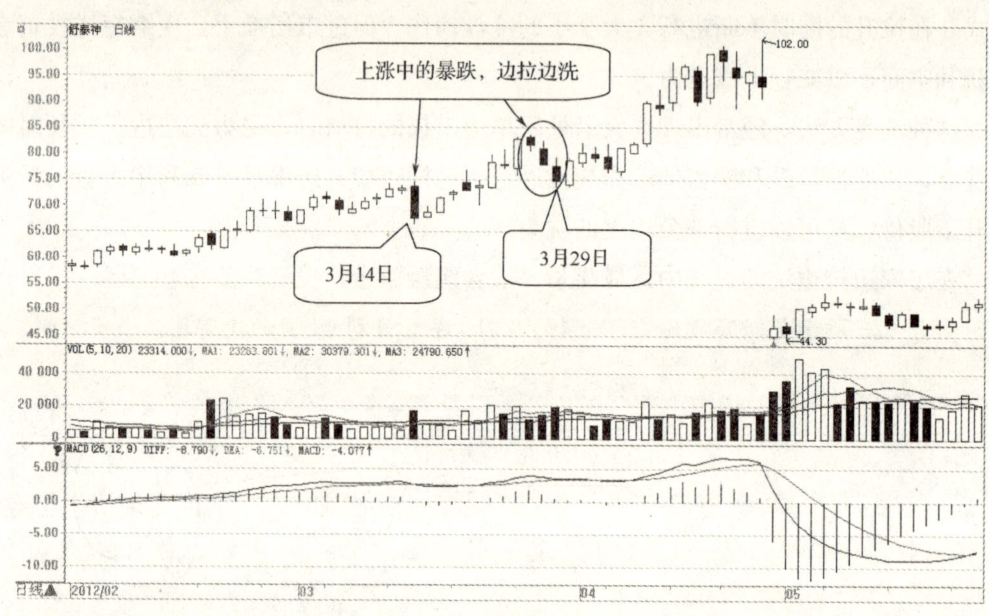

图5—24 舒泰神日K线

实战经验

在上涨趋势中，往往出现这种突然性的下跌，尽管趋势方向还没有改变，但许多短线、超短线甚至中长线投资者因为恐惧而跟风杀跌。这种恐惧心理在放量上涨走势中会以贪婪和追高买入的方式表现出来。如果不克服这种心理结构，交易是不会盈利的。

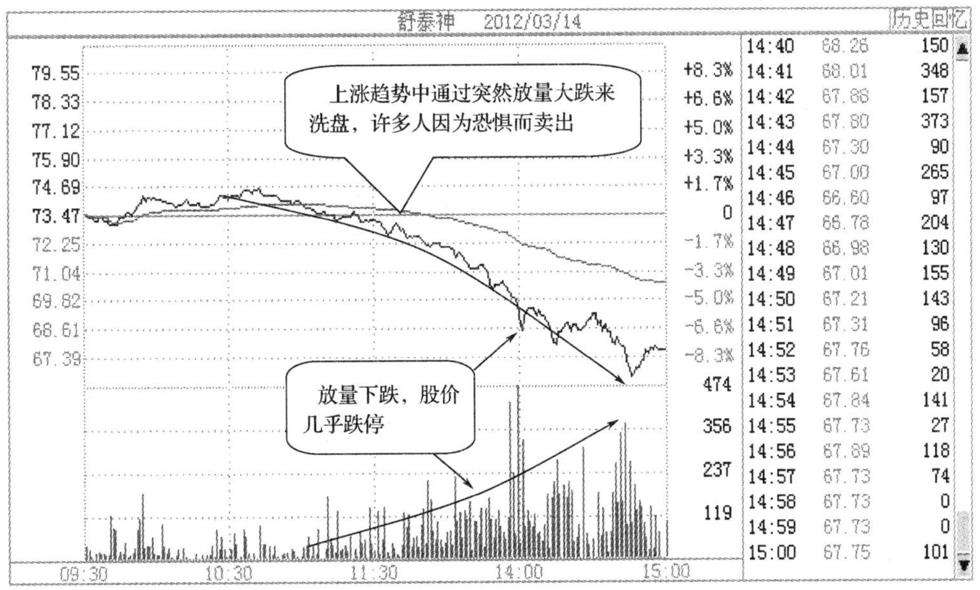

图 5—25 舒泰神分时走势图（2012 年 3 月 14 日）

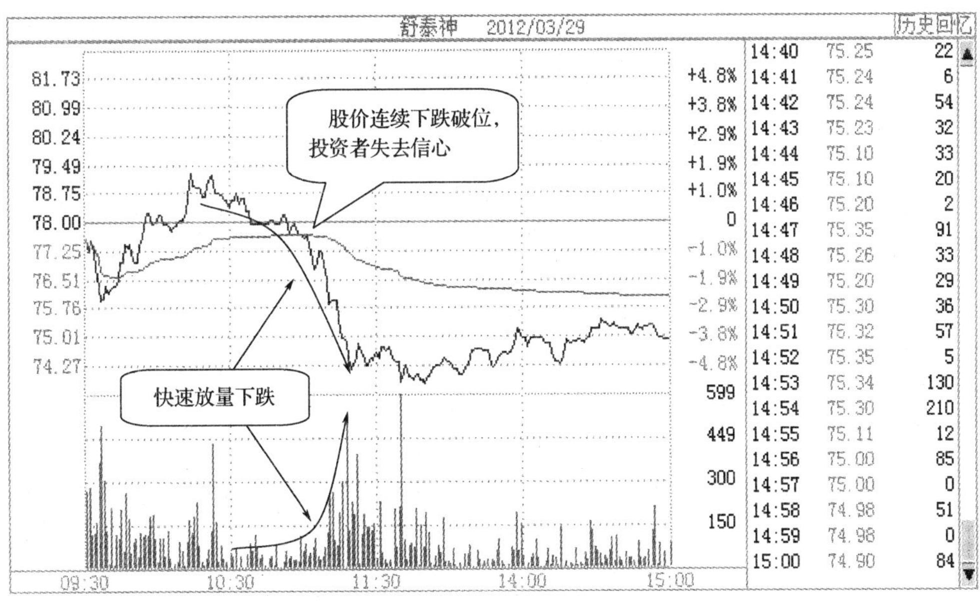

图 5—26 舒泰神分时走势图（2012 年 3 月 29 日）

5.3.2 边拉边洗的买卖点

对于中长线投资者而言，遇到这种边拉边洗的走势时，如果能够认清股票的未来潜力，就不要被一时的激烈震荡所迷惑，应坚持持股待涨，以免踏空行情。

对于短线投资者而言，由于边拉边洗的整体涨幅有限，同时短线经常会有大的起伏，因此，参与难度较大。不过从整体上看，边拉边洗属于震荡攀升走势，在后市往往会出现加速上涨走势，此时就是短线非常好的买入机会。

如图5—27所示，从2012年1月开始，上柴股份（600841）进入了超过2个月的边拉边洗的震荡攀升走势。3月初，该股突然放量，同时股价突破了前期上升通道上沿，表明庄家边拉边洗的运作过程已经结束，股价进入了一个快速拉升阶段。短线投资者应该果断介入，此后该股在很短时间内股价翻番。

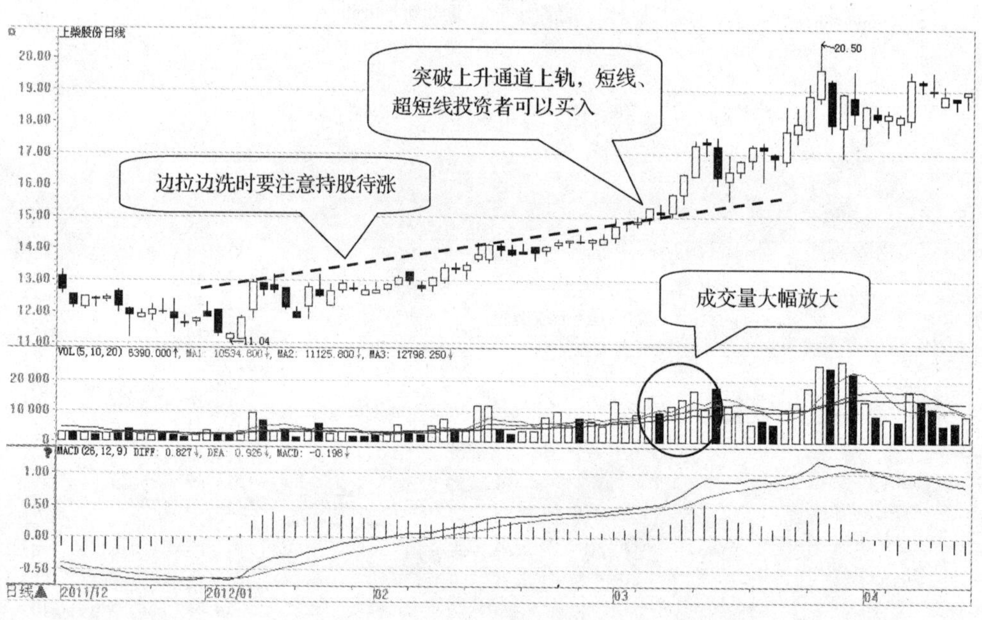

图5—27 上柴股份日K线

第6章

庄家拉升

吸筹阶段完成后，股价走势就进入了拉升阶段。按照庄家仓位增加与否，拉升大致可分为买入拉升和对敲拉升。买入拉升一般在拉升的初期，庄家在拉抬股价的过程中进一步吸货。对敲拉升一般发生在拉升的中后期，此时庄家的仓位已经达到目标数量，所以主要目的是推高股价。

拉升的形式主要有 4 种。

1. 逼空式拉升

逼空式拉升是指机构无视抛压，连续拉升股价，有时甚至采用连续涨停的方式，仅靠盘中分时走势的震荡来进行洗盘。这种方式有着明显的缺点，即拉升过程中洗盘不足，获利盘会比较多。另外，强劲的走势会吸引很多短线资金追捧，一旦股价开始走弱，这些短线资金又会纷纷出局，股价往往出现大跌。

2. 台阶式拉升

这种拉升方式有些类似边拉边洗的形态特点，上涨一定涨幅之后即开始横盘调整，然后继续下一个上涨和横盘。这种拉升方式庄家会比较省力，一般出现在机构控盘程度非常高，或者市场认同程度比较高的个股上，例如绩优股和基金重仓股。

3. 震荡式拉升

这种拉升方式是在股价上涨一定幅度后庄家即开始打压，股价展开回落，打压至某位置后，庄家开始重新拉升股价，如此循环重复，股价就在震荡中不断上涨，也就是拉升——洗盘——再拉升——再洗盘的运作过程。

4. 慢牛式拉升

慢牛式拉升是指庄家操纵股价，沿着某一角度或者某条移动平均线，阳线阴线不断交错地向上慢步推升。慢牛式拉升的股价走势比较平稳，中间有时也有震荡，但是幅度远远小于震荡拉升的震荡幅度，相当于洗盘中的边拉边洗模式。

对投资者来说，跟庄的最主要目的就是把握好庄家的拉升阶段，舒舒服服地坐庄家的轿子。

6.1 逼空式拉升

6.1.1 逼空式拉升的走势特征

当庄家经过充分的洗盘和试盘，确定股价上方的抛压已经很小时，会采取连续大阳线或者连续涨停板的方式快速将股价拉高，形成逼空行情。

逼空式拉升有以下几个走势特征。

特征 1： 在拉升之前，股价一般都有一个长时间的横盘或者震荡洗盘过程。

特征 2： 逼空式拉升出现之前，一般都有大盘走势配合，个股符合当前市场的炒作热点，或者个股有突发性利好。

特征 3： 所谓逼空，也就是股价在一段时间内不出现明显回调，一旦投资者抛出股票，就很难以更低的价格买回。

特征 4： 股价连续上涨时，除连续涨停的股票外其他股票成交量会持续放大，换手非常积极。

通过逼空行情拉升股价，庄家可以迅速达到目标价位，同时可以吸引大量的短线跟风盘跟进，拉升过程会比较轻松。但是由于跟风盘太多，拉升过程中的洗盘又不太充分，因此，在大多数情况下，股价再次上涨之前需要经过一个较长时间的洗盘整理过程才行。

如图 6—1 所示，2012 年 2 月至 3 月初，庄家不断地对浙江东日（600113）进行震荡洗盘。之后，在概念炒作的影响下，该股放量大涨，出现逼空式拉升行情。

如果出现突发性的个股利好，那么庄家在连续逼空的过程中，往往采用连续涨停的方式，彻底让空仓投资者踏空行情。但是当停止涨停、空仓者有机会买入的时候，往往就到了上涨行情的尾声。

图 6—2 所示是百视通（600637，原广电信息）的逼空式拉升走势图。从 2010 年 7 月开始，该股持续上涨。截至 9 月 1 日的 2 个月中，股价的累积涨幅已经达到 40%，远远超过同期大盘的走势。但这只是该股上涨的开始。9 月 1 日，公司因重组而停牌。

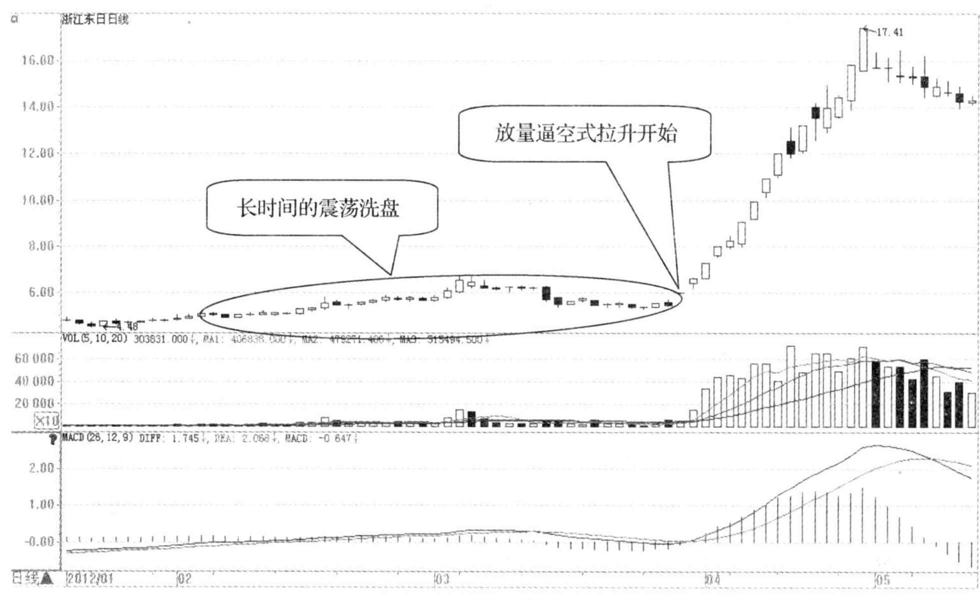

图 6—1 浙江东日日 K 线

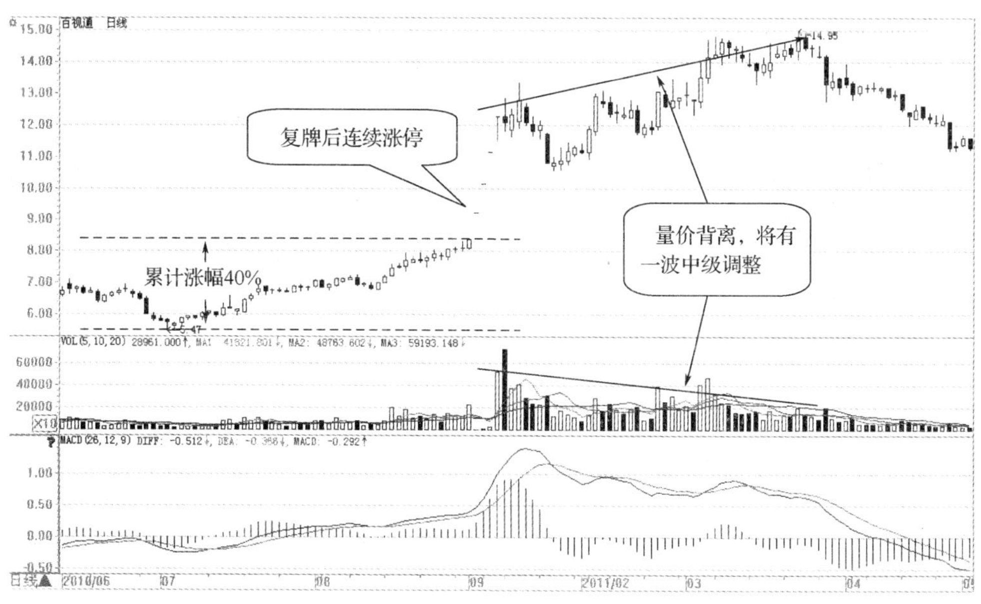

图 6—2 百视通日 K 线

2011 年 1 月 11 日，重组复牌后的百视通开始连续 4 个涨停，踏空投资者根本没有机会买入。庄家成功利用重组利好将 8 元左右的股价推高到 12 元以上后，涨停终于打开，当很多投资者纷纷买入时，这轮逼空式拉升已经到了尾声。这之后，该股出现半年多的横盘震荡走势。

把握这种走势，投资者要注意以下两个关键点。

关键点 1：内幕交易的影响

在利好公布之前，很可能有消息灵通的投资者提前获取消息，建仓买入股票。而他们的建仓行为必然对股价走势产生影响。例如在百视通的案例中，停牌之前股价上涨 40%就是受到庄家拉升建仓的影响。

关键点 2：价升量减的启发

当该股涨停打开之后，成交量一时放出天量。但之后，伴随着股价的逐渐上涨，成交量却呈现逐步缩减的趋势。这种量价背离走势表明上涨动能正在逐步削弱，股价随时都有可能出现下跌走势。

6.1.2 逼空拉升的买卖点

在逼空式拉升的行情中，股价的涨幅十分迅猛，抓住这种行情是每个投资者的梦想。但在实际操作中，这种行情是可遇而不可求的。这是因为逼空式拉升的出现，要么是由于股价横盘时间较长，庄家进行了非常充分的准备，要么是由于突发性重大利好的刺激。普通投资者无法提前知道这些利好内幕。而长期的横盘，也有可能是由于庄家实力不强，或者股票基本面存在严重问题。投资者不能看到这种“长期横盘”或者“缓慢攀升”的走势，就认定后市一定会出现逼空式拉升。

普通投资者要想尽量把握这种逼空式拉升行情，只能选择在行情的启动初期迅速介入，例如，在图 6—1 中浙江东日的拉升初期，如果投资者迅速介入，就能够较好地把握住后续的连续飙升走势。

逼空式拉升行情极为难得，投资者一旦有幸坐上逼空式拉升的“火箭”，就不应该被一时的震荡所迷惑而轻易离场。

如图 6—3 所示，2012 年 4 月 6 日，金丰投资（600606）在经过长时间的震荡洗盘之后，庄家开始向上拉升。在不到一个月的时间里，该股一共出现 8 个涨停板。如果投资者能够在 4 月 6 日，股价突破前期震荡高点时果断买入，必然获利颇丰。

有时为了充分抓住逼空式拉升行情，又避免坐“过山车”，短线投资者可以根据“三日原则”的方法来操作，即三日内不创新高就卖出。

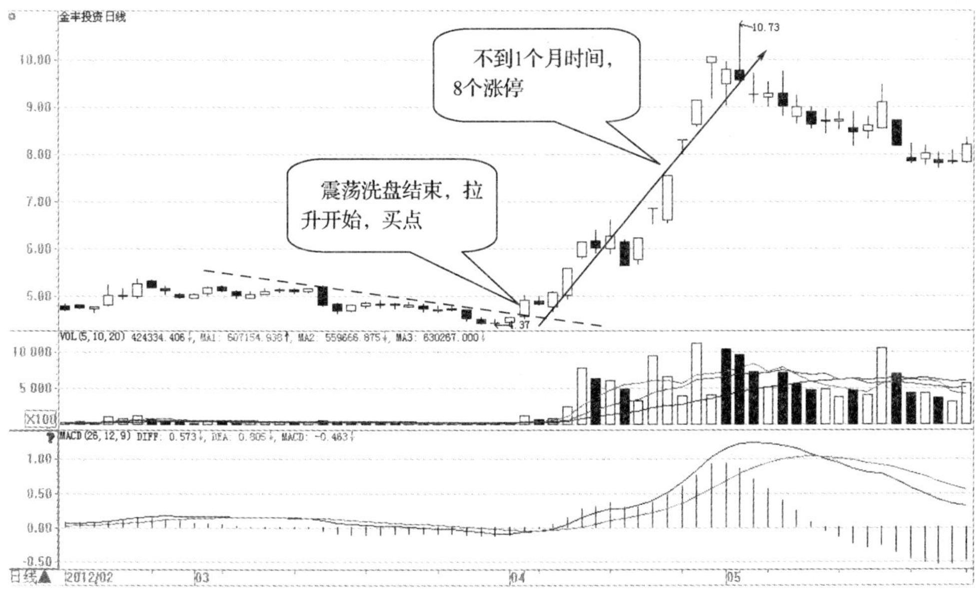

图 6—3　金丰投资日 K 线

如图 6—4 所示是浙江东日（600113）在 2012 年 4 月份的连续大涨走势。该股虽然连续涨停，但是在 K 线上屡屡出现下影线，尤其是 4 月 17 日和 4 月 19 日出现放量

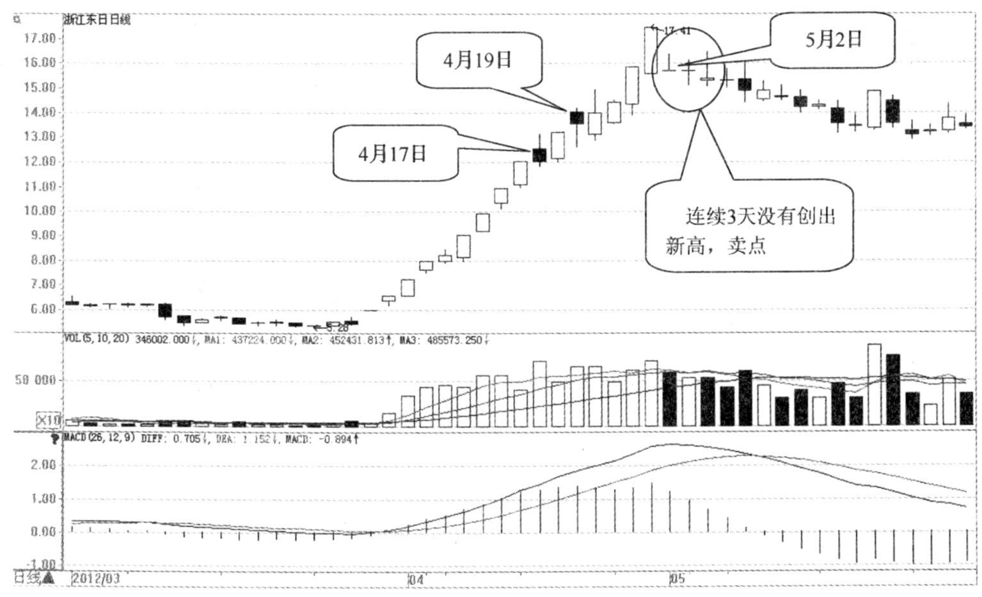

图 6—4　浙江东日日 K 线

高位阴线。这些都说明每日盘中的震荡还是比较剧烈的。但是如果投资者根据“三日原则”的话，这些都不是卖点。

5 月 2 日之后，该股连续三天均没有能够再创新高，“三日原则”的卖点出现，投资者宜择机卖出。虽然此时股价已经有了一定幅度的回落，不过从整体来看，卖出位置仍在本波逼空式拉升的顶部位置。

6.2 震荡式拉升

6.2.1 震荡式拉升的走势特征

当运作个股基本面缺乏重大题材，或者担心监管部门的监管力度，又或者资金不够充裕或实力较差时，庄家多采用震荡式的拉升手法。

震荡式拉升中，庄家主要采取低吸高抛的方法，在走势上经常表现为低点和高点逐步上移，出现比较有规律的宽幅上升通道。庄家可以在这个上升通道的下轨进行低吸，在上升通道的上轨进行高抛，因此，股价会呈现出震荡上涨走势或者向上倾斜的平行箱体。

这种拉升手法，庄家既可以通过这种反反复复地低吸高抛，博取丰厚的波段利润，又可以回避来自管理层的监管压力（总体升幅不大，不会树大招风），还节约了资金成本，可谓“一石三鸟”。

如图6—5所示，2012年3月到6月，尔康制药（300267）的庄家将股价持续向上拉升。在3个多月的时间里，该股在一个宽幅上升通道内逐步上移，属典型的震荡式拉升。

最终，在反复震荡过程中，庄家不仅通过高抛低吸获取了波段收益，同时还洗出了前期获利盘。

如果在震荡式拉升的过程中，当股价的波动幅度越来越小，形成向上倾斜的收敛形态，如三角形形态、楔形形态，而且在股价波幅逐渐收窄的同时，成交量也呈现缩减态势时，就表明股价走势即将发生变化，庄家正在酝酿一轮新行情。投资者要预先做好准备。

如图6—6所示，与尔康制药类似，2012年3月到6月，复星医药（600196）在一个楔形通道内震荡向上，表明庄家正在不断地震荡拉升。在这个过程中，每次股价上涨时，最大成交量都小于前次上涨，股价的波动幅度也越来越小。

7月2日，股价向上突破楔形通道的上边线，走势出现加速上升态势。买入的投资者将获利巨大。

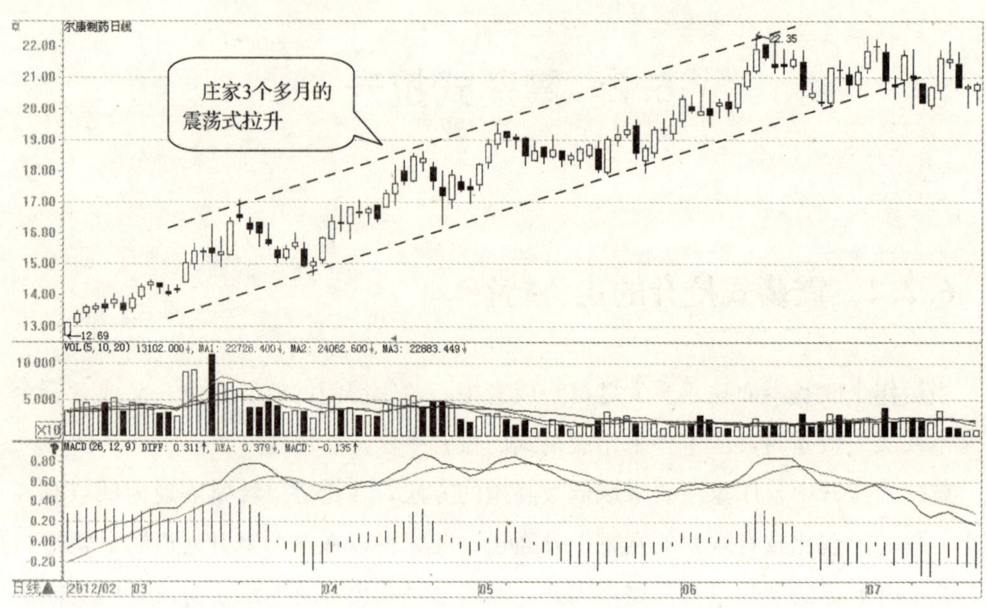

图 6—5　尔康制药日 K 线

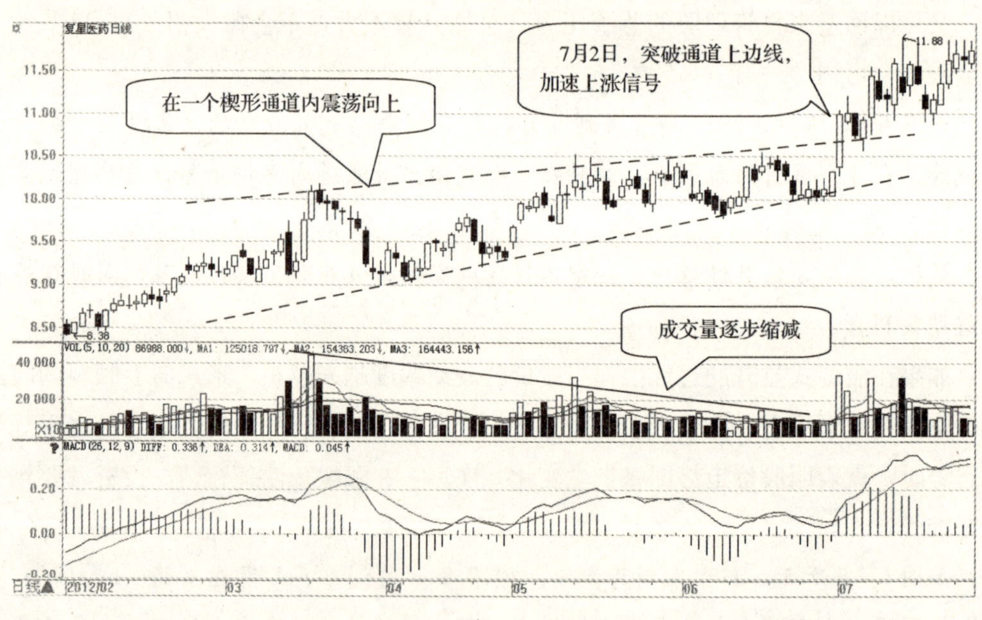

图 6—6　复星医药日 K 线

有时股价在运行到高位时，会出现向下跌破上升通道下边线的情况，意味着本次上升阶段宣告结束，股价进入了一个调整周期。

如图 6—7 所示，从 2009 年 9 月到 2010 年 1 月，中海发展（600026）在一个上升通道内持续上涨，同时成交量也逐步放大。

2010 年 1 月 26 日，股价向下跌破上升通道下边线，它意味着本次上升结束。之后，该股在 60 日均线下方附近持续震荡。

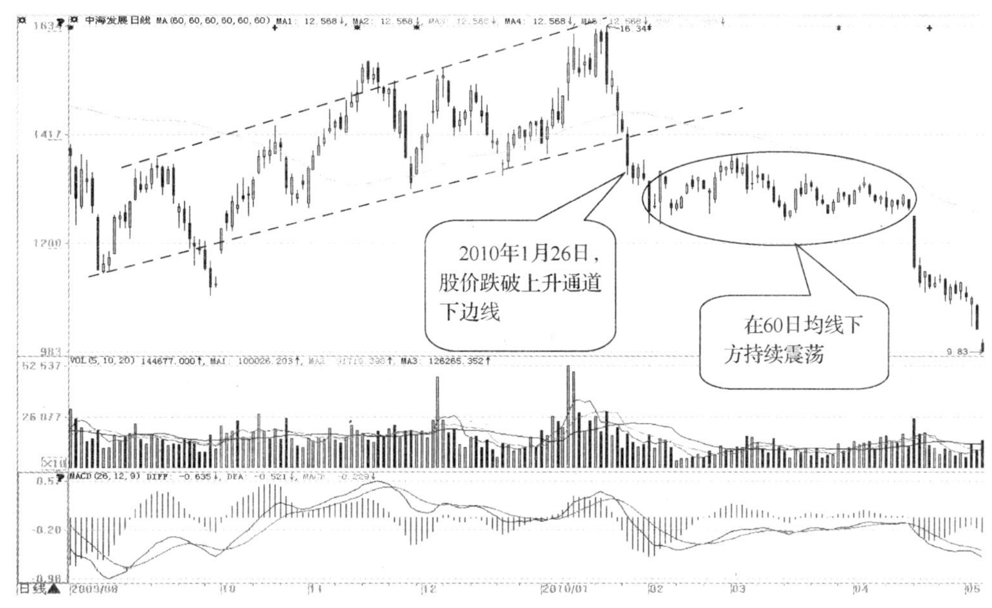

图 6—7　中海发展日 K 线

6.2.2　震荡式拉升的买卖点

投资者如果发现个股出现通道内震荡拉升的走势，此时可以有两种选择：持股不动和高抛低吸。

对于波段操作水平较高、擅长短线交易的投资者而言，在通道下轨处买入，在通道上轨处卖出，利用部分仓位进行滚动操作，从而获取波段收益。

对于那些不太善于波段交易的中长线投资者而言，最佳选择莫过于持股不动，以防由于交易失误，“低吸高抛”作成了“高吸低抛”，反而增加了持股成本。

不论采用以上哪种交易策略，都应该将通道的下轨作为止盈位或者止损位。当然，有经验的投资者可以通过成交量、技术指标等把握更好的卖点，但是，一定要将下轨作为最后的离场点。

如图 6—8 所示，与中海发展类似，从 2009 年 9 月到 2010 年 4 月，宁波富邦

(600768) 在一个上升通道震荡上行。在这个过程中，擅长波段操作的投资者可以不断地高抛低吸；趋势型投资者可以采取持股不动的策略。4 月 27 日，股价向下跳空低开，跌破上升通道，持股的投资者要注意立即卖出离场。

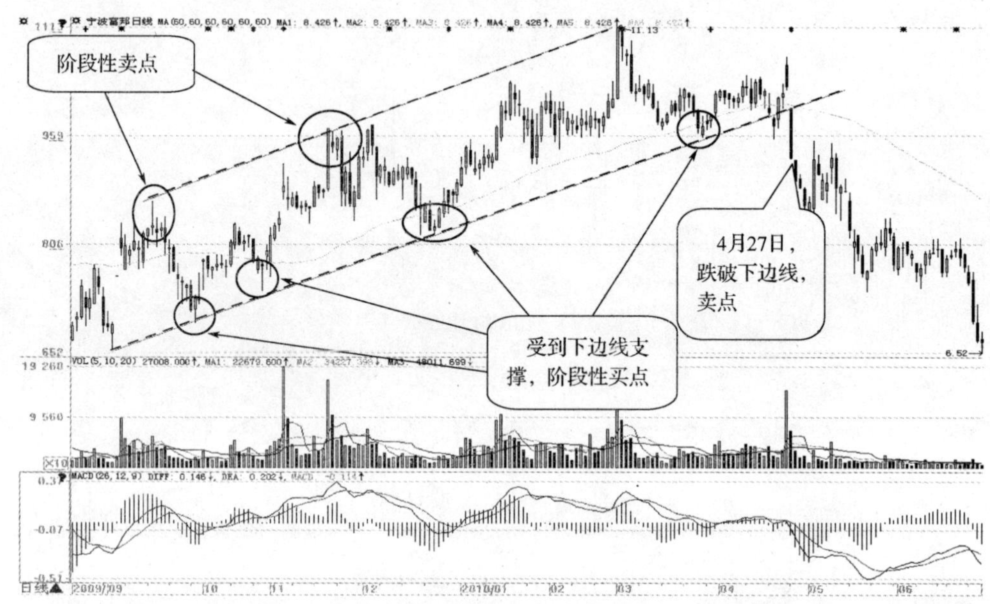

图 6—8　宁波富邦日 K 线

6.3 慢牛式拉升

6.3.1 慢牛式拉升的走势特征

在部分个股的走势图上，有时小阴小阳线会交错出现，股价好似慢牛爬坡一样的走势，其表现形式为，股价沿着某条中短期移动平均线缓慢上行，比如5日、10日或者20日均线，股价的波动幅度较小。随着股价的逐步上涨，成交量也在缓慢增加。

股价出现这种走势的阶段，一般都是主力最后建仓或增仓的阶段，也就是推高建仓阶段。此时主力在低位区已经买入不少的筹码，继续在低价位很难再收集到筹码。因此，主力开始一边推升股价，一边继续增仓，这样既不用把股价涨得太高，同时还能较为隐蔽地完成拉升和建仓任务。

慢牛拉升的走势形态，与边拉边洗的走势形态基本类似。当出现这种走势时，说明主力对于该股的后市非常看好，出现这种走势的股票后期涨幅均比较可观。

如图6—9所示，从2010年7月中旬到8月下旬，西藏城投（600773）以小阴小阳线的形式缓缓上升。这是较为明显的慢牛式拉升行情。到9月份，庄家开始加速拉升，股价一飞冲天。

6.3.2 慢牛式拉升的买卖点

如果投资者发现这种从低位回升后，出现慢牛走势的个股，可以在5日或者10日均线附近介入。在大势向好的情况下，投资者可以一直持股，不要理会中间的打压洗盘。

慢牛式拉升之后，往往有一个快速拉高过程。因此，对于投资者来说，应该等这个快速拉升走势出现后再寻机卖出，尤其当股价在高位放出巨量的时候，更要注意把握卖出机会。

如图6—10所示，2012年4月至6月，银基发展（000511）出现慢牛式拉升走

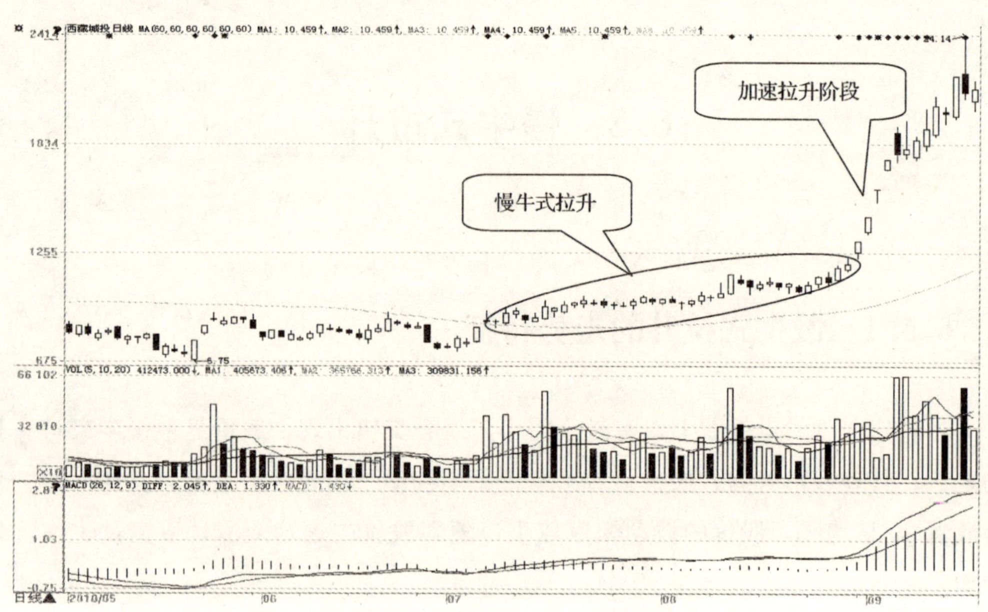

图 6—9　西藏城投日 K 线

势，投资者可以伺机买入。从 6 月中旬开始，股价快速拉升。6 月 15 日至 19 日，股价在高位出现“黄昏星”的看跌形态，投资者可以适当卖出。之后，股价在相对高位缓缓震荡，无法再创新高，投资者可以继续卖出。

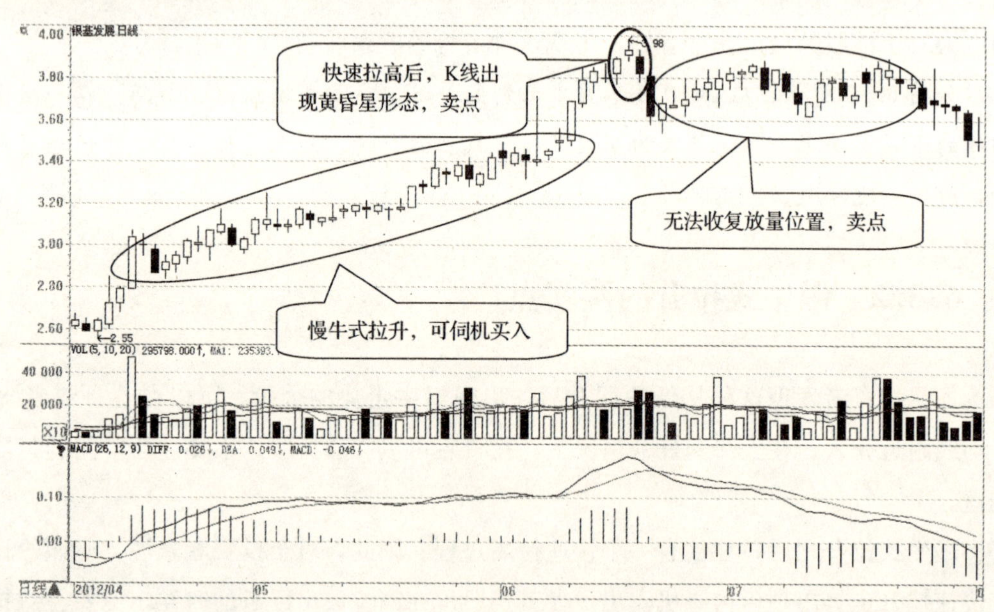

图 6—10　银基发展日 K 线

第 7 章

庄家出货

出货是庄家整个运作过程中最重要的一环。出货成功与否直接关系到此次坐庄的利润和成败。庄家在出货时会利用各种手段在市场上营造多头氛围，吸引买盘，一旦投资者大量买入股票，庄家会顺势出脱手中持股。

本章介绍四种庄家常用的出货方法，即打压出货、震荡出货、反弹出货和拉高出货。

7.1 打压出货

打压出货方式，一般出现在股市已经开始走弱的时候，此时市场人气不足，投资者信心受到打击，追涨热情不高，反而是逢高卖出的想法比较普遍。此时庄家无法通过震荡的方式卖出股票。

有时，由于庄股的涨幅非常高，投资者普遍有恐高心理。此时庄家无法采用拉高出货，或者高位震荡出货的手法出脱手中筹码，只有不断地打压股价，向下寻找逢低买盘来出货，结果是股价随着庄家的出货步步走低。

7.1.1 打压出货的走势特征

采用打压出货的个股，往往是一些长期走牛、涨幅巨大的股票或者老庄股，庄家连续打压，利用投资者抢反弹的心理来达到出货目的。由于这类股票前期的涨幅比较大，因此，即使在下跌中出货，庄家仍然获利丰厚。

操作上，投资者对于打压出货的庄股坚决不能染指，已经被套的投资者即使割肉也要止损退出。因为采用这种方式被打压的股票，其走势险恶，庄家往往已经卖出了一大部分的筹码，此时不惜股价下跌，打压股价，是为了将剩余筹码出清。经过这样的放量下跌后，股价很难出现像样的反弹，打压后的走势将会不断走弱。

打压出货，在K线走势上会呈现以下特征。

特征1：连续下跌

在打压的过程中，由于庄家要将筹码出清，因此，卖盘往往较大，股价常走出单边持续下跌的走势。

特征2：下跌时成交量放大

下跌时成交量放大是由大量的抛盘造成的。庄家在出货的末期，不惜股价下跌，将剩余筹码全部出清，因此，K 线上会出现放量下跌的形态。

特征 3：后市持续走弱

连续下跌之后，很少出现像样的反弹，股价走势大多以横盘方式出现。即使出现反弹，因庄家已经离场，散户的意见不能统一，其反弹高度往往较低。

如图 7—1 所示，2010 年 2 月至 4 月，伴随着上证指数在 3 000 点以上的整理，上海电力（600021）也一直保持高位震荡。至 2010 年 4 月 19 日，上证指数开始下跌，该股的庄家为了顺利出货，只有选择向下打压。

2010 年 4 月 19 日，上海电力放量下跌，随后的 2 个月里，几乎是不停顿的连续下跌，可以看到，该股每个交易日的下跌幅度大，下跌势头迅猛。在 2010 年 2 月至 4 月，“逢低入场”的抄底资金、抢反弹的资金基本被套。

直至 2010 年 7 月，下跌才宣告结束，该股进入了低位整理的走势中。

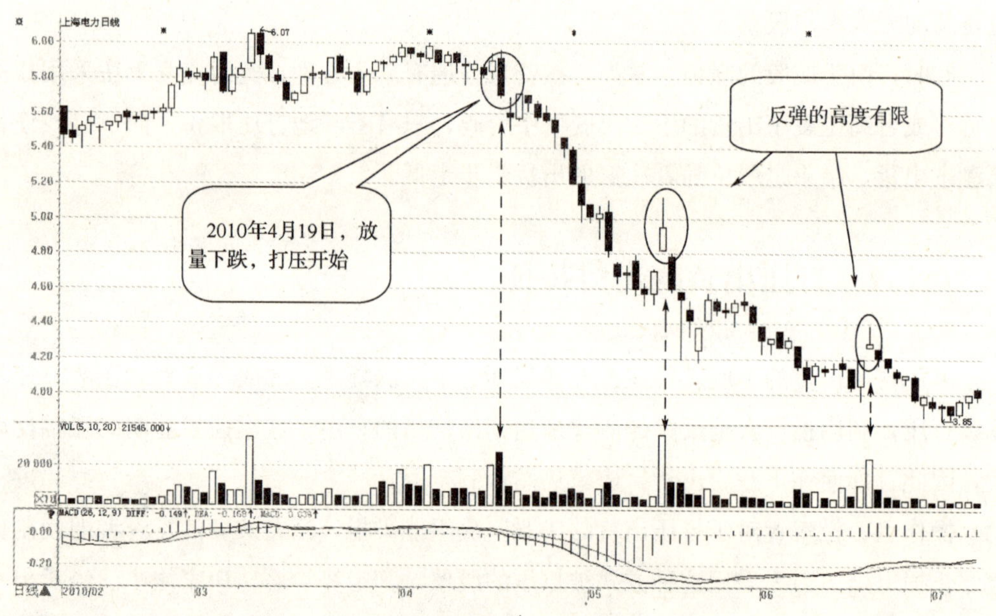

图 7—1　上海电力日 K 线

如图 7—2 所示，早在 2006 年，＊ST 盛润 A（000030）就开始缓慢上涨，至 2011 年的 4 年间，该股持续上涨，形成了长牛股走势。2011 年 8 月 10 日，该股开始以连续涨停的形式爆发式上涨。至 2011 年 9 月 21 日，该股连续走出中国股市罕见的 18 个涨停。至此，庄家完成对该股的全程拉升。

然而因股价较高，没有办法大量出货，庄家随即采取了极端连续跌停的打压出货方法。从2011年9月26日开始，该股连续7个交易日走出跌停，进入了庄家的出货区间。从图中可以看到，因前期的爆发式上涨，投资者的情绪已经被充分调动，所以到了12元至16元这个区间，投资者纷纷入场抄底，想分一杯羹。而此时，伴随着巨大的成交量，庄家则顺利完成了出货。

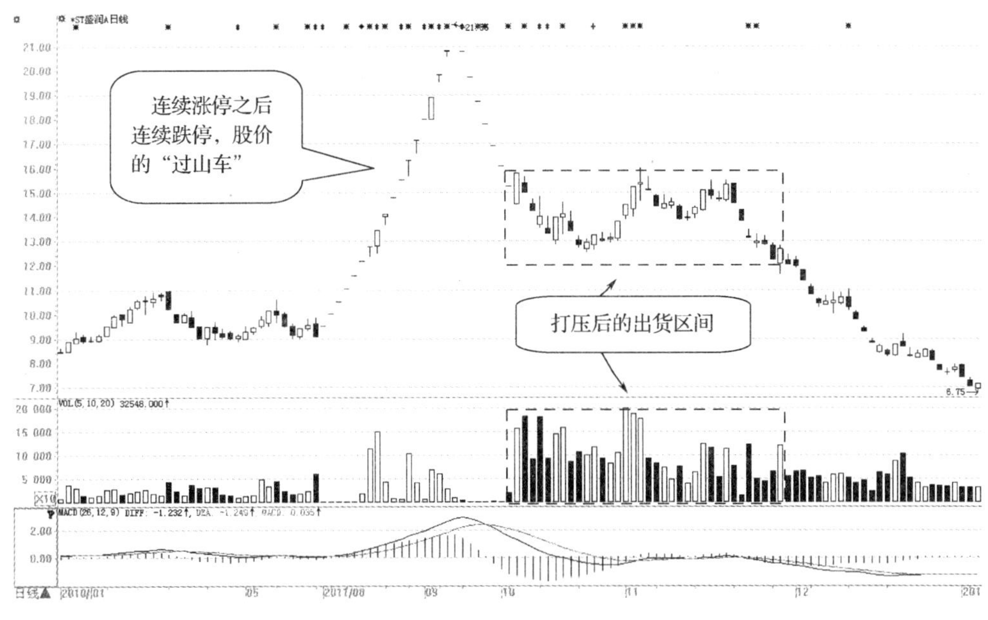

图7—2 ＊ST盛润A日K线

7.1.2 打压出货的卖点

打压出货的方式，表明庄家出货非常坚决，哪怕减少利润也要出清。这往往是因为大盘或个股出现重大利空，后市将走弱。投资者如果发现手中股票出现类似的打压出货走势，应立即卖出。

空仓投资者看到这种走势，不要贪图股价便宜，轻易入场抄底或者抢反弹，因为打压出货这种下跌走势比较凶猛，提前抄底或者抢反弹很容易套牢，容易成为庄家出货的帮手。

图7—3所示为＊ST四环（000605）的日K线图。2010年4月初至5月中旬，该股在高位进行整理后，遭到持续打压。期间，该股股价从最高15.2元直线下跌至9.8元，并再次进入了弱势整理走势中。

投资者要想区分回调与庄家出货，及时在庄家打压出货前卖出股票需要具有清晰的分析能力和过硬的心理素质。

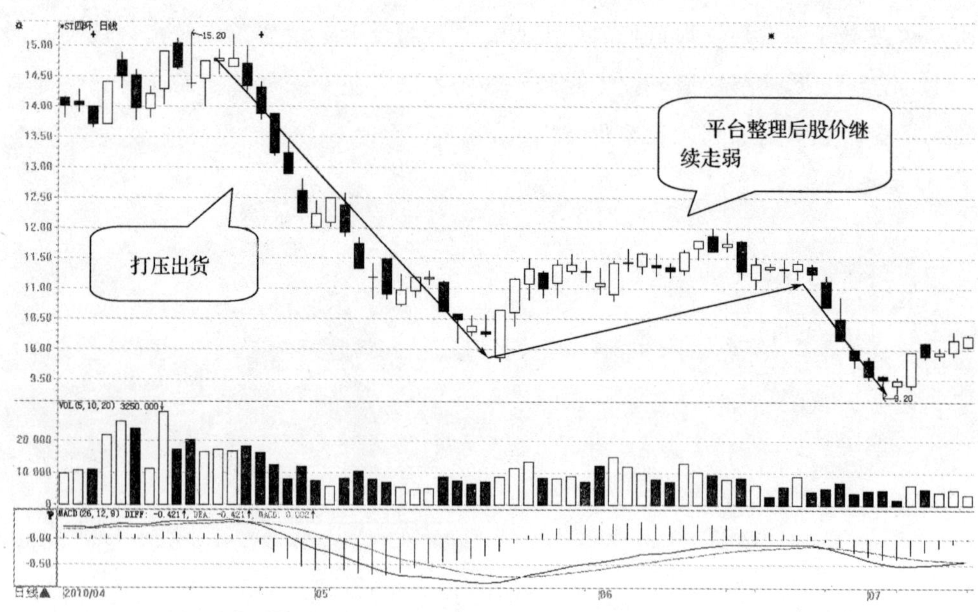

图 7—3　＊ST 四环日 K 线 1

从更长的时间来看，2009 年 10 月至 2010 年 5 月，＊ST 四环一直处于震荡上行的走势中，如图 7—4 所示。将每次震荡的低点连线，可以得到＊ST 四环的上升

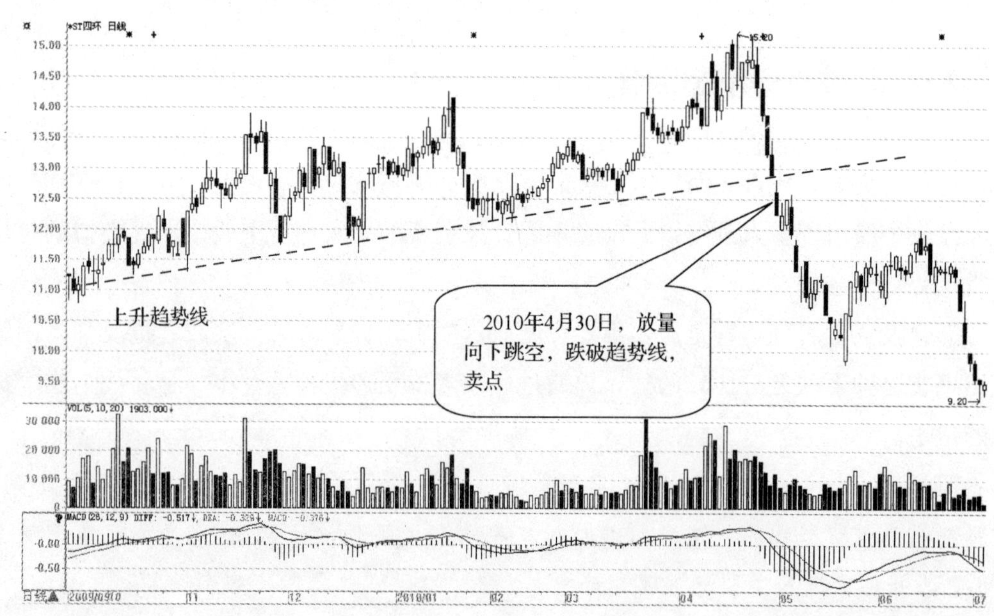

图 7—4　＊ST 四环日 K 线 2

趋势线。2010 年 4 月 30 日，股价出现明显的破位，跳空跌破上升趋势线，且成交量巨大。由此可以判断，与之前的回调不同，此次庄家是采取了打压出货的方式，不计价格的抛售股票。若未能在股价最高点附近卖出，投资者应尽快在此时抛出手中的股票。

7.2 震荡出货

震荡出货是庄家使用比较广泛的一种出货方式，当庄家持仓量比较大，出货时间比较充裕时，都会采用这种方式。

7.2.1 震荡出货的走势特征

震荡出货的一般表现形式是股价经过大幅拉升，到达庄家目标价位后，在庄家的控制下，开始构筑一个大的震荡区域，股价的震荡幅度一般至少在10%以上。在这个震荡区域内，股价上涨时庄家顺势出货，而股价下跌至某个价位时庄家则开始护盘，不让股价出现破位走势，以免惊动其他投资者。在这个过程中，庄家完成高卖低买、卖远远多于买的出货行为。

庄家采用这种出货手法，一般选择大盘指数还没有真正到达顶点时，此时的大盘仍有上升空间，投资者基本上都看好后市，庄家可以顺利地在震荡中出脱手中大部分筹码。投资者如发现股价经过大幅度上涨后，在某个区间长期地大幅震荡，迟迟不向上拓展空间，则应考虑庄家是否在震荡出货。

如图7—5所示，2009年7月到2010年4月，湖北金环（000615）股价在8.5元至14.5元间展开了大幅度震荡走势，持续时间长达近10个月。可以看到，该股在震荡过程中，形成了开口逐渐收紧的楔形震荡区间，股价波动幅度逐渐减小，成交量在每一波的震荡中也逐渐减小。这是震荡出货的一种典型形态，此形态中，庄家利用震荡区间逐步低买高卖，大量抛售筹码。至楔形尾端时，庄家已经基本出货完成，只需将剩余筹码全部抛售出去即可。庄家最后的抛售带动股价大跌，脱离楔形整理区间，且后市走弱。

如图7—6所示，2010年10月到2011年4月，石油济柴（000617）在高位展开了震荡走势。股价在16元至26元间波动，持续时间长达近10个月。可以看到，该股的震荡过程，形成向上倾斜的平行四边形区间，股价在平行四边形区间内震荡，成交量也随每一波震荡波动。这是另一种震荡出货的形态，此形态中，庄家利用震荡区间逐步低买高卖，主要是在高位抛售筹码。至平行四边形区间尾端时，庄家已经基本出货完成，将剩余筹码全部抛售出，造成股价大跌。

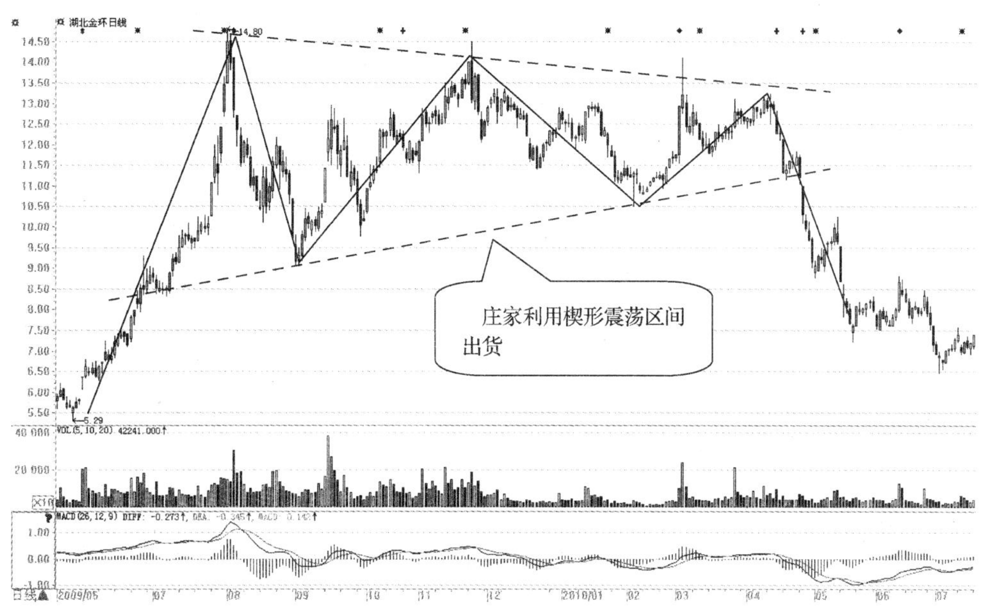

图 7—5 湖北金环日 K 线

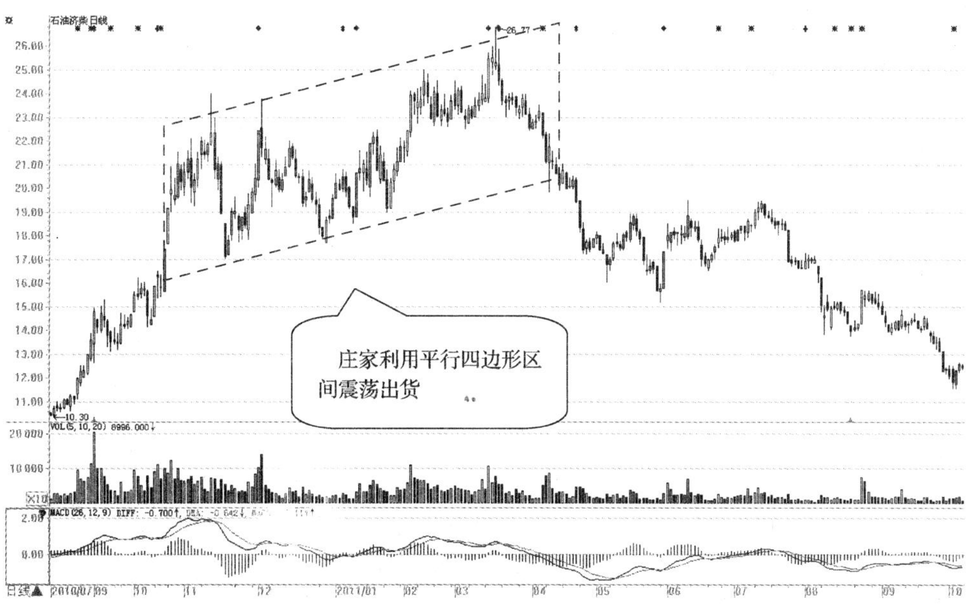

图 7—6 石油济柴日 K 线

7.2.2 震荡出货的卖点

震荡出货具有很强的欺骗性，非常难以分辨清楚。当庄家进行震荡出货时，很容易被投资者误以为是震荡洗盘。股价一次又一次的下跌又回升，反复的大幅震荡，看似机会很多，实际上却是庄家制造的陷阱。

对于普通投资者而言，庄家震荡出货也有一个有利之处，就是股价在顶部运行时间长，投资者可以有充裕的时间进行分析判断。如果投资者判断准确，那么每一个震荡的高点，都将构成合适的卖出时机。

投资者应对震荡出货的策略有以下两个。

1. 观察股价重心变化，尤其是放量之后

如果在震荡过程中，股价重心一直没有明显上移。尤其是放量之后，股价重心无法站在放量区域上方，那么庄家有可能在逐步出货，此时投资者也应逢高逐步减仓。

2. 当长时间形成的股价形态出现破位时，必须卖出

股价用了较长时间形成的走势形态，一旦向下破位，往往预示着股价见顶反转，此时投资者必须把握卖出机会。

图7—7所示是模塑科技（000700）的K线走势图。2011年1月至5月，该股涨至9.5元高位后，开始在顶部震荡，形成了圆弧顶形态，且成交量逐渐萎缩。可以判断，庄家是在利用震荡区间逐步低买高卖，抛售筹码。投资者见此形态，应在每一波震荡的高点卖出股票。2011年4月26日，该股向下跳空，圆弧顶形态破位，后市看跌。如果未能及时卖出股票，则投资者应在此时全部抛出。

图7—8所示是桂冠电力（600236）的顶部K线走势图。2011年1月开始，该股强势上涨。3月至5月，该股涨至6～7元高位后，开始在顶部震荡，形成了M头形态，成交量在M头的两个高点达到最大。此价位区间已经达到庄家的预期出货价格区间，庄家是在此震荡区间抛售筹码，而第二波拉升创出新高，则可以有效吸引跟风盘入场，方便庄家出货。投资者见此形态，应在每一波震荡的高点卖出股票。2011年5月26日，该股向下跌破颈线；2011年6月3日，该股回调至颈线处遇阻向下，再次证明M头形态走完，顶部形成，后市看跌。如果未能及时卖出股票，则投资者应在破位或回调遇阻时全部抛出该股。

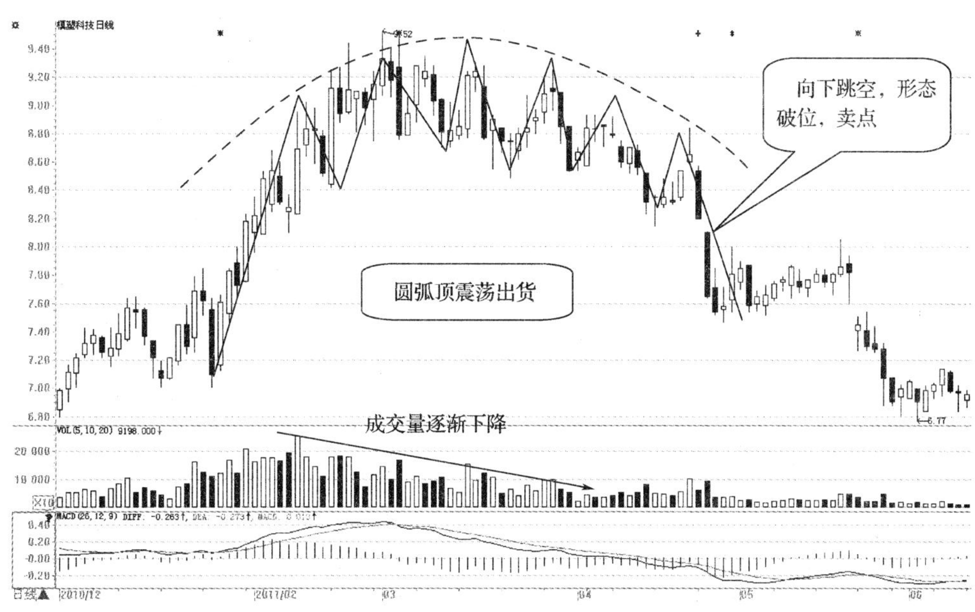

图 7—7　模塑科技日 K 线

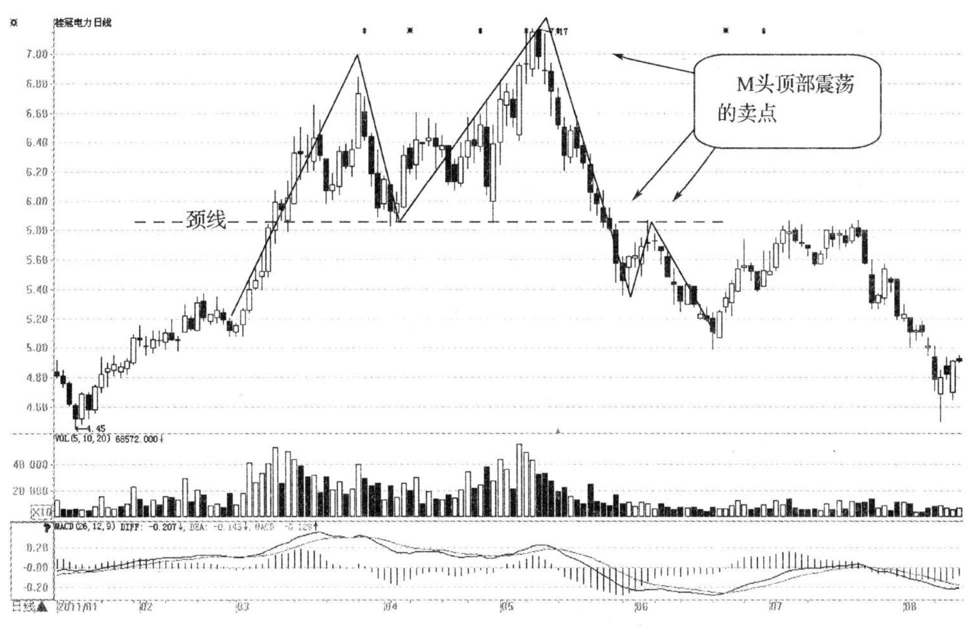

图 7—8　桂冠电力日 K 线

7.3 反弹出货

由于大势的变化往往出人意料，有时庄家也会对行情判断失误，或者出现某些无法预料的巨大利空，使得庄家在高位没有及时出货。

遇到这种情况，很多庄家会选择顺势而为，让股价大幅度下跌，待跌至某个低位后，借助大盘反弹，通过对敲等手段推动股价放量上涨。此时很多投资者会认为股价已经跌了这么多，现在底部开始放量，明显是庄家开始进场。于是大家也开始纷纷买入，这些试图抄底的资金，再加上抢反弹的短线资金，就成为庄家的出货目标。

利用大跌后的反弹出货，虽然卖出价位相对于顶部价位低了不少，但是对于庄家巨大的获利幅度来说完全可以接受。最重要的是，庄家可以借机出掉手中筹码，回避日后更大幅度的下跌，这才是主要目的。

7.3.1 反弹出货的走势特征

利用反弹出货的庄家运作的股票有一个共同点，就是在顶部和下跌过程中，没有明显的放量过程。也就是说，庄家在顶部并没有顺利出局，只能利用反弹来出货。在走势上，反弹出货具有以下特征。

特征 1：反弹出货通常出现在大盘持续走弱的过程中。当大盘持续走弱，而庄家并没有顺利出局的情况下，反弹往往被用来吸引筹码，庄家借此完成出货。

特征 2：在顶部和下跌过程中，通常没有明显的放量过程，只有在反弹时个股成交量较大。

特征 3：随着反弹的进行，成交量逐渐放大。反弹至高点后股价开始持续下跌，成交量逐渐减小。

特征 4：反弹过后，股价整体上将延续弱势的下跌走势。

如图 7—9 所示，2011 年 3 月至 10 月，伴随着上证指数的走弱，经过前期一波猛涨的高鸿股份（000851）也进入下跌走势中。该股在下跌过程中成交量始终不大。顶部没有放量，再加上这种无量下跌，说明庄家出货并不顺利。

2011年5月13日，该股突然放量走出涨停，且在接下来的交易日跳空高开，再次放出巨量。综合分析来看，这是庄家推升股价制造的见底迹象。庄家突然将股价拉至涨停，并在随后几个交易日中震荡上行，很多投资者认为股价跌幅已经很大，看到底部放量认为庄家已经入场，因此纷纷买入。而庄家则趁机在震荡中集中出货。

庄家出货后，股价很快大幅下跌，并在随后的回升中无法收复前期放量位置，进一步说明庄家出货完毕。此后该股一路下跌。

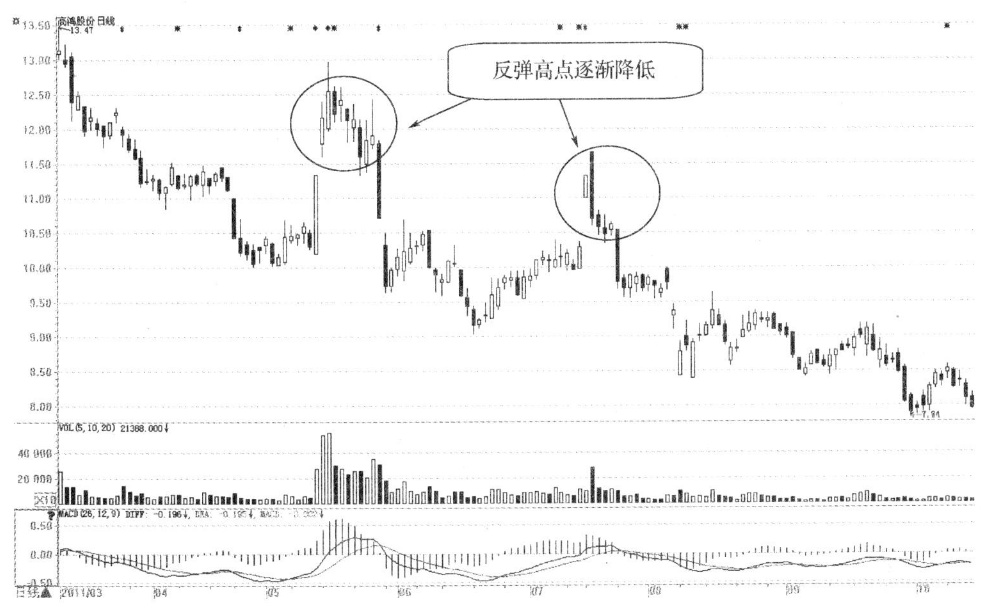

图7—9　高鸿股份日K线

如图7—10所示，2011年3月至8月，上海贝岭（600171）走出一波下跌行情。该股在下跌过程中出现了3次明显的反弹，反弹时成交量放大，且每次反弹到达高点后股价加速放量下跌。这种整体下跌，反弹时活跃的走势，往往是庄家在利用反弹出货。

庄家突然将股价拉升，并在随后几个交易日中让K线走出多根阳线排列的形态，很多投资者认为股价跌幅已经很大，看到底部放量认为将有一波较大的上涨走势，因此纷纷买入。而庄家则趁机在震荡中集中出货。

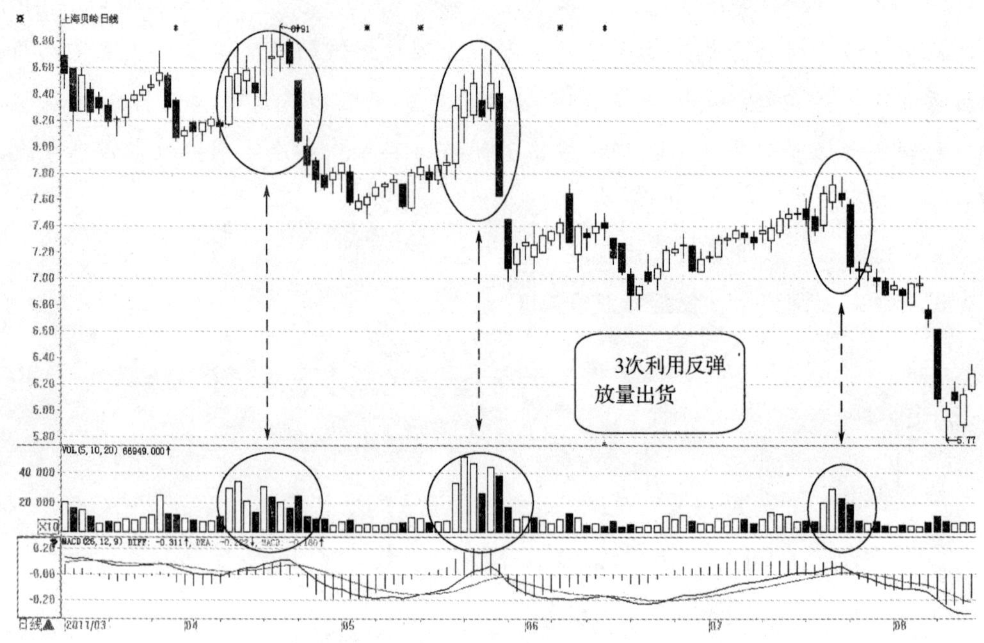

图 7—10 上海贝岭日 K 线

7.3.2 反弹出货的卖点

熊市中的反弹，尤其是第一波反弹行情肯定杀伤力最大。相当多的投资者，由于无法克制抄底的欲望和抢反弹的冲动，往往被庄家套在半山腰上。

要想避免落入庄家的反弹出货陷阱，投资者需要做到以下两点。

1. 戒躁戒贪

当市场在大幅下跌后开始回升时，不要急于入场，应先看看行情的持续力度如何。如果真是大行情，晚一点入场也不会少挣多少。

2. 不看跌幅，看走势强弱

投资者应注意，不要单纯依靠价位高低和涨跌幅大小来决定交易，“熊市不言底”，股价低了还有更低。应该多关注走势的强弱程度，当成交量放大之后，如果后续走势转弱，那么基本可以判断是庄家在借反弹出货。

实际操作中，投资者可以把握两类卖点。

卖点一：反弹顶部高点

如果股价反弹时成交量放大明显，上涨势头强劲，则其持续时间往往较短。庄家会在反弹至高点附近大量出货，因此，反弹高点处往往成交量较大。投资者可以依据成交量的变化掌握反弹时的卖点。

卖点二：放量后走弱时

股价在大幅下跌后开始回升，当成交量放大后，股价不能很快向上继续拓展空间，而是开始逐渐走弱，此时投资者注意进行减仓操作。

如图 7—11 所示，2011 年 4 月至 10 月，攀钢钒钛（000629）走出一波下跌行情。7 月初，该股在下跌过程中出现了反弹走势，反弹时成交量逐渐放大。

7 月 15 日，该股放巨量涨停，很多投资者看到股价涨停，认为将有一波持续上涨，因此纷纷挂单排队，等待买入。而庄家则趁机在震荡中集中出货。

7 月 20 日，股价小幅回落，成交量稍有下降。此后，成交量回落，该股再次步入下跌走势中。当投资者于 7 月 20 日看到反弹中成交量开始变小时，应引起警惕，卖出股票。

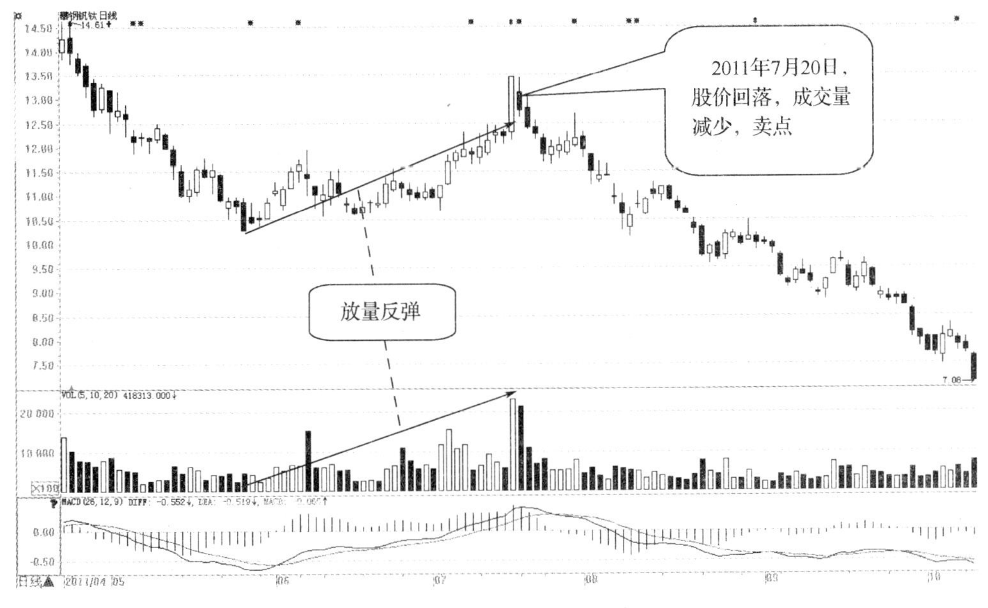

图 7—11　攀钢钒钛日 K 线

如图 7—12 所示，2011 年 3 月至 9 月，大唐电信（600198）走出一段下跌行情。2011 年 5 月，该股的下跌逐渐放缓，5 月 13 日，该股放巨量涨停，反弹确立。之后，该股在比涨停价稍高的价位整理，而成交量逐渐减小，在整体趋势向下的情况下，后市看跌。投资者应于 2011 年 5 月 13 日之后的整理区域及时卖出股票。

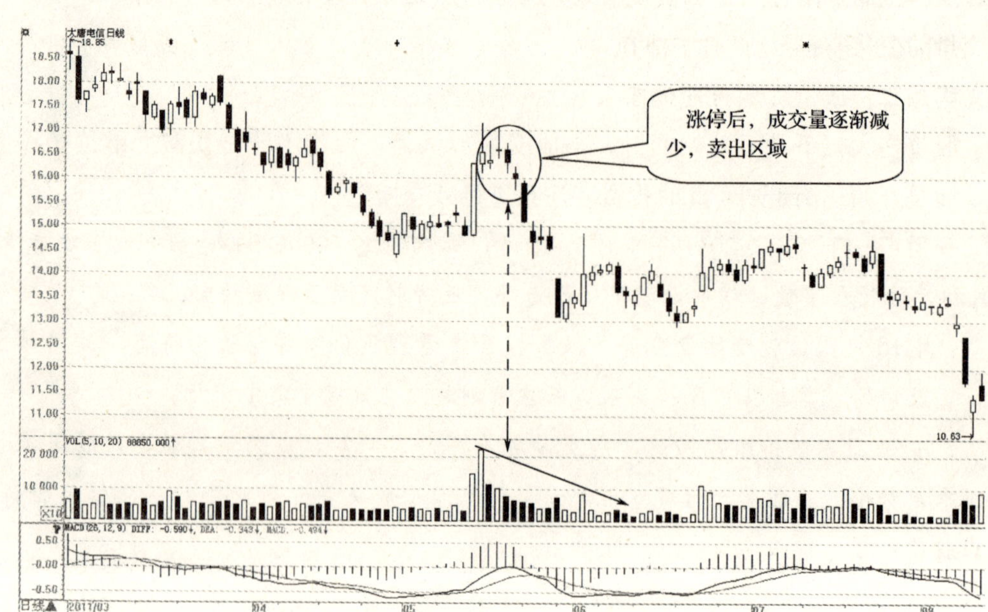

图 7—12　大唐电信日 K 线

如图 7—13 所示，2011 年 4 月至 9 月，国恒铁路（000594）走出一段下跌行情。2011 年 7 月 14 日，该股放量上涨，突破下降通道上轨，走出一波反弹。之后，该股

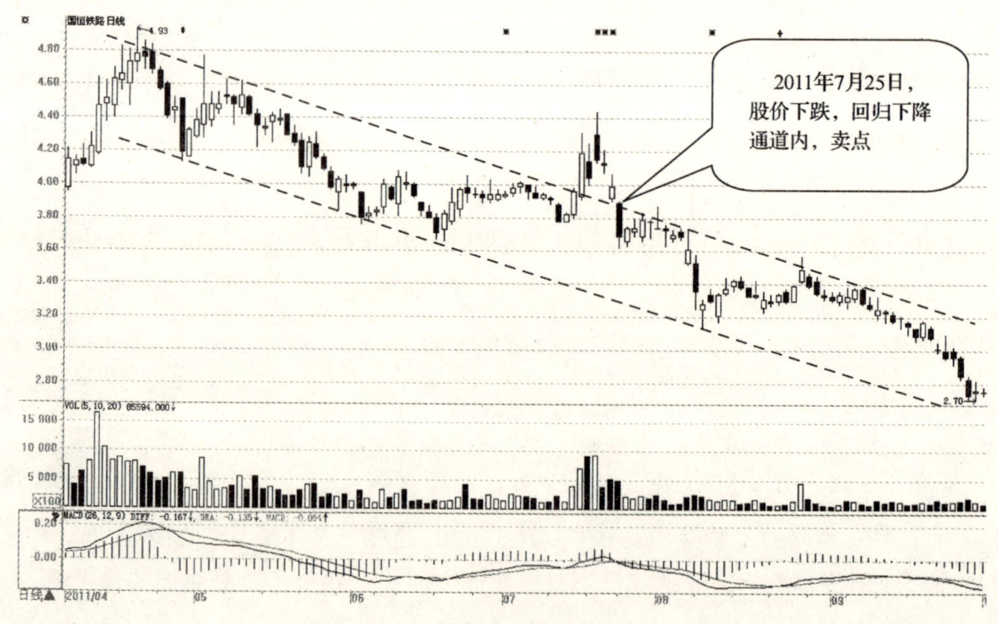

图 7—13　国恒铁路日 K 线

在高位连收2根中阴线，而成交量在放大后逐渐减小，整体趋势继续向下。

7月25日，该股跌回下降通道，且之后不能再次形成突破，说明该股延续下跌走势的概率大。未能抓住反弹高点的投资者应于7月25日股价跌破下降通道上轨时卖出股票。

7.4 拉高出货

拉高出货是指庄家大幅度拉高股价，吸引市场买盘入场，而庄家则借机大举出货。庄家一般选择以下时机进行拉高出货。

第一，大势火爆

当市场人气鼎沸，投资者普遍看好后市时，一旦大幅拉升股价，会吸引许多追涨买盘，是庄家拉高出货的绝佳时机。

第二，个股出现重大利好消息

这是庄家出货的惯用手段。当个股出现重大利好时，或者具备市场短期的热点概念时，庄家直接大幅拉升股价，引起市场投资者的普遍关注，不断上涨的走势非常容易激发短线投资者的参与热情，而庄家则充分利用这种热情，趁机集中出货。

7.4.1 拉高出货的走势特征

庄家出货之前的拉高需要动作快捷，以减少拉高的成本。在K线形态上，往往出现连续的大阳线甚至涨停形态。

我国的交易规则采取的是时间优先和价格优先的原则成交。当个股涨停时，在涨停板上的买单，将按照时间的顺序排队。一般来说，最初时处在前列的是庄家的巨量买单，排在后面的是中小投资者的跟风买盘。庄家需要出货时，采用明修栈道、暗度陈仓的方法，逐步将自己的买盘撤下，同时再将这些买单挂在跟风盘的后面。这样下来，涨停板上的买单数量没有变化，但是前后次序已经发生了根本变化。此时庄家一旦卖出，先成交的自然是中小投资者的跟风买盘。

图7—14所示为哈高科（600095）的拉高出货图。2012年3月至4月，哈高科展开了连续的拉升走势。4月24日和25日，该股因为业绩预增的利好消息，连续两个交易日涨停。

4月26日，哈高科虽然受到延时1小时开盘的限制，但开盘价仍然为涨停价格。开盘后，庄家开始大量出货，将跟风买盘一网打尽（当日的分时走势见图7—15）。午后庄家利用T+1制度“当天买当天不能卖”的规定，又一次开始拉高出货。全天放出上市以来的天量。

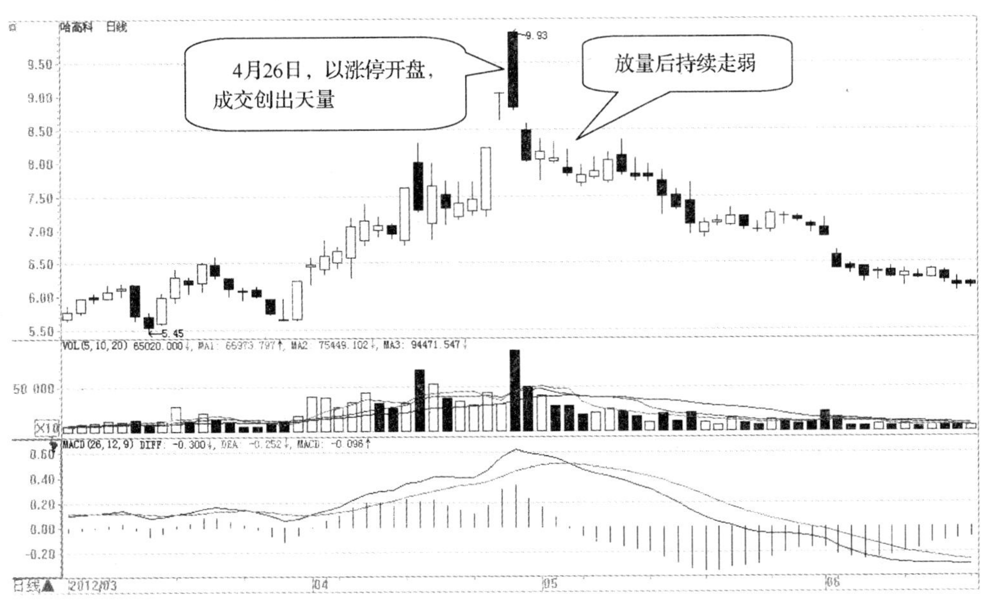

图 7—14 哈高科日 K 线

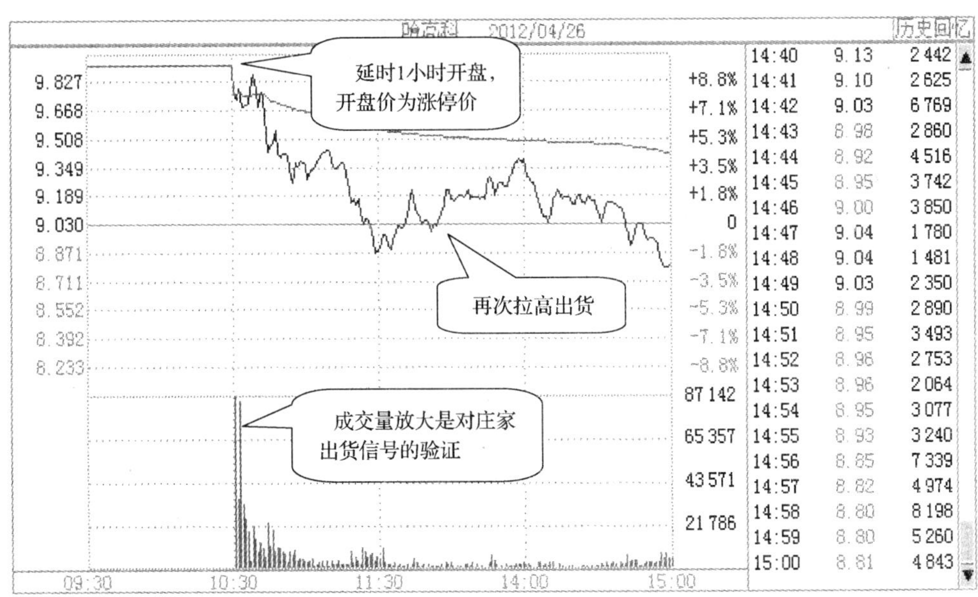

14:40	9.13	2 442
14:41	9.10	2 625
14:42	9.03	6 769
14:43	8.98	2 860
14:44	8.92	4 516
14:45	8.95	3 742
14:46	9.00	3 850
14:47	9.04	1 780
14:48	9.04	1 481
14:49	9.03	2 350
14:50	8.99	2 890
14:51	8.95	3 493
14:52	8.96	2 753
14:53	8.96	2 064
14:54	8.95	3 077
14:55	8.93	3 240
14:56	8.85	7 339
14:57	8.82	4 974
14:58	8.80	8 198
14:59	8.80	5 260
15:00	8.81	4 843

图 7—15 哈高科分时走势图

此次放量之后，该股持续走低，证明在涨停当天，庄家充分借助利好消息，在涨停板上大肆出货。

遇到反弹放量，换手率偏高的情况，稳健型投资者可以进行部分减仓，观察后续交易日的走势如何。如果股价开始走弱，则应离场观望。

如图7—16所示为美欣达（002034）在2011年7月份的拉高出货走势。此次拉高出货，可以看作是该股庄家在顶部震荡过程中的一次集中出货。

首先在4月至5月，该股股价持续放量上涨。当股价上涨到高位后，很快就遭到打压，形成快速下跌走势。此时庄家并没有在顶部大量出货。

进入7月后，经过此前两个月调整，该股股价再次被快速拉升，同时成交量大幅放大，甚至超过了前一轮上涨时的成交水平。不过此次上涨并没能创出新高，并且股价在短暂上涨后很快就逐渐走弱。这说明之前的快速上涨行情很可能是庄家为了出货的诱多操作。当这样的行情出现时，投资者应该注意逢高卖出股票。

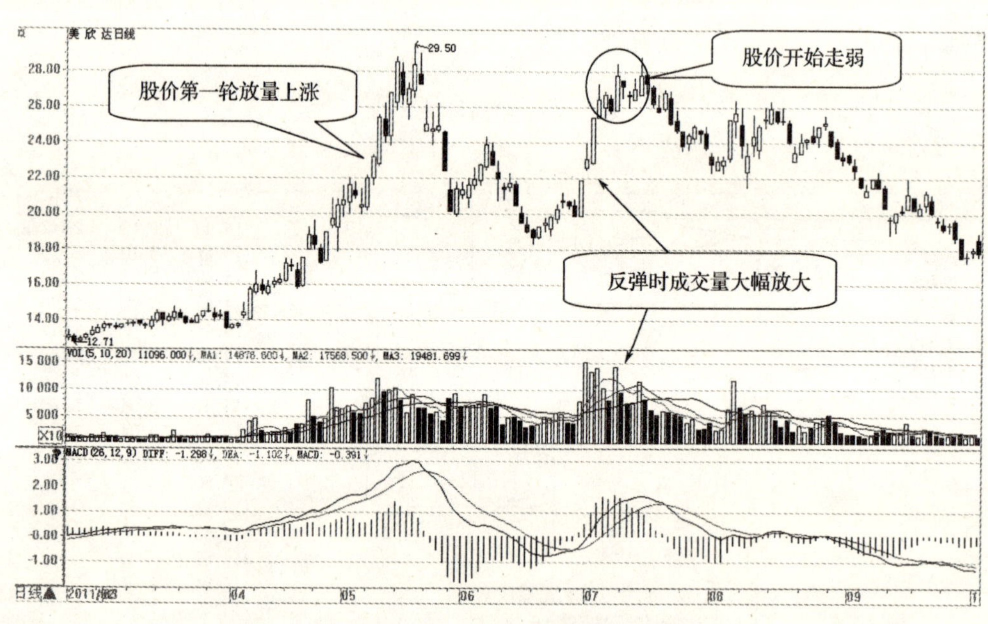

图7—16　美欣达日K线

7.4.2　拉高出货的卖点

对于投资者而言，在拉高出货中找到最优卖点的难度比较大，主要有以下两个原因。

第一，拉高出货在一两个交易日内结束，可供投资者分析判断的时间较短。

第二，有时庄家也会采用拉高后放量震荡的方式，进行强力的震仓洗盘，与拉高出货形态类似，有时难以区分。

拉高出货和震仓洗盘的最大区别，就在于后续走势的强弱上。

如果是震仓洗盘，庄家花费这么大的力气来洗盘或者建仓，肯定不会让散户低位再买回，因此，放量震荡过后，股价将保持强势，而且很快会开始拉升。

如果是拉高出货，庄家集中出货后，一般不会再费劲护盘，更不会将股价拉至更高位置来解放刚刚接盘的散户。因此，拉高出货后，股价走势将非常的疲弱。

因此，投资者可以将这个放量震荡区域作为判断出货和洗盘的重要标志。如果后市股价能保持在该区域之上，那么就是庄家在洗盘，投资者可以入场买入。如果不能保持在该区域之上，就说明庄家在出货，投资者注意及时离场。实际操作中，可以用趋势线、均线等指标作为判断标准。

如图 7—17 所示，2010 年 1 月至 4 月，惠天热电（000692）走出一波上涨走势。可以看到，该股在上涨过程中成交量不断放大，股价波动逐渐增大。

4 月 23 日，该股高开低走，股价创新高后 K 线走出一根长阴线，成交量巨大，

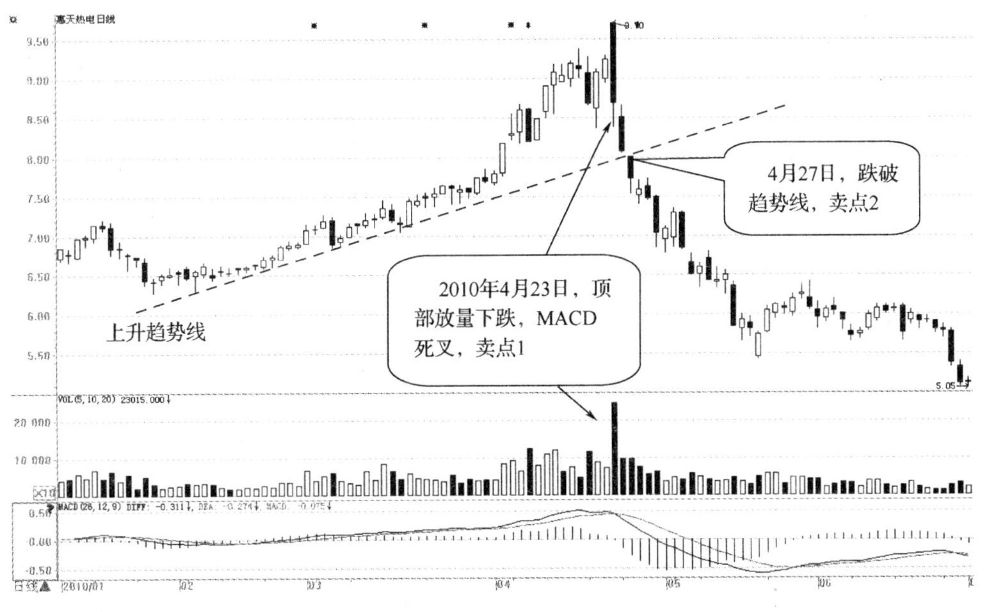

图 7—17　惠天热电日 K 线

且从技术角度，该股 MACD 指标走出死叉，后市看跌。经判断，此处庄家趁机在集中拉高出货的概率大。投资者应在此抛出该股。

4 月 27 日，该股连续第二个交易日跳空下跌，跌破上升趋势线。连续的放量下跌，是庄家资金正在出货的标志，且重要的趋势线不能支撑股价，由此验证了对庄家出货的判断。若未能在顶部卖出，投资者应在该股跌破趋势线时果断卖出。

第 8 章

看筹码分布指标跟庄

筹码分布是近年来逐渐出现和完善的一种技术分析工具，又称“流通股票持仓成本分布”，在炒股软件中，它反映的是在不同价位上投资者的持仓数量。

8.1 筹码分布

8.1.1 什么是筹码分布

筹码分布又可以称为成本分布，是指投资者持有的流通股票在不同成本上的分布数量或比例。

在大部分炒股软件中，筹码分布图位于K线图窗口的右侧，由上下两部分组成。上部分是紧密排列的水平柱状条，每根柱状条与左边的K线图价格坐标相互对应。柱状条的长度则表示在这个价位上建仓的股票数量占总流通股的百分比，如果近期的交易使得某个价位的筹码增加，那么相应地其他价位的筹码分布量必然会减少。下部分则是筹码分布的标注，它适时标注了筹码分布的日期、获利比例、平均成本，并且计算了一定价格区间的筹码集中度。

如图8—1所示为2011年7月18日秦川发展（000837）的筹码分布图。在该股

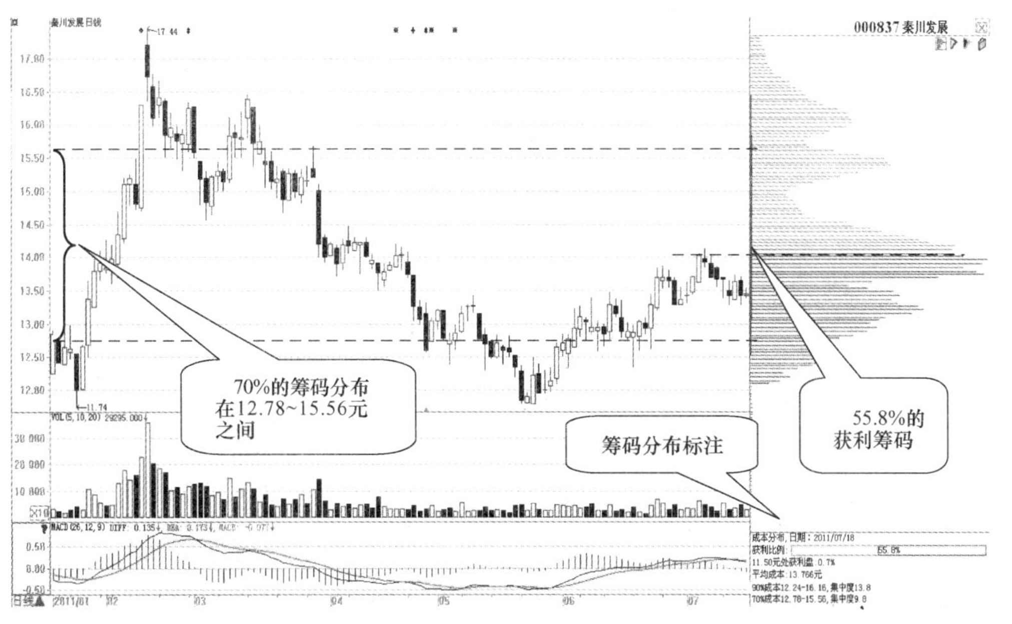

图8—1 秦川发展筹码分布

右边的筹码分布图中，上部分以水平柱状条的形式表示不同价位的筹码占总流通股的百分比，下部分是对筹码分布的标注。从图中可以看出，7 月 18 日，该股 70%的筹码（流通股）集中在 12.78～15.56 元的价格区间内。同时，当日该股收盘价为 13.89 元，收盘获利的筹码为 55.8%，表明当日有 55.8%的筹码成本低于 13.89 元。

在对筹码分布进行分析时，一般都是从它的形态入手的。筹码分布形态分为密集形态和发散形态。

当一只股票在某个价位上下停留较长时间，形成较大的成交量时，在筹码分布图上，投资者就可以清晰地看到一个高高鼓起的“山峰”。在这个狭窄的价格区间，几乎聚集了该股所有的筹码，而且该“山峰”的上下空间几乎没有筹码分布。这种类似“山峰”的筹码分布密集形态称为密集峰。

如图 8—2 所示，2012 年 3 月 9 日，强生控股（600662）的筹码主要分布在两个密集峰上。其中，第一个密集峰是围绕着 6.1 元上下形成的，它表示 3 月 9 日股价在 6.1 元上下分布着较多的筹码，这些筹码处于被套牢的状态；第二个密集峰是围绕着 4.8 元上下形成的新的筹码密集峰，它表示当前在 4.8 元上下也分布着较多的筹码，3 月 9 日该股收盘价为 5.06 元，所以这些筹码大多处于获利状态。

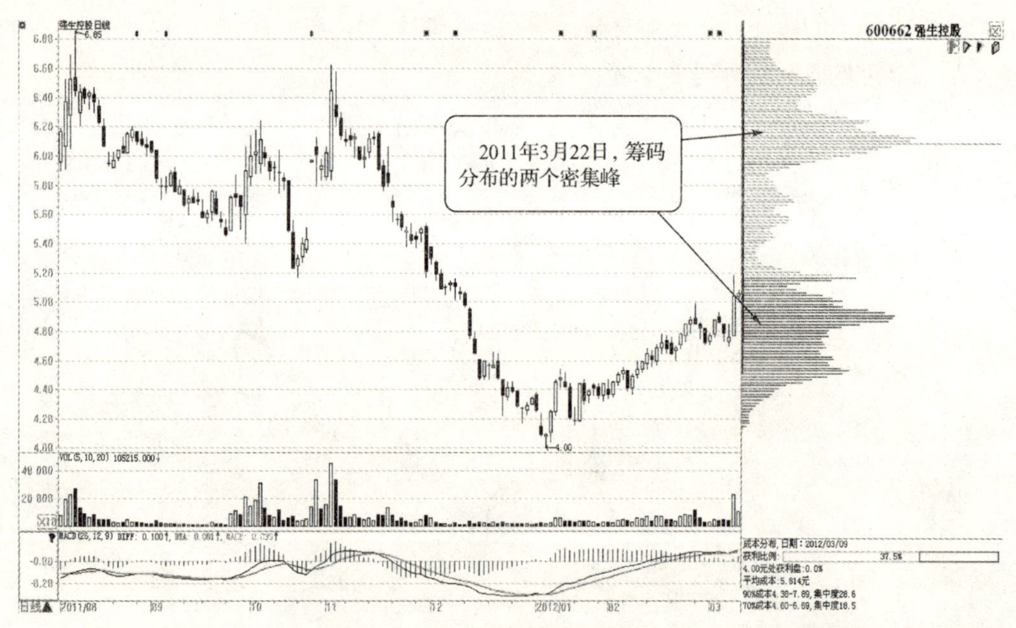

图 8—2　强生控股日 K 线

与筹码分布的密集形态相反，当一只股票的筹码没有分布在相对集中的价格区间内，而是相对比较平均地分布在各个价格区间中，则称其为筹码分布指标的分散状态。该形态往往是由于在股价的上涨走势或下跌走势中，价格波动速度较快，使得投资者买入的筹码迅速在每一个价位均匀分布造成的。

如图 8—3 所示，2012 年 3 月 9 日，沱牌舍得（600702）的筹码相对比较平均地分布在 15～26 元之间，形成筹码分布的分散状态。这是因为，该股股价从 2012 年 1 月至 3 月一直处于上涨走势中，投资者在这个上涨过程中持续买入，造成筹码在各个价位分散分布。

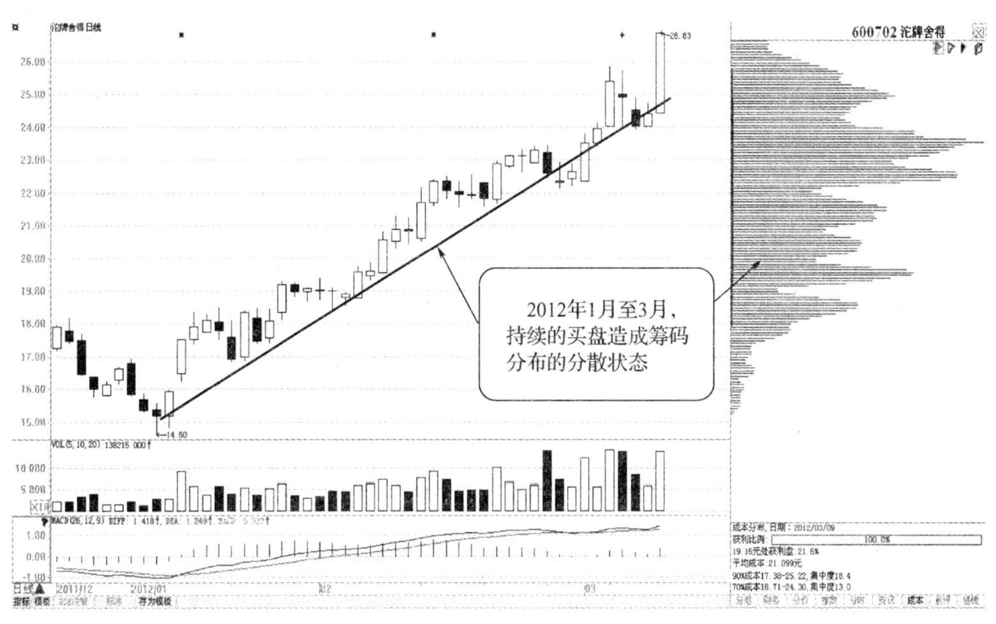

图 8—3　沱牌舍得日 K 线

8.1.2　筹码分布实战解读

在实战中，投资者主要通过分析筹码分布的密集与发散形态来判断市场的动能和股价的运行趋势。下面分别对股价运行中的 10 种筹码分布经典形态加以说明。

形态 1：筹码的低位密集

筹码的低位密集是指在下跌趋势中，股价在经过前期的大幅下跌之后，在低位逐渐企稳，同时伴随着成交量的逐渐放大，筹码在低位区域逐渐大量聚集的过程。在筹码分布图中，低位密集往往以一个低位密集峰的形态来呈现，如图 8—4 所示。

它表明伴随着股价的持续下跌，前期高位被套的筹码终于无法忍受，开始在下跌

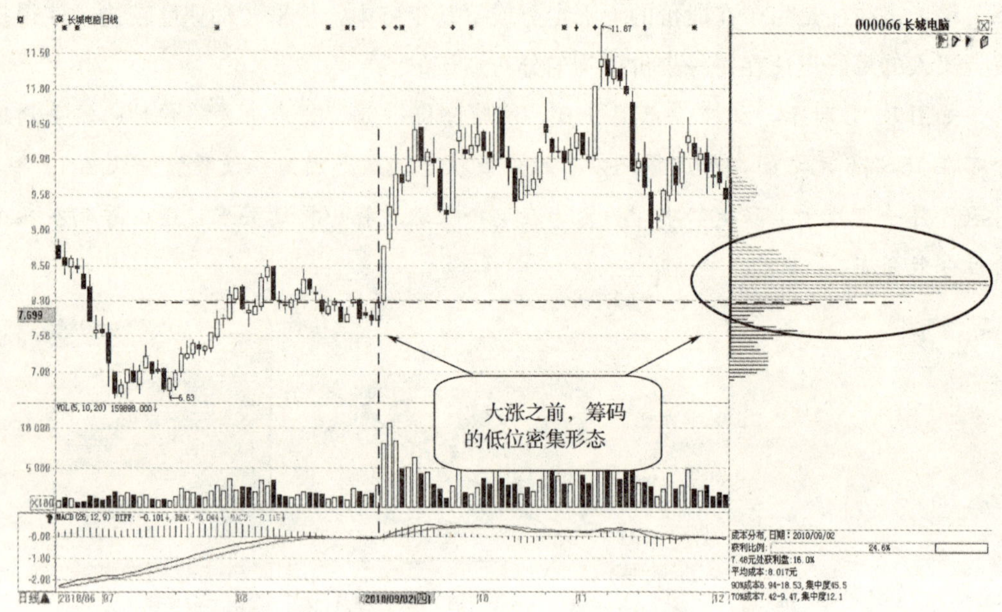

图 8—4　筹码分布的低位密集

趋势中反弹或低位割肉出局，使得筹码从高位向低位大规模转移，形成了筹码的低位密集状态。当大部分套牢筹码从高位转移到低位后，上方阻力大大减弱，同时底部多方动能逐渐增强，股价接下来有较大可能出现一波上涨趋势。

投资者在实际操作过程中，一旦见到筹码的低位密集，就要引起高度注意，因为这往往是一波上涨趋势即将启动的预兆。但仅仅由此就买入，还显得买入理由不够强烈。投资者可以结合其他技术分析工具，如均线、MACD 指标等来综合研判趋势是否形成，以提高买入信号的精准性。

如图 8—5 至图 8—7 所示，从 2011 年 11 月开始至 2012 年年初，伴随着大盘的下跌走势，姚记扑克（002605）的股价也持续下跌，同时成交量极度萎缩。随后的两个月里，该股在低位逐渐企稳，并出现一波上涨走势。在这个过程中，该股筹码分布分三步发生了明显的变化。

第一步，如图 8—5 所示，2011 年 12 月 13 日，该股股价正处于下跌趋势中，筹码分布形成多个密集峰，同时绝大部分筹码被套。

第二步，如图 8—6 所示，2012 年 1 月 13 日，该股股价创下新低。筹码分布与 12 月 13 日相比，高位筹码大大减少，这说明筹码正在发生转移，低位筹码开始逐渐聚集。它表明虽然所有的筹码都处于套牢状态，但从此时开始，相当多的高位套牢盘已经割肉出局，上方阻力正在减弱。此时投资者可以对该股加以关注。

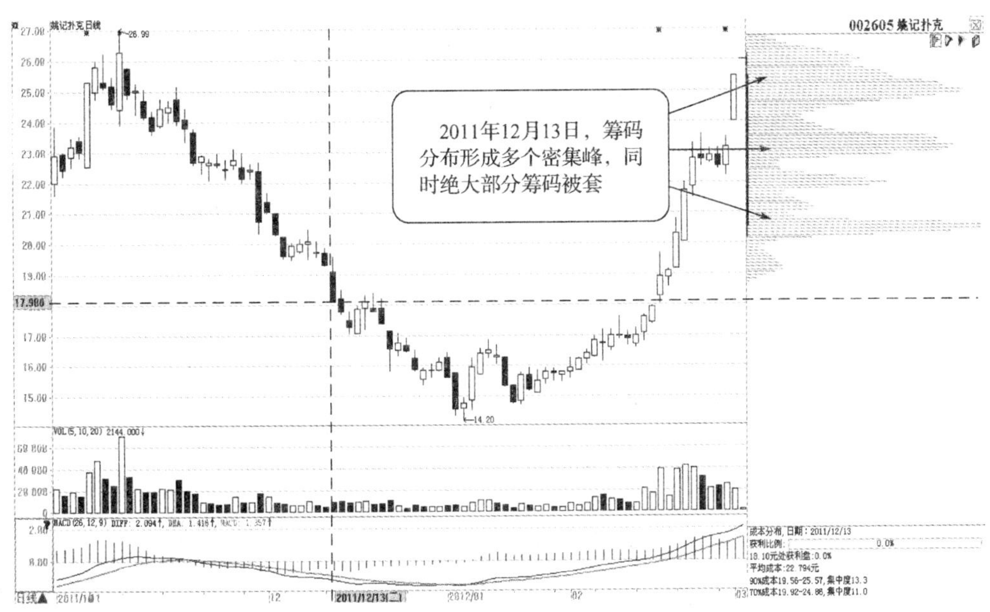

图 8—5 姚记扑克日 K 线 1

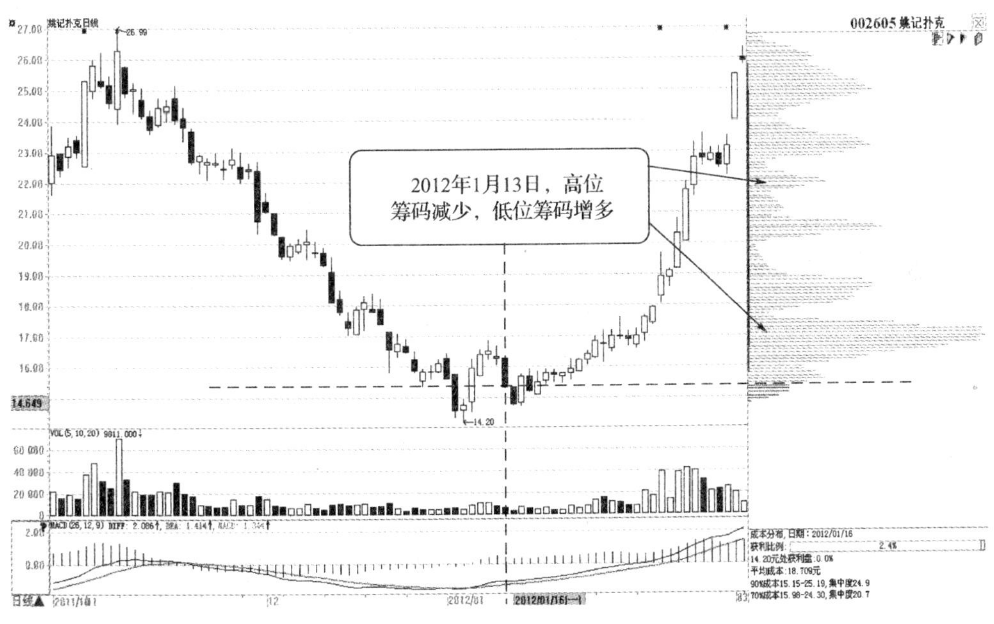

图 8—6 姚记扑克日 K 线 2

第三步，如图 8—7 所示，2 月 14 日，该股随大盘经历了一波小幅上涨走势，股价逐渐企稳。筹码分布和 1 月 13 日相比，高位筹码已经所剩无几，绝大部分筹码集中在 16.5 元上下，形成了筹码分布的低位单峰密集形态。它表明在 2011 年年底开始的下跌行情里，绝大部分高位筹码在股价的反弹过程中已经割肉出场，筹码开始在低位大规模聚集，股价上方阻力大大减弱，多方动能逐渐增强。当日，MACD 指标的 DIFF 线突破 0 轴，加上筹码分布的低位密集状态，说明上涨趋势已经形成。投资者此时可以果断买入该股。

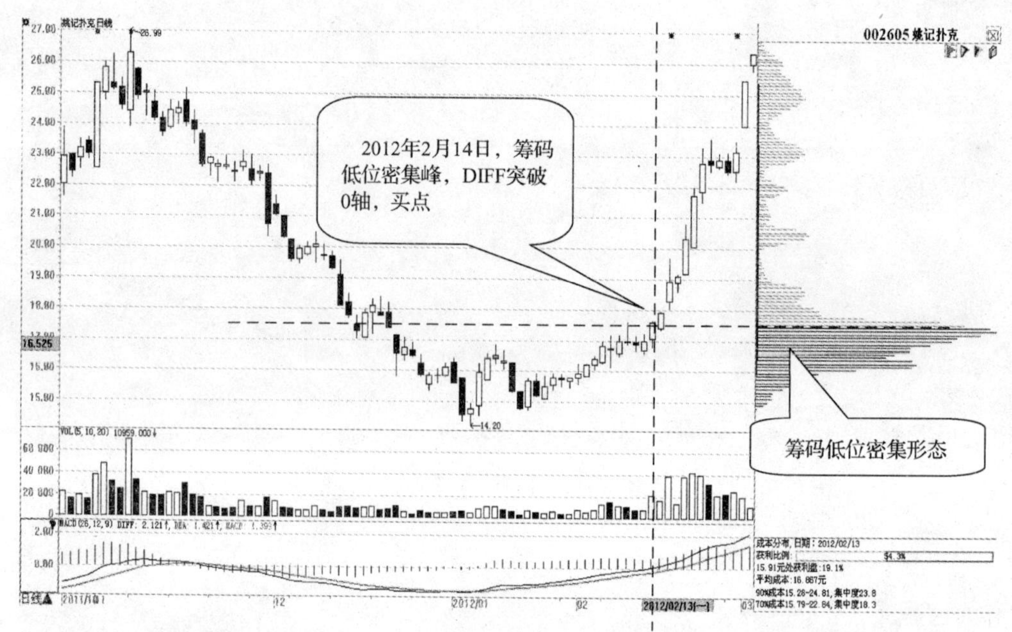

图 8—7　姚记扑克日 K 线 3

形态 2：筹码的高位密集

筹码的高位密集是指股价经过前期较大幅度的上涨之后，在高位逐渐放量滞涨，同时筹码分布在高位逐渐大量聚集的过程。在筹码分布图中，高位密集往往以一个高位密集峰的形态来呈现，如图 8—8 所示。

高位密集形态表明经过前期的大幅上涨之后，低位筹码获利巨大，已经逐渐在高位获利出场。当大部分低位获利筹码转移到高位形成筹码分布的高位密集状态时，市场空方动能逐步增强，股价接下来有较大可能出现一波下跌趋势。

因此，投资者一旦看到筹码的高位密集，就要引起高度警惕。已经入场的投资者可以适当减仓，一旦有确切卖出信号出现，就要果断出场；还没有入场的投资者最好持币观望。

如图 8—9、图 8—10 所示，从 2010 年 12 月到 2011 年 5 月，银鸽投资（600069）的股价在经历了一波上涨趋势之后，在高位不断震荡。在这个过程中，筹码分布出现了明显的自下而上的转移。

2010 年 12 月 28 日，股价正处于上涨趋势的初发动期，筹码分布形成低位密集形

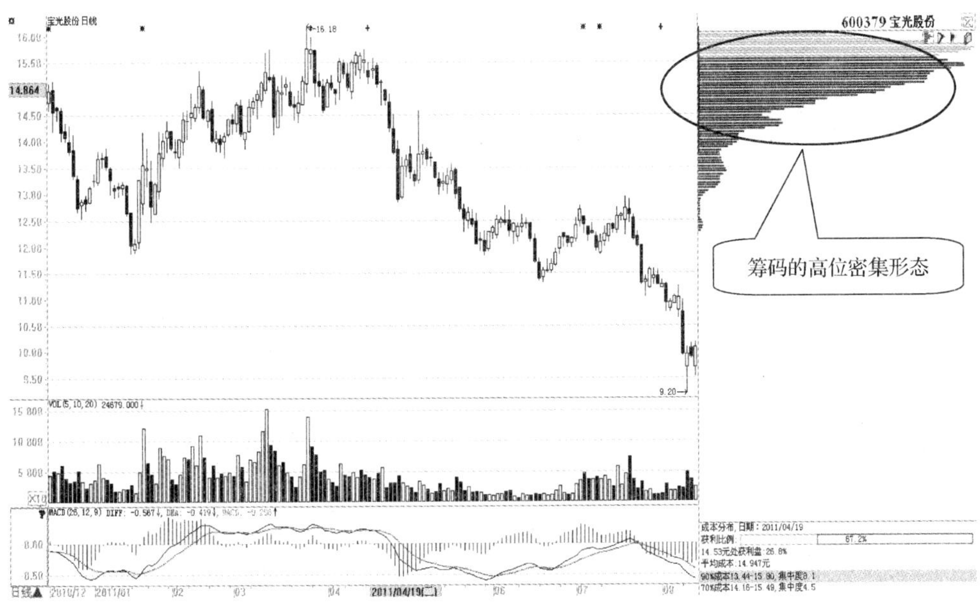

图 8—8　筹码分布的高位密集

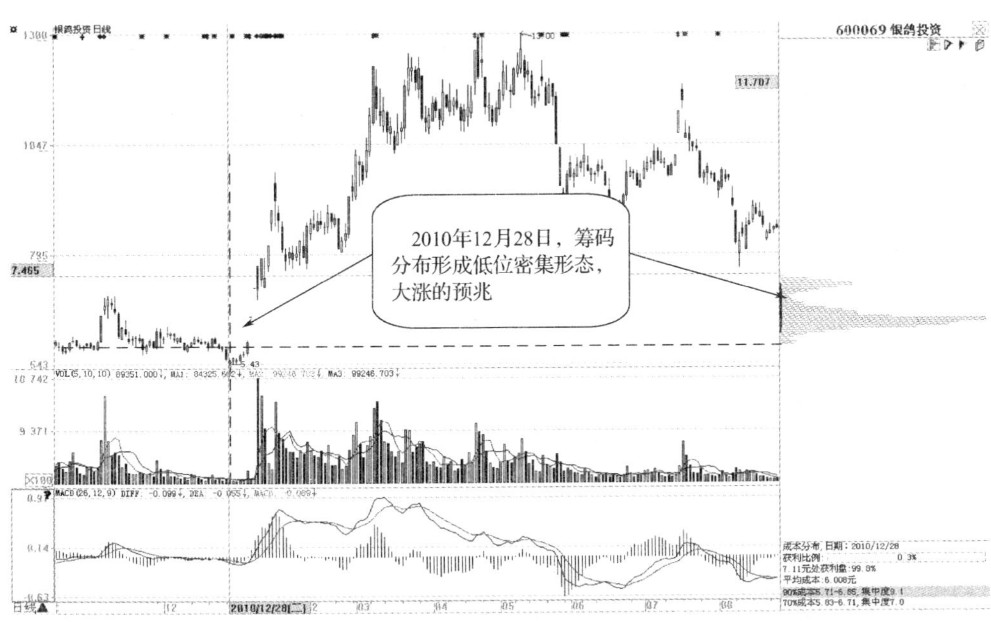

图 8—9　银鸽投资日 K 线 1

态，90%的筹码集中在 5.71～6.84 元的狭窄区间。

2011 年 5 月 11 日，该股股价经历一波较大的上涨走势之后，在高位不断震荡，与 2010 年 12 月 28 日相比，筹码分布逐渐形成高位密集形态，90%的筹码分布在

10.94～12.71元的狭窄区间。它表明股价经过一波大幅上涨走势之后，几乎所有的低位筹码都已经获利了结，现在的持股者几乎都是高位接盘者，市场下跌动能正在不断积聚中，投资者要引起高度警惕，可以在震荡走势中逐步卖出。

5月17日，该股走出长阴线下跌，MACD指标出现“DIFF线与股价顶背离＋死叉”的看跌信号，表明高位积聚的下跌动能开始释放。仍然持股的投资者要注意果断清仓。

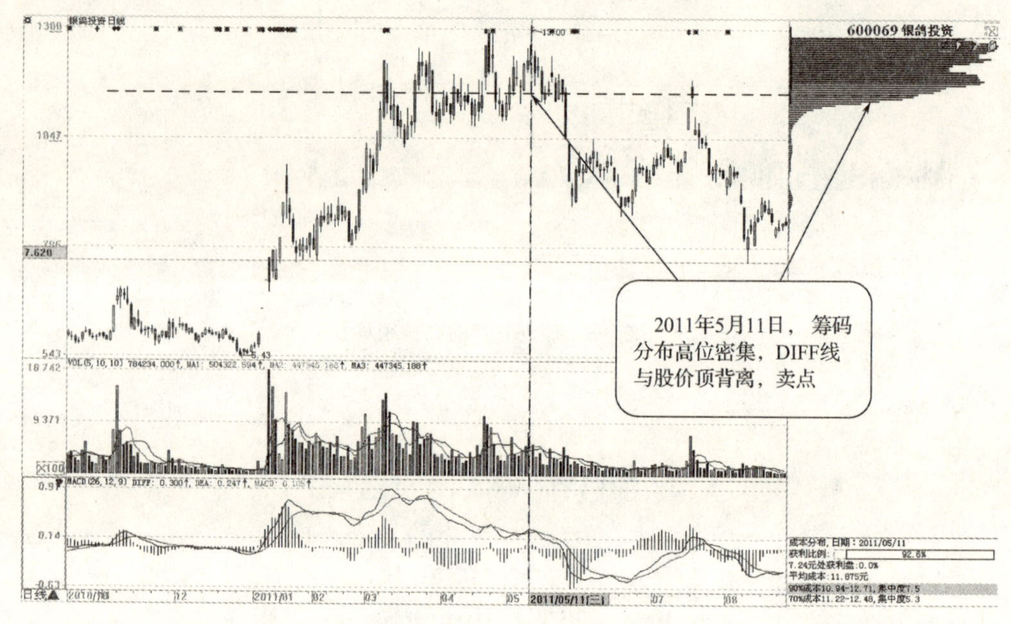

图8—10　银鸽投资日K线2

形态3：低位锁定

筹码的低位锁定是指伴随着个股价格的持续上涨，筹码仍然在低位堆积，继续保持低位密集形态的现象。它是庄家已经入驻该股的重要标志。

一般来说，随着股价的持续上涨，前期低位筹码将有获利了结的巨大冲动。对投资者来说，这种获利了结的冲动很难克服，他们往往随股价的上涨迅速卖掉获利筹码；能够克服这种冲动的，只能是持有众多筹码的庄家。因此，筹码的低位锁定，往往是庄家已经入场的标志，并且这些庄家往往选择的是中长线操作方式。

投资者在操作过程中，一旦判定有庄家在低位锁定筹码，即可以持股待涨，不要快进快出，防止踏空走势。

如图8—11、图8—12所示，2012年5月到7月，片仔癀（600436）股价持续上涨。

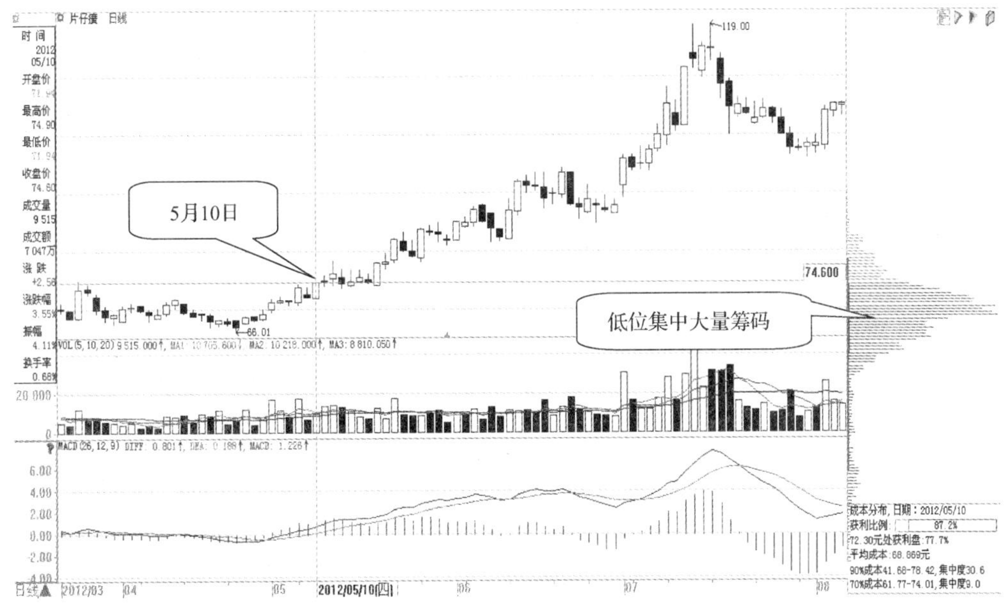

图 8—11　片仔癀日 K 线 1

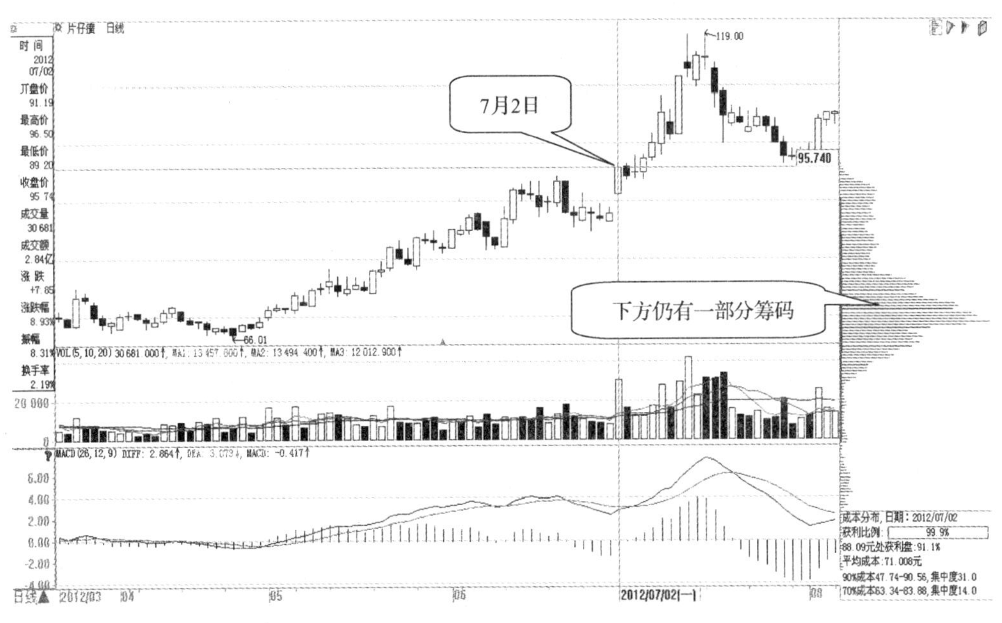

图 8—12　片仔癀日 K 线 2

5 月 10 日，股价突破前期整理区间，此时筹码集中在低位形成低位密集形态。这样的形态说明股价经过前期持续横盘，大量筹码已经在底部聚集。

7 月 2 日，股价上涨一段时间，经过调整后再次向上突破。此时仍然有一部分筹码在底部聚集。这说明面对前期巨大的涨幅，该股低位筹码并没有获利了结。面对此前超过30%的涨幅毫不动摇，可以猜测这是庄家持有的筹码。因此，持有该股的投资者不必为股价的暂时回调担心，可以继续持股不动。

形态4：双峰形态

双峰形态是指在筹码分布图中，柱状线形成两个密集峰的形态。其中，筹码成本处于高位的称为高位峰，处于低位的称为低位峰，如图8—13所示。

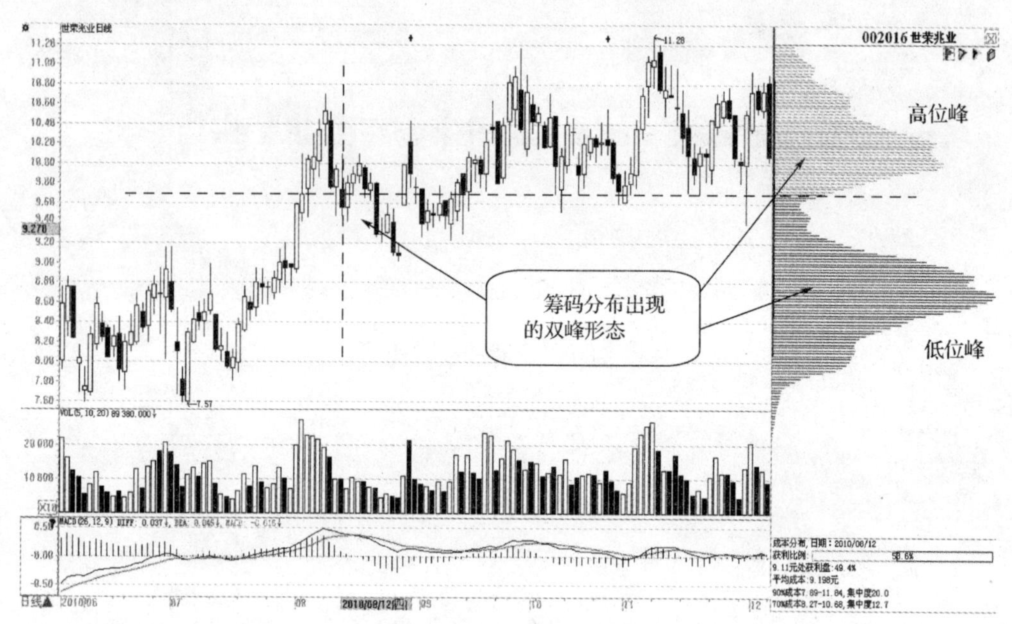

图8—13　筹码分布的双峰形态

双峰形态表明当前市场筹码主要分为低位筹码和高位筹码两大类，而这两类筹码面对相同的市场走势，因为成本不同，所以它们对市场的看法也将有差异。

在上涨趋势初期，一旦出现双峰形态，就表明虽然股价上涨动能很强，但上方阻力仍然较强，投资者在选股时务必注意这一点，这是因为高位峰所代表的巨量筹码此时仍处于被套牢的境地，一旦股价快速上涨，高峰筹码即有解套卖出倾向。

在实战中，投资者可以结合其他技术分析工具如均线、MACD指标等综合研判。

如图8—14所示，永生投资（600613）股价经过一段时间横盘整理后，其筹码分布指标形成了两个明显的筹码密集峰，构成双峰形态。上方密集峰代表套牢盘，下方密集峰代表获利盘。

随后，该股以连续无量涨停的形式上涨。当股价上涨到上方的一个密集峰附近时，

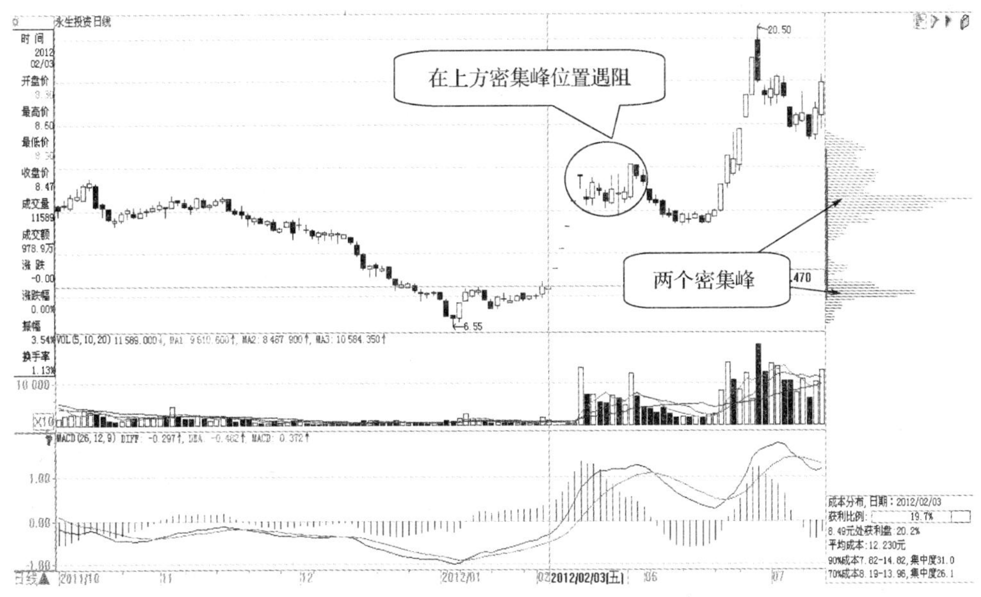

图 8—14　永生投资日 K 线

大量前期被套牢的投资者抛出股票，造成股价遇阻回调。

如图 8—15 所示，陕国投 A（000563）股价持续横盘整理一段时间后，其筹码分布指标形成了双峰形态。其中上边的密集峰代表套牢盘，是股价上涨的阻力位；下边的密集峰代表获利盘，是股价下跌的支撑位。

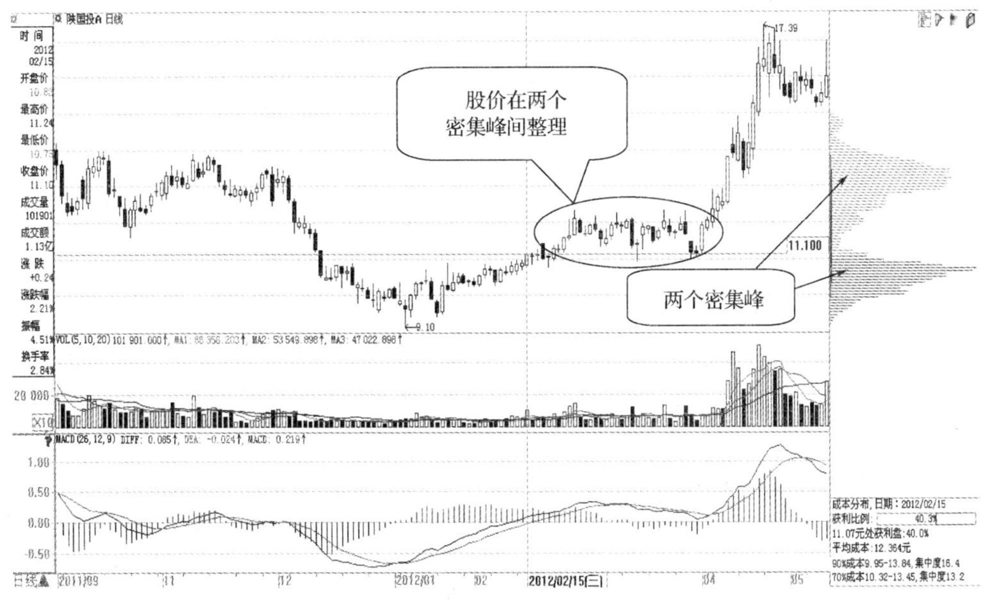

图 8—15　陕国投 A 日 K 线

在随后一段时间的行情中，该股股价一直在两个密集峰之间震荡，难以突破上方阻力，也没有跌破下方支撑。

形态 5：拉升中的多个密集峰

低位密集峰的形成，表明庄家已经集结了足够的筹码，之后，如果股价向上突破低位密集峰或前期震荡高点，就表明多方占据优势，上涨趋势形成。股价一旦开始上升，在筹码分布图中往往形成多个筹码密集峰。这是上涨动能正在释放的标志，上涨行情将得到延续，投资者可以持股待涨。

图 8—16、图 8—17 分别为红星发展（600367）在 2010 年 8 月 30 日和 9 月 28 日的筹码分布图。

8 月 30 日，该股筹码分布图中形成低位密集峰，同时股价大涨并向上突破前期震荡高点，之后进入一波快速上涨走势中。

9 月 28 日，筹码分布图中已经形成多个密集峰。这是上涨动能正在释放的标志，投资者要注意持股待涨，之后，该股继续大幅上涨。

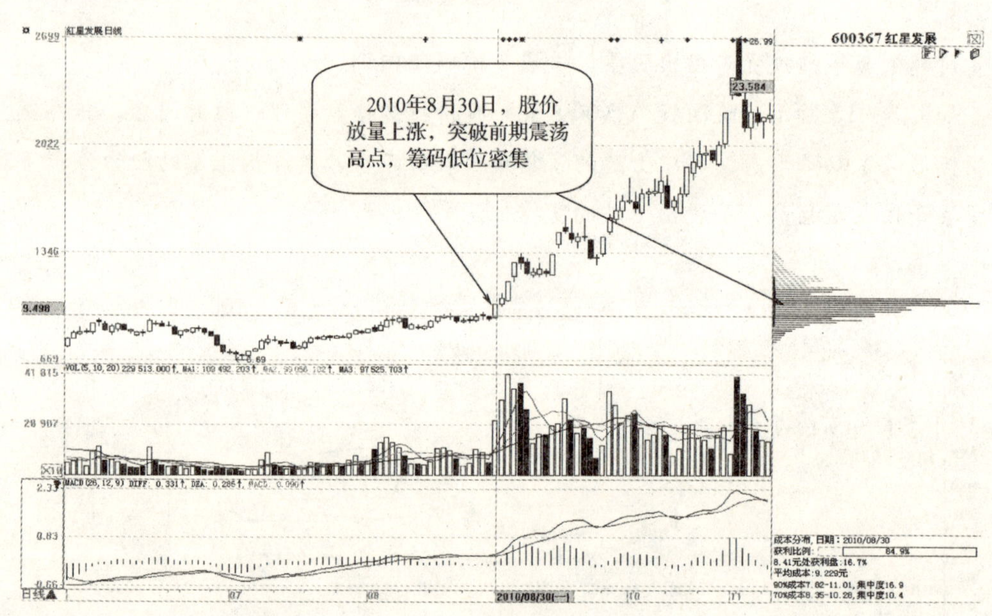

图 8—16　红星发展日 K 线 1

在实战中，投资者还要注意以下 4 个关键点：

关键点 1：拉升过程中，有时候会形成震荡整理走势，这可能是庄家的洗盘动作。投资者要注意规避。

如图 8—18 所示，2011 年 7 月至 8 月，阳光城（000671）股价在持续下跌行情中

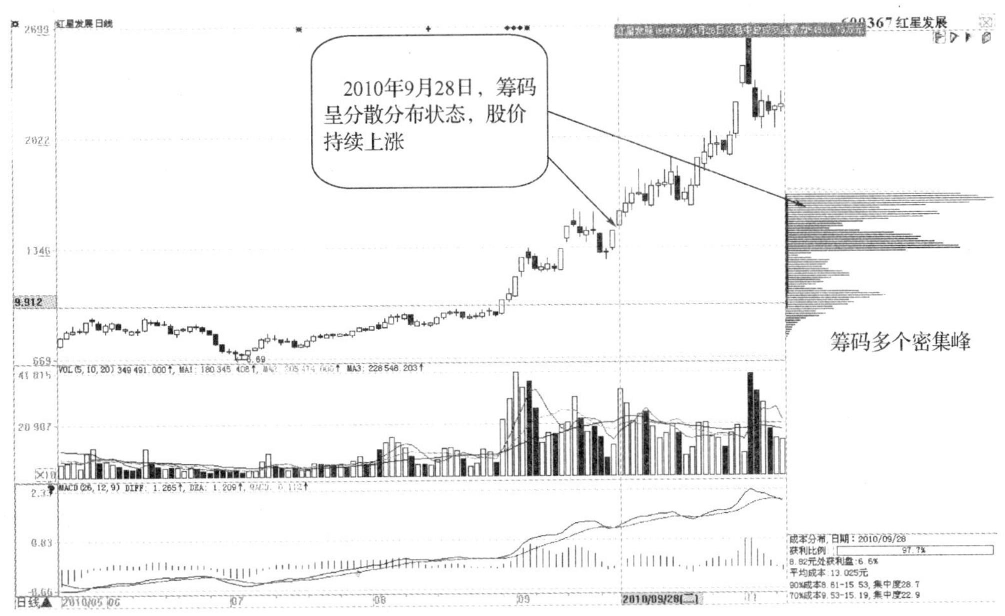

图 8—17　红星发展日 K 线 2

横盘整理，形成了一个密集成交区。在此区域内，有大量投资者被套牢。

股价又下跌一段时间后，进入持续几个月的底部整理行情。在此过程中，成交量在底部聚集，形成了另一个密集成交区。

自 2012 年 2 月开始，股价被持续拉升。当股价上涨到前期密集成交区附近时，

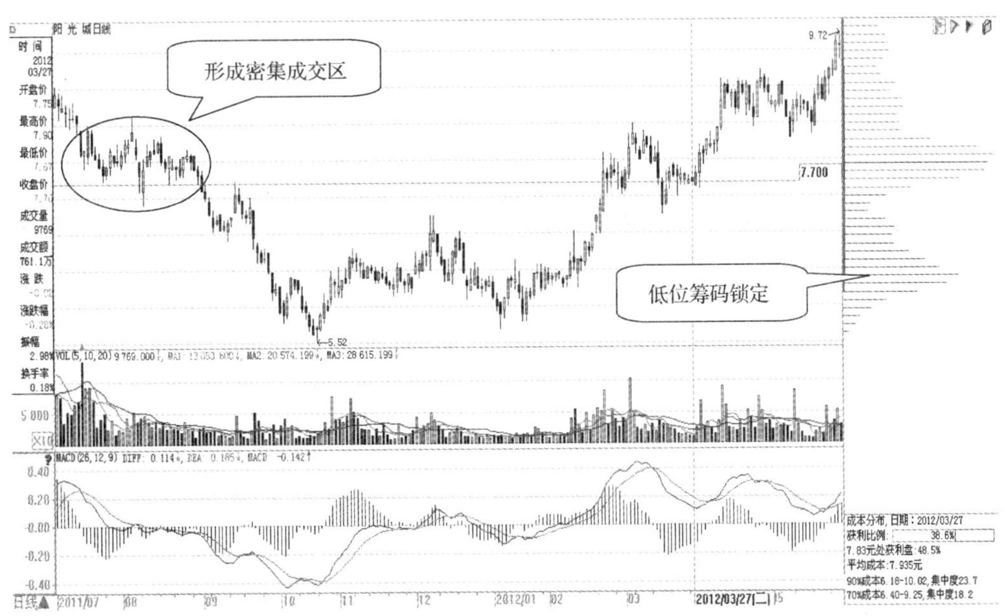

图 8—18　阳光城日 K 线

遇到阻力回调，不过股价回调一段时间后可以看到，之前在低位聚集的筹码依旧存在。这说明庄家在底部买入股票后一直持有。此次回调只是庄家借套牢盘涌出的机会洗盘。未来该股还会持续上涨。看到这样的形态，投资者可以继续持有该股。

关键点 2：新密集峰形成时，原来的相对低位密集峰并没有消失，而是低位筹码向上转移造成低位密集峰的减小。

关键点 3：如果投资者在盯盘时发现，新密集峰在增大的同时，而原来的相对低位密集峰却在迅速减小，就有可能是庄家在疯狂出货。投资者要注意及时出场。

关键点 4：新的密集峰将成为该股打压洗盘或震荡洗盘的强支撑位。

形态 6：高位密集峰的突破

如果股价在经过一波较大的涨势之后在高位震荡，形成筹码分布的高位单峰密集，但股价又再次突破新形成的高位密集峰，这预示着新一轮的涨势即将展开。投资者可以及时买入跟进。

如图 8—19 所示，2011 年 12 月到 2012 年 6 月初，华能国际（600011）在经过一波大幅上涨之后不断持续震荡了 6 个多月。从 6 月 4 日的筹码分布图可以看出，该股已经在高位形成筹码密集峰。

6 月 5 日，股价放量上涨并突破高位密集峰，且 MACD 指标在 0 轴形成金叉，预示着新一轮涨势即将展开。投资者要注意及时买入跟进。

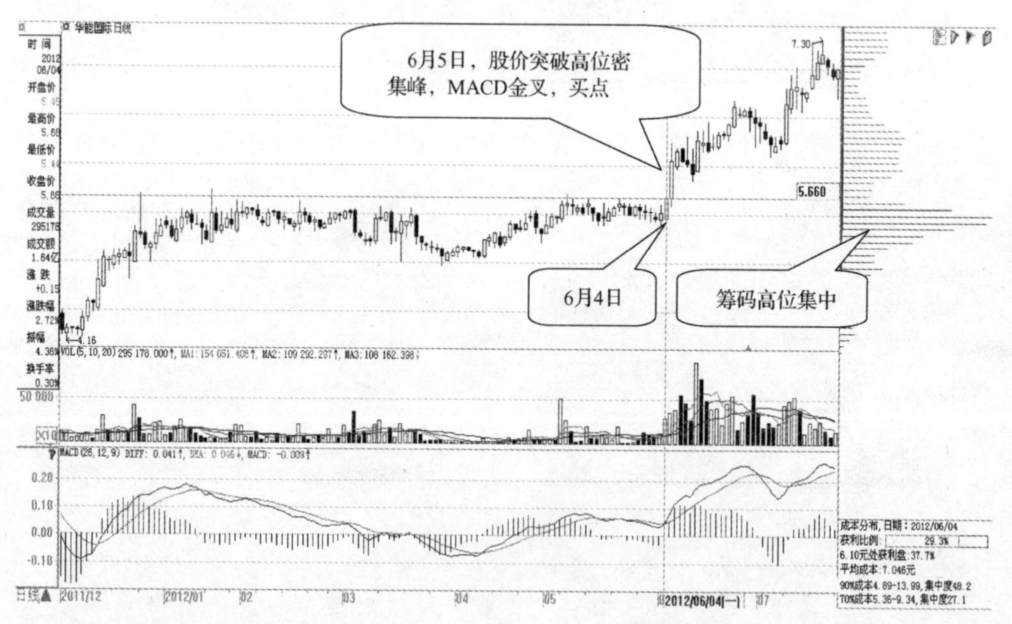

图 8—19 华能国际日 K 线

在实战中，投资者还要注意以下4个关键点。

关键点1：股价是在经过了一波较大的涨势后形成了单峰密集，而且一般只有一个密集峰，也即绝大多数筹码都已经集中在高位了。

关键点2：这里所说的股价“突破”一般指创出近期历史新高。

关键点3：高位密集峰的形成是综合因素作用的结果，投资者要结合历史情况才能判断其成因。

关键点4：投资者的买入策略应设定为短线操作策略，一旦股价走势疲软要注意结合其他技术分析工具来判断趋势是否能够延续。

形态7：低位单峰密集的反复

一般来说，低位单峰密集形成后，预示着上涨动能已经积聚，股价接下来出现上涨趋势的概率较大。但有时候，股价会突然向下跌破单峰密集，随后却又回升向上突破原来的单峰密集。这是新一轮上涨行情开始的标志，而之前的突然下跌，多是庄家的凶狠洗盘所致。

下面再以银鸽投资为例对此加以说明。

如图8—20所示，2010年11月到12月，银鸽投资（600069）在底部不断震荡，从12月16日的筹码分布图可以看出，该股已经形成低位密集峰，预示着上涨动能正在积聚。

12月底，该股突然下跌再创新低，并跌破低位密集峰，但很快就大幅向上突破原来的低位密集峰。这是新一轮上涨行情开始的标志，投资者要注意把握该买点。

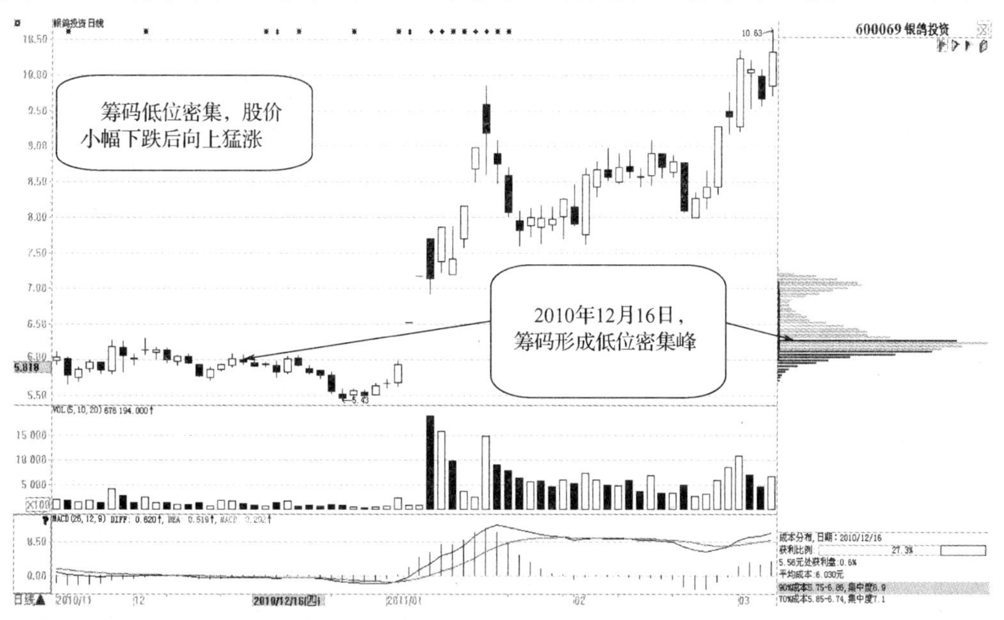

图8—20 银鸽投资日K线

在实战中，投资者还要注意以下 4 个关键点。

关键点 1：低位密集峰一般是由较长时间的震荡洗盘所形成。在这个过程中，一些投资者因为无法忍受长时间震荡的折磨，会将筹码丢掉。

关键点 2：跌破低位密集峰一般是庄家打压所致。股价突然回调的幅度一般要小于 20%，持续时间一般不会超过 22 个交易日。

关键点 3：回调时密集峰一般没有减小的态势，成交量则呈现缩量。

关键点 4：突破原单峰密集一般是较好的买入时机。

形态 8： 突破筹码密集峰后的回调

前文提到，股价突破低位单峰密集之后，预示着上涨趋势的展开。有时，股价放量突破之后会有一个回调整理的过程，若此时股价在低位单密集峰处得到支撑，就是对上涨趋势的确认。投资者要注意把握这两个买点，即此形态共有两个买点。

买点 1：股价突破低位密集峰

股价突破低位单峰密集之后，预示着上涨趋势的展开。当股价向上突破单峰密集区域的上边界时，构成此买点。

买点 2：股价回调确认

若股价的回调在低位单密集峰的上边界得到支撑，即是对上涨趋势的确认，说明庄家不愿股价下降太多，让便宜筹码流入其他交易者手中。此时构成第二个买点。

如图 8—21 所示，2011 年下半年，维维股份（600300）股价持续横盘整理，形成一个密集成交峰。虽然在此之后该股再次下跌并且在底部持续整理，但直到 2012 年 3 月 8 日拉升开始前，这个密集成交区依然存在。

3 月 8 日之后，该股以连续几个涨停的方式突破上方密集成交区。投资者可以在这个过程中追高买入股票。随后前期密集成交区由阻力位变成支撑位。

进入 4 月后，股价快速回落，但是回落到前期密集成交区附近时获得较强支撑，再次上涨。这个形态说明庄家不希望股价下跌过多，使得低位筹码流失。这是对上涨走势的确认，说明后市仍然看涨。此时没有入场的投资者可以及时买入，已经入场的投资者也可以加仓买入。

在实战中，投资者要注意以下几个关键点。

关键点 1：前期放量高位。

买点出现，一般对应着股价突破前期放量高位甚至是天量价位。这是因为，这些位置堆积着大量的筹码，必将成为上涨的阻力，一旦被突破，就表明多空双方的鏖战已经分出了胜负。

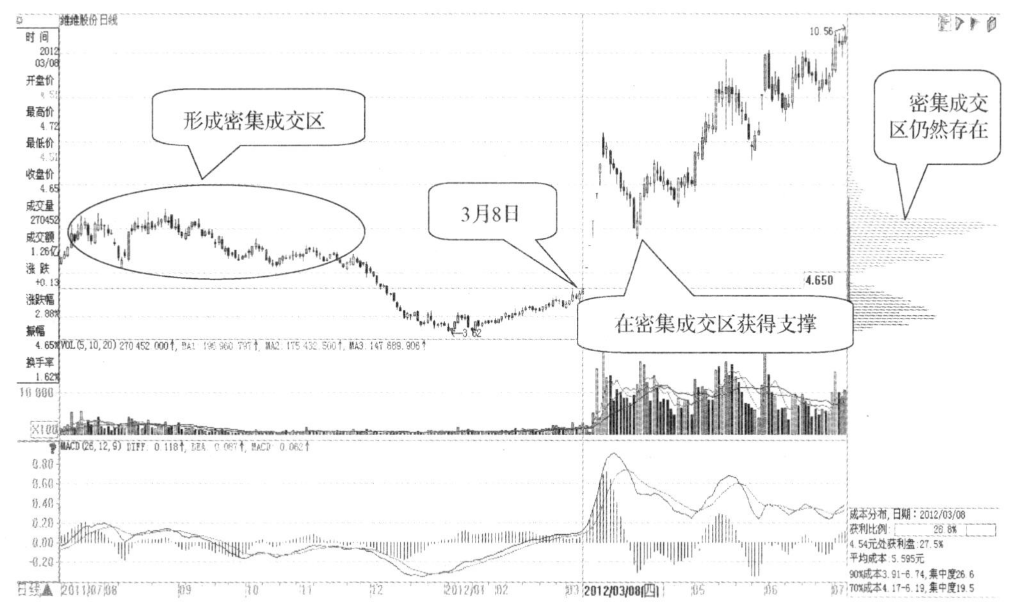

图 8—21　维维股份日 K 线

关键点 2：筹码发散表明行情即将全面展开，但投资者为了使买点更为精准，最好结合其他技术分析工具，综合判断。

如图 8—22 所示，2011 年 7 月到 9 月，万达信息（300168）在低位不断盘整。在这个过程中，股价多次在低位同一个价位放量上涨。

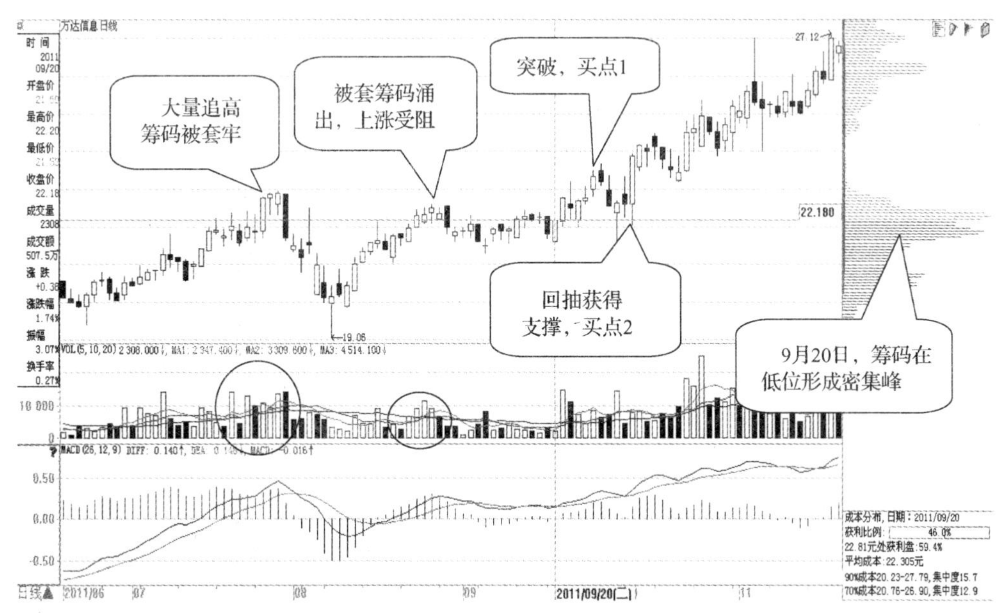

图 8—22　万达信息日 K 线

7月下旬，该股第一次放量上涨。但上涨到高位后遭遇巨大阻力。在这次上涨过程中，大量追高筹码被套牢，该位置将成为未来上涨走势的重要阻力位。

8月底，股价在经过一波上涨走势后在前期高点附近再次放量遇阻。这是前期被套牢筹码出场所致。在这种作用下，到9月20日，从筹码分布图可以看出，筹码已经在前期高点附近形成单峰密集，该区域已经成为之后上涨走势的支撑位或下跌走势的阻力位。

经过一段时间整理后，股价放量突破低位单峰密集，也突破前期高点，表明上涨趋势形成，买点出现。

9月底至10月初，该股冲高回落，受到前期低位密集峰的支撑，上涨走势得到确认，买点再次出现。

形态9：高位密集峰后的下跌发散

在高位密集峰形成后，密集峰一旦伴随着股价的下跌而向下发散，并形成多个密集峰，就表明下跌动能正在不断释放。投资者要注意持币观望，不能轻易入场。

图8—23、图8—24分别为国旅联合（600358）2010年3月15日和6月9日的筹码分布图。

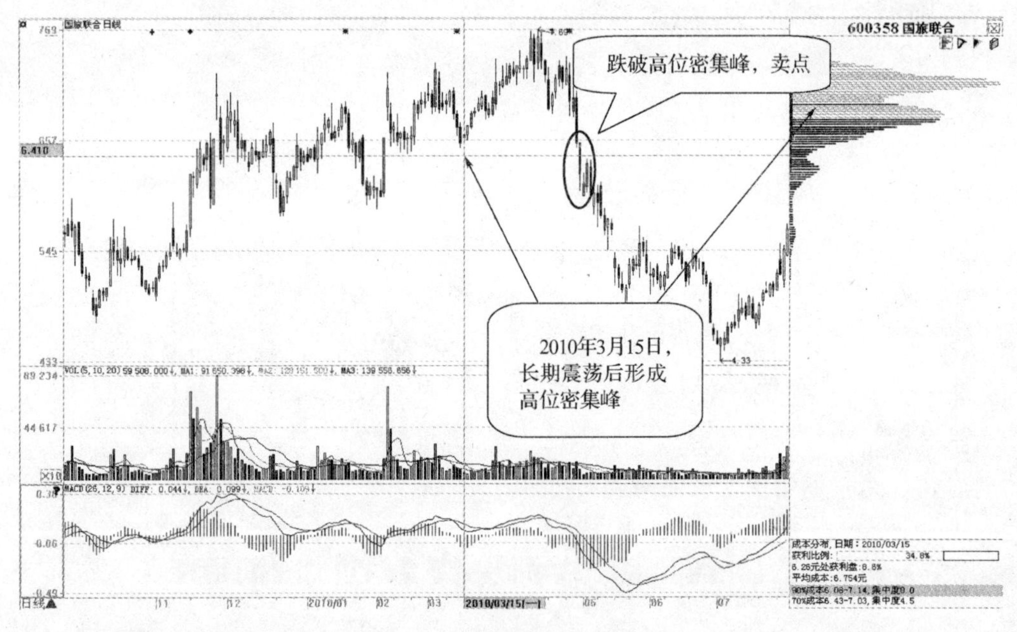

图8—23　国旅联合日K线1

3月15日，该股在高位经过了3个多月的盘整震荡之后，筹码已经高度集中，在筹码分布图中形成高位密集峰。4月底，在经过长期震荡之后，股价向下跌破高位密集峰，表明下跌趋势形成。投资者要注意及时出场。

6月9日，股价仍处于下跌趋势中，此时筹码分布图显示原来的高位单峰密集正在向下发散，形成多个密集峰。它表明下跌动能正在释放，下跌走势并未止住，投资者要注意持币观望，不宜轻易入场。

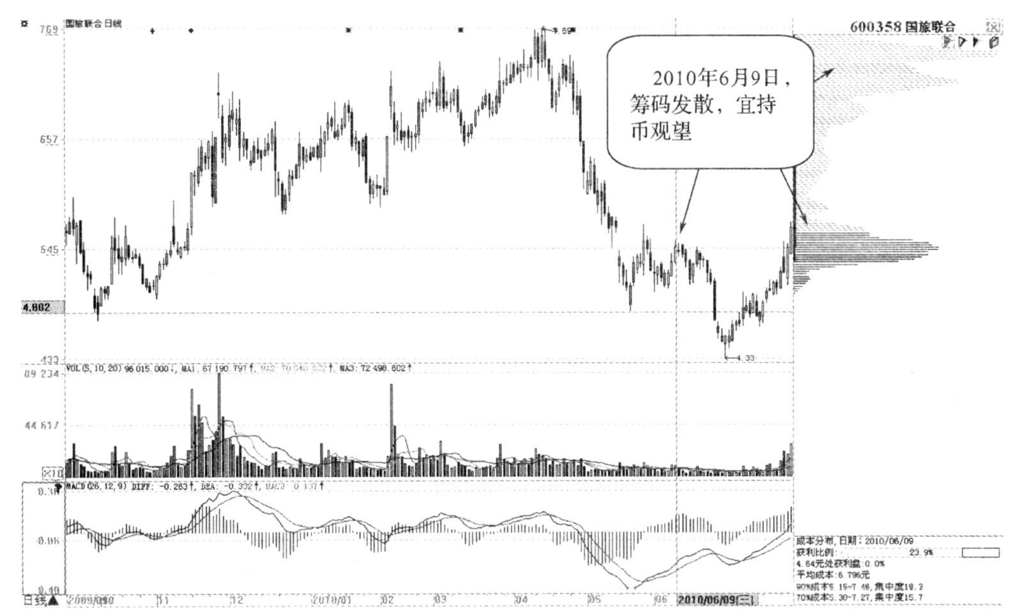

图 8—24　国旅联合日 K 线 2

形态 10：两个密集峰的重合

股票在低位形成一次单峰密集之后，经过一波上涨走势后回调。如果股价再次回落到第一次单峰密集的地方形成第二次单峰密集，而且第二次单峰密集与第一次单峰密集相重合，则表明上涨动能正在加快集聚，一轮新的上涨行情即将开始。

图 8—25、图 8—26 分别为中铁二局（600528）2012 年 2 月 23 日和 4 月 24 日的筹码分布图。

2 月 23 日，股价经过前期的震荡整理，筹码高度集中，从当天的筹码分布图可以看出，该股已经形成低位单峰密集形态。这是上涨动能已经积聚的标志，一波上涨走势即将出现。

另一方面投资者也可以看到，虽然筹码在低位高度聚集，上方仍有一定的筹码聚集区。这说明上方有套牢筹码存在，将成为股价上涨的阻力位。

该股上涨几个交易日后，很快就见顶回落。并且在前次整理位置再次横盘整理。筹码分布指标在第一个单峰密集的封顶附近再次聚集。

如图 8—26 所示，经过一段时间整理后，上方筹码密集区逐渐消失，筹码得到进一步巩固。这是新一轮上涨行情的标志。之后不久，该股向上突破前期高点和低位密集峰，上涨趋势彻底形成。

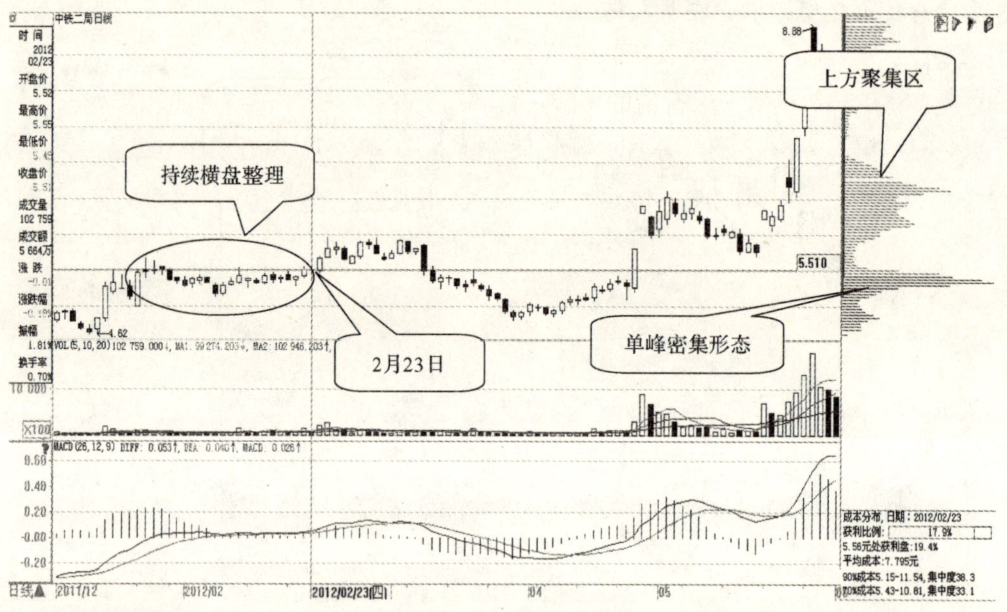

图 8—25　中铁二局日 K 线 1

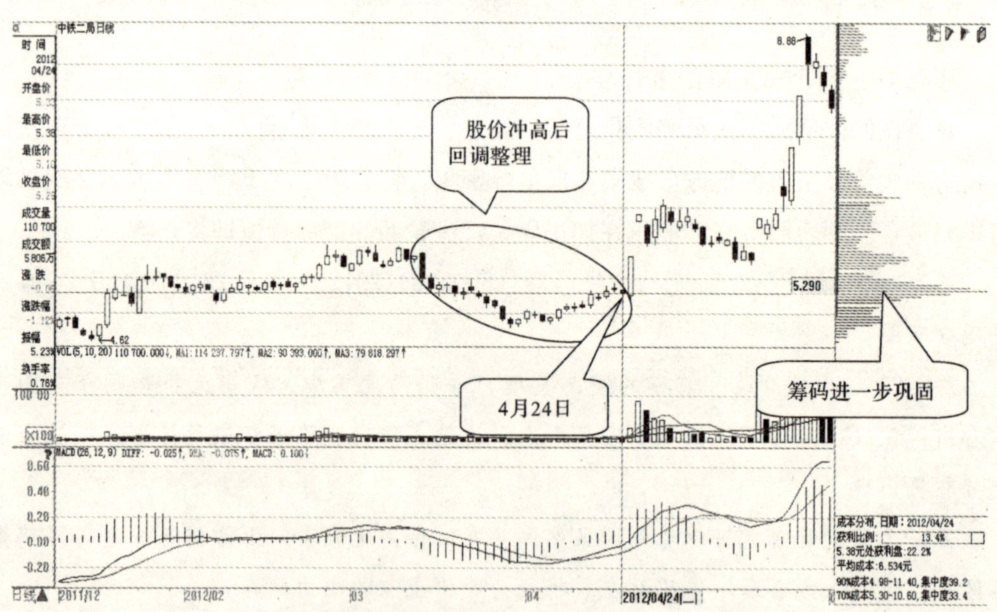

图 8—26　中铁二局日 K 线 2

在实战中，投资者还要注意以下几个关键点。

关键点1：止损位。

第一次低位密集形成之后，股价一般会有一波上升行情，但在其回落之前，投资者是不能判定其方向的。因此，在股价向上突破第一个低位密集峰时，投资者就要注意设好止损位。止损位可以放在前期低点或重要支撑线附近。

关键点2：在小幅上涨行情的顶部，第一个密集峰处仍然存在大量的筹码。

如图8—27所示，2012年3月9日，中铁二局（600528）股价第一次向上突破前期低位密集峰时，虽然有部分筹码上移导致上方也形成一个密集峰，但第一个密集峰处仍然存在大量的筹码。

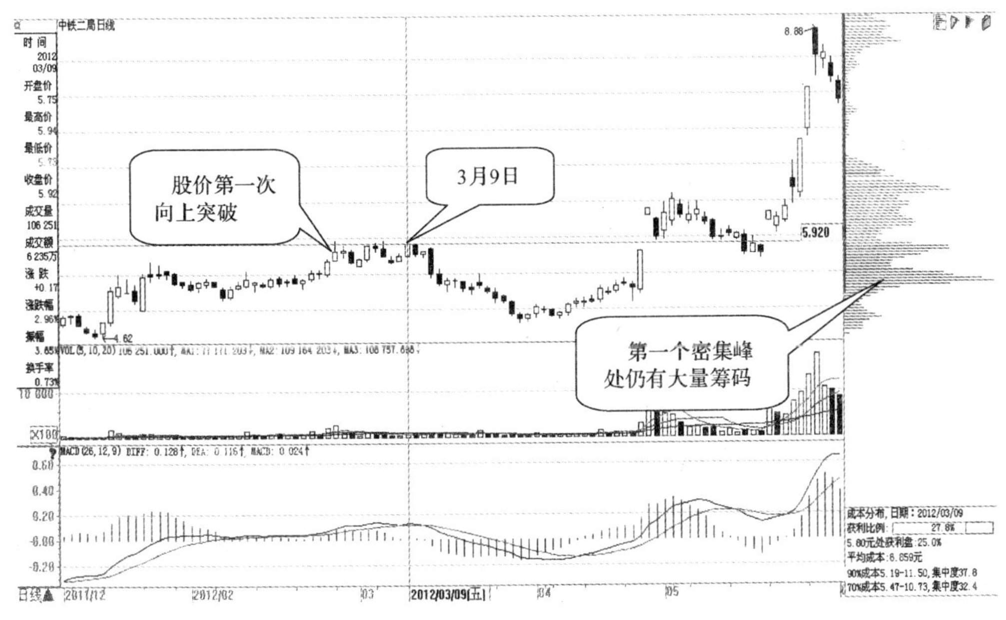

图8—27 中铁二局日K线3

关键点3：股价如果长时间地震荡，表明上涨动能很强。此时，投资者在操作时可以将可忍受风险设得更大。

8.2 监测庄家筹码的3个关键点

在实战中，跟随庄家是一种重要的操作策略。监测庄家筹码就是跟随庄家的一种方法。投资者在监测庄家筹码时，主要需要了解以下3个关键点。

8.2.1 监测庄家筹码原理

监测庄家筹码的关键是区分筹码分布中的庄家筹码与散户筹码。

散户最大的心理特征就是“追涨杀跌”。一只股票只有在其涨势达到一定程度，散户才会买入；同理，也只有在其跌幅达到一定程度，散户才会割肉出场。在上涨趋势中，他们总是太早卖出：大约70%的散户会在10%的浮盈下卖出；只有少数人会愿意等到20%的浮盈时再卖出；敢于等到30%乃至更高浮盈再卖出的散户更是少之又少。

因此，我们可以判定：在上涨趋势中，如果有筹码在面对20%、30%乃至更高获利水平的情况下，仍然没有出局，那么这些筹码基本上就是庄家的筹码，因为散户很难做到获利巨大而不抛掉的。

如图8—28至图8—31所示，从2011年4月开始至2012年3月，虽然大盘走势较弱，华夏幸福（600340）却走出了长牛股的走势。可以看到，该股上涨持续时间长，且上涨过程中股价有数次波动。那么遇到此类个股，投资者应该怎样跟随庄家资金、判断股价卖点呢？在本例中，筹码分布的变化为投资者提供了重要的参考依据。在该股的上涨过程中，股价与筹码分布分四步发生了明显的变化。

第一步，如图8—28所示，2011年4月29日，股价在30日均线上方回调但得到30日均线的支撑作用，表明上涨趋势已经彻底形成。此时，大部分筹码都在底部，形成低位密集峰。

第二步，如图8—29所示，2011年7月8日，该股在经历了连续涨停后在高位收出长阴线，此时涨幅已经达到100%。可以看到，此时在低位仍然留有大量的筹码。面对100%的涨势毫不动摇，基本可以断定这是庄家筹码。因此，此处遇到回调，投资者可以继续持股。

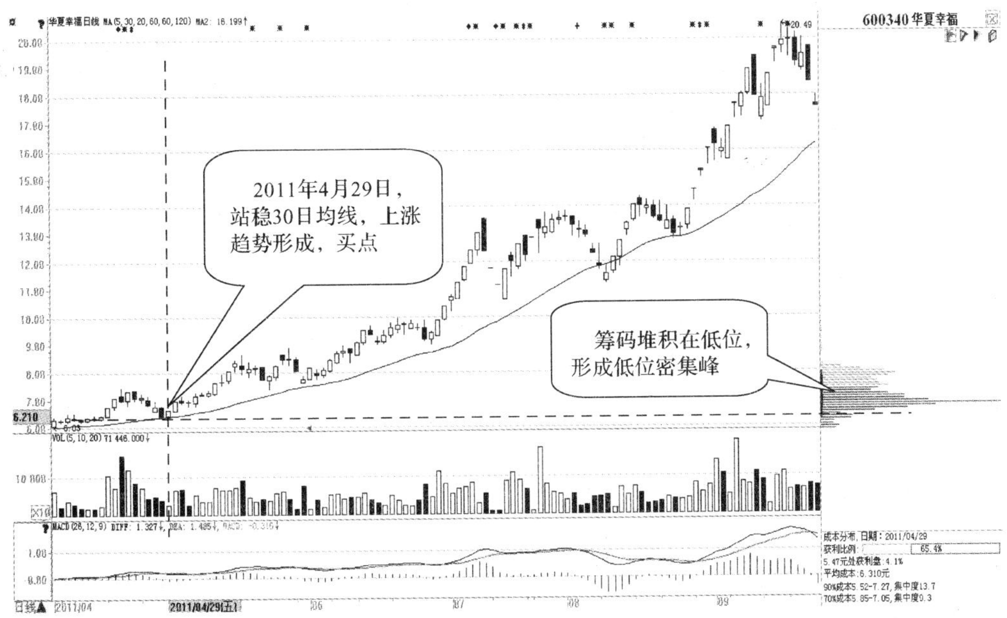

图 8—28　华夏幸福日 K 线 1

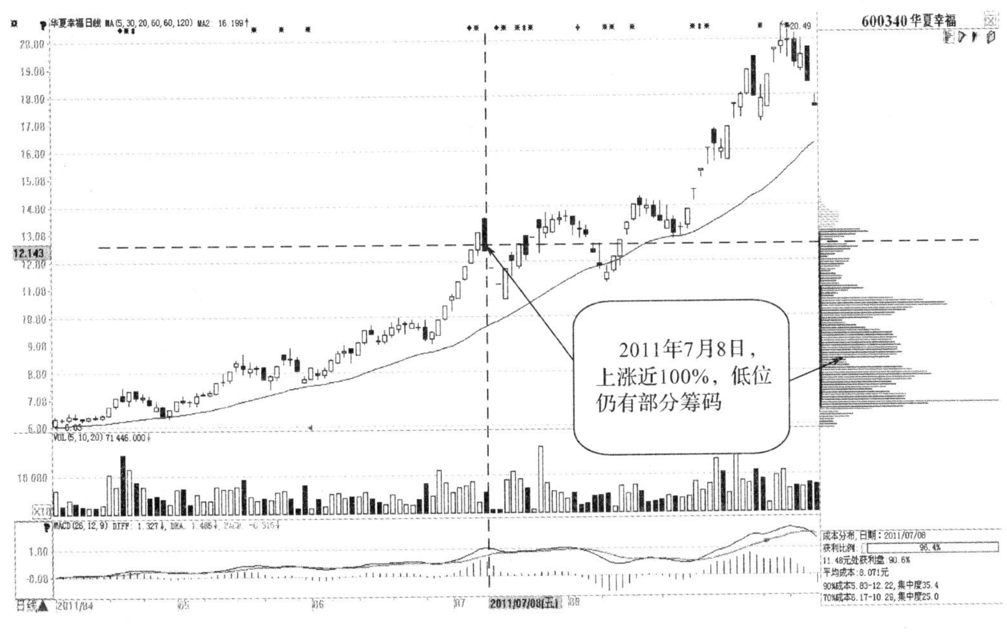

图 8—29　华夏幸福日 K 线 2

第三步，如图 8—30 所示，2011 年 9 月 16 日，该股股价已经上涨近 3 倍，高位股价走势波动加大。筹码分布与之前相比，价格区间分布更广，而低位仍有部分筹码。这种情况说明仍有庄家资金在持股待涨。以这种筹码发布态势作为参考，此时投

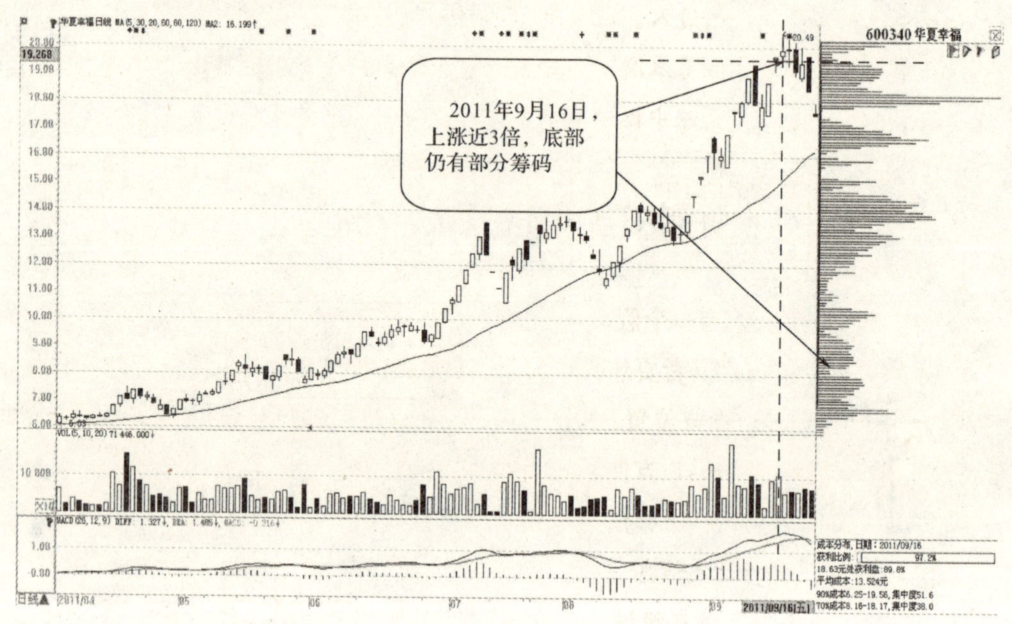

图 8—30 华夏幸福日 K 线 3

资者仍可以继续持股。

第四步，如图 8—31 所示，2012 年 3 月 14 日，该股股价已经上涨近 4 倍，高位股价波动剧烈，成交量持续创出新高。此时，该股的长牛股特质已经被市场接受，投资者

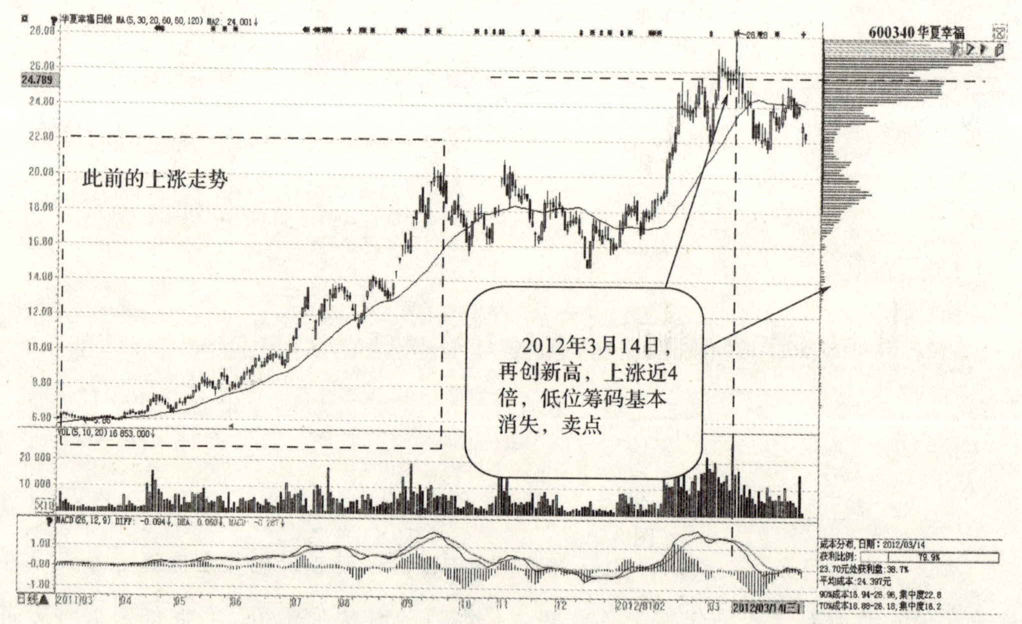

图 8—31 华夏幸福日 K 线 4

见到如此巨大的涨幅，纷纷追入。而观察该股的筹码分布，可以看到高位筹码已经大量聚集，此前的低位筹码已经基本消失。这是一种危险的信号，散户开始盲目跟进，而庄家资金很可能正在这一波大涨中抛出筹码。此时投资者应减持该股或考虑全部卖出。

8.2.2 下移法监测庄家筹码

下移法监测庄家筹码有一个假设，即“获利25%仍然没有抛出的筹码为庄家筹码”。

在此假设条件下，投资者要想测定某一日的庄家筹码，可以将光标定位在该股收盘价下方25%的位置，看该位置在筹码分布图上的获利筹码有多少，即可以粗略地认为这部分筹码为庄家筹码，方便进行后续买卖的判断。

投资者需要注意的是，下移法只能用于处在强劲拉升上扬阶段的个股。

如图8—32所示为航天信息（600271）在2010年11月10日的筹码分布图。

11月10日前后，股价在经过一波大幅上涨之后开始回落，许多筹码正在向上转移，但11月10日的筹码分布图表明，下方仍有大量筹码在持股待涨。那么这其中的庄家筹码有多少呢？

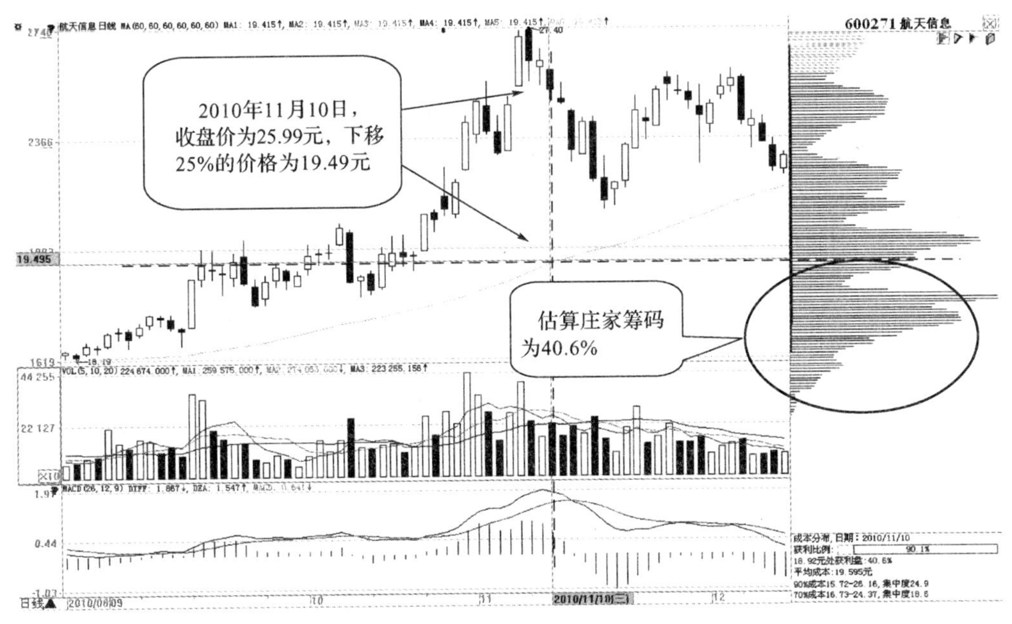

图8—32 航天信息日K线1

当日，该股收盘价为25.99元，则跌幅25%的价格为19.49元。投资者可以看到，在19.49元这个价位，40.6%的筹码处于获利状态，也可以粗略地认为庄家的筹码达到流通盘的40.6%。庄家资金在调整中仍然大量坚守，往往说明后市仍会有涨势。投资者此时可以考虑继续持股。

如图8—33所示，航天信息（600271）股价在2010年11月10日附近达到一波上涨浪的高点后，经过震荡整理，继续沿上升趋势线上涨。2011年8月24日，该股达到此波上涨的最高点。用下移法分析筹码分布，可以帮助投资者尽量将获利最大化。

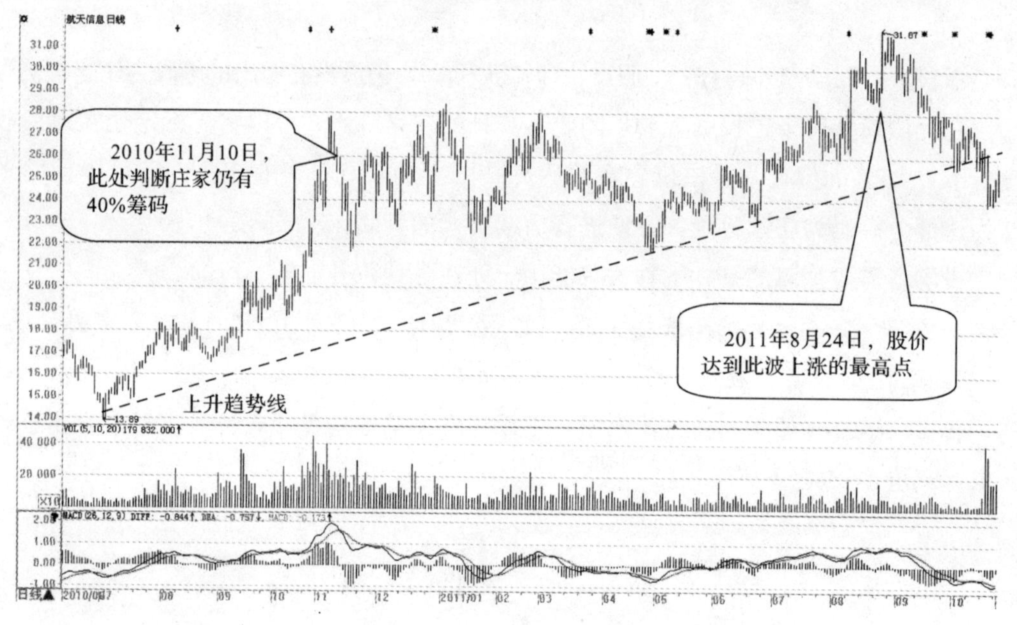

图8—33　航天信息日K线2

8.2.3　横盘法监测庄家筹码

在长期震荡走势中，大量低位筹码向上转移，同时许多高位筹码也向下转移，往往造成震荡区域的筹码堆积，形成筹码分布的密集峰。但如果在震荡区域的下方或下方一档仍然分布着大量筹码，就表明仍有较多筹码没有趁机出场，而是继续持股待涨。这部分筹码就是庄家筹码。

如图8—34至图8—36所示，从2011年5月开始至2012年3月，大盘走势较弱，而汤臣倍健（300146）却走出了长牛股的走势。可以看到，该股上涨持续时间长，且在2011年11月至2012年2月有一次较长时间的整理。投资者遇到长期的横盘整理，通过横盘法观察筹码分布的变化，要理清思路，坚定持股。投资者可以分三步使用横盘法观察筹码分布的变化，监测庄家动向。

第一步，如图8—34所示，2011年11月9日，股价走出长阳线上涨至阶段高点，开始进行箱体震荡整理。此时，大部分筹码仍在底部，表明庄家并未进行出货活动，投资者可以继续持股。

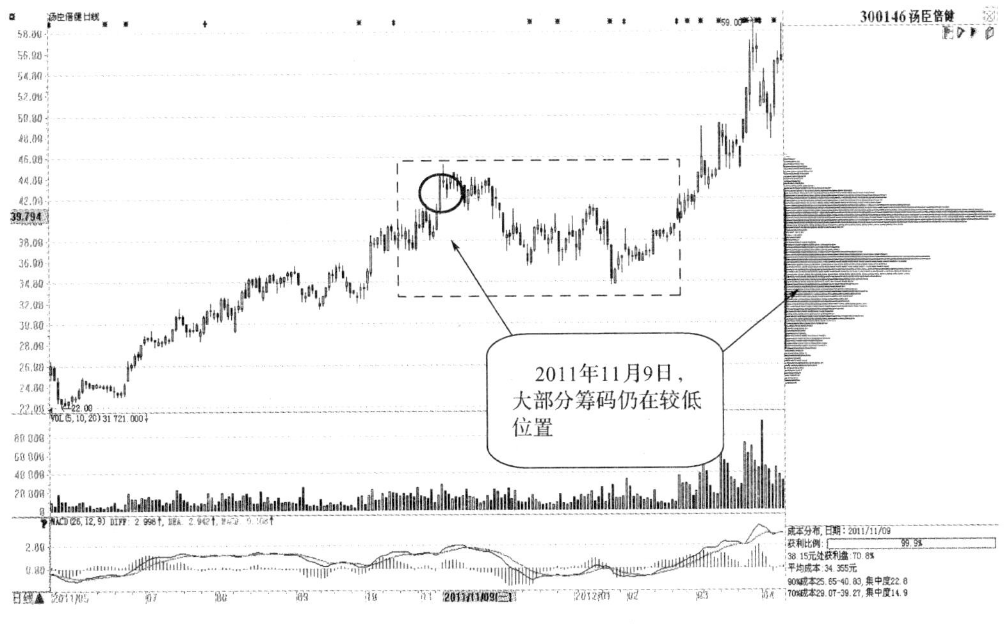

图 8—34 汤臣倍健日 K 线 1

第二步，如图 8—35 所示，2012 年 2 月 15 日，该股在经历了箱体区域的震荡整理后，开始持续上涨。可以看到，此时在低位仍然留有一部分筹码，面对调整而不动

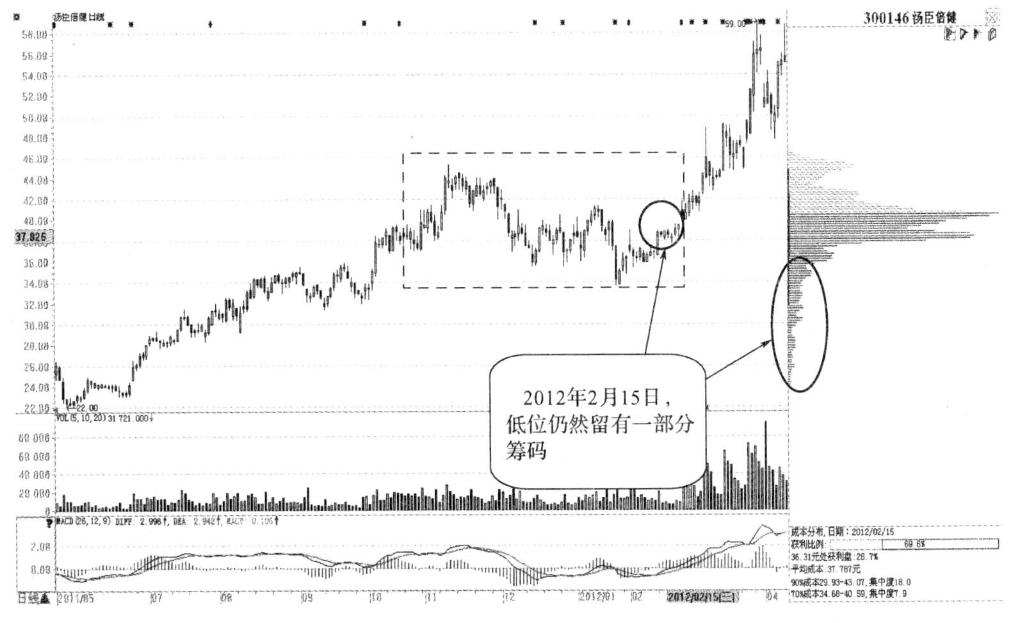

图 8—35 汤臣倍健日 K 线 2

摇，基本可以断定这是庄家筹码。因此，此处遇到回调，投资者可以继续持股。

第三步，如图 8—36 所示，2012 年 3 月 28 日，该股运行到高位，股价波动变得剧烈，成交量持续创出新高。高位股价走势波动加大，而筹码分布与之前相比，重心上移，高位筹码已经大量聚集，此前的低位筹码已经基本消失。这些都是庄家筹码正在抛出的信号，此时庄家较容易利用散户的跟风盘抛售筹码，因而造成股价高位的剧烈波动，庄家出清筹码后，后市往往看跌。此时投资者应果断卖出该股。

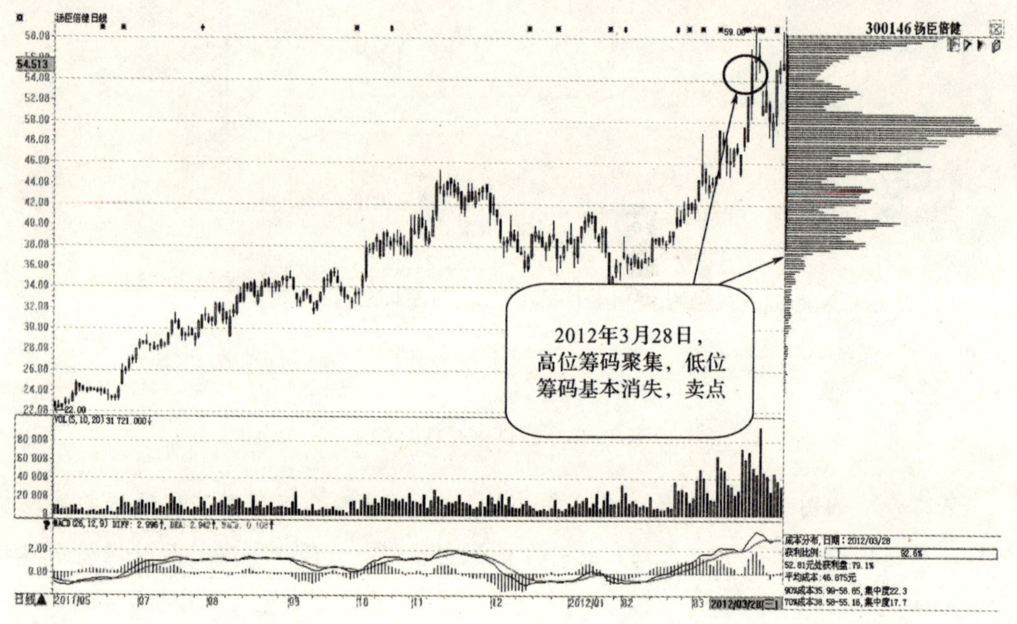

图 8—36　汤臣倍健日 K 线 3

第 9 章

跟庄实战案例解读

9.1 短线跟庄的5个实战案例

9.1.1 岳阳兴长

图9—1、图9—2和图9—3分别为岳阳兴长（000819）的日K线和分时走势图。

2011年12月，该股正处于下跌趋势中。12月22日，股价跳空向下，在逼近跌停的位置突然被巨大的成交量托起（见图9—2），表明有庄家开始入场建仓。之后，该股在低位缓缓震荡，不断出现带长上影线或长下影线的K线，这是庄家正在不断建仓的重要标志。

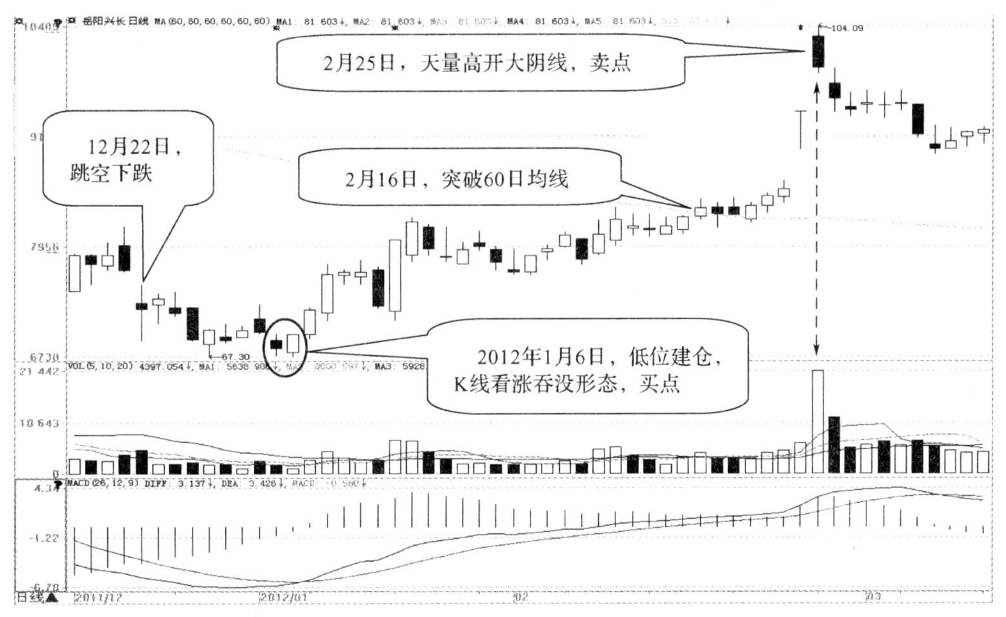

图9—1 岳阳兴长日K线

2012年1月6日，股价K线形成看涨吞没形态，投资者可以短线买入。

之后该股持续上涨，2月16日，顺利突破60日均线，表明上涨趋势初步形成。之后，该股加速向上，2月24日一度涨停。

2月25日，该股在高位出现天量高开大阴线。从当天分时走势图（见图9—3）

中可以看出，股价在开盘涨停后不久就持续下跌，一度放出巨量。这是庄家开始出货的重要标志，投资者要注意及时卖出持股。

之后几个交易日，该股在高位出现多根星线，表明庄家仍在持续出货，还没有出场的投资者可以积极卖出。

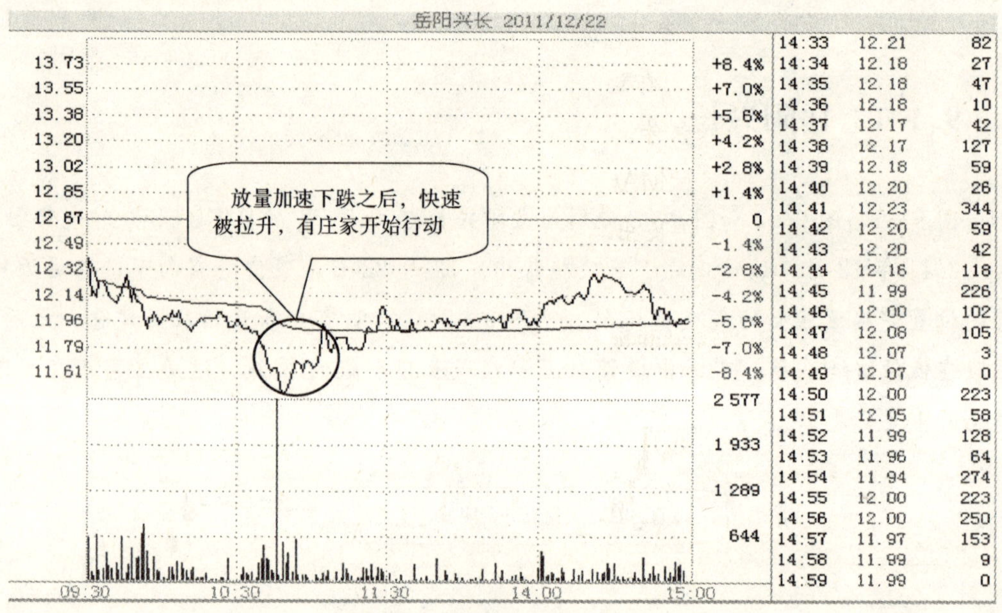

图 9—2 岳阳兴长分时走势图（2011 年 12 月 22 日）

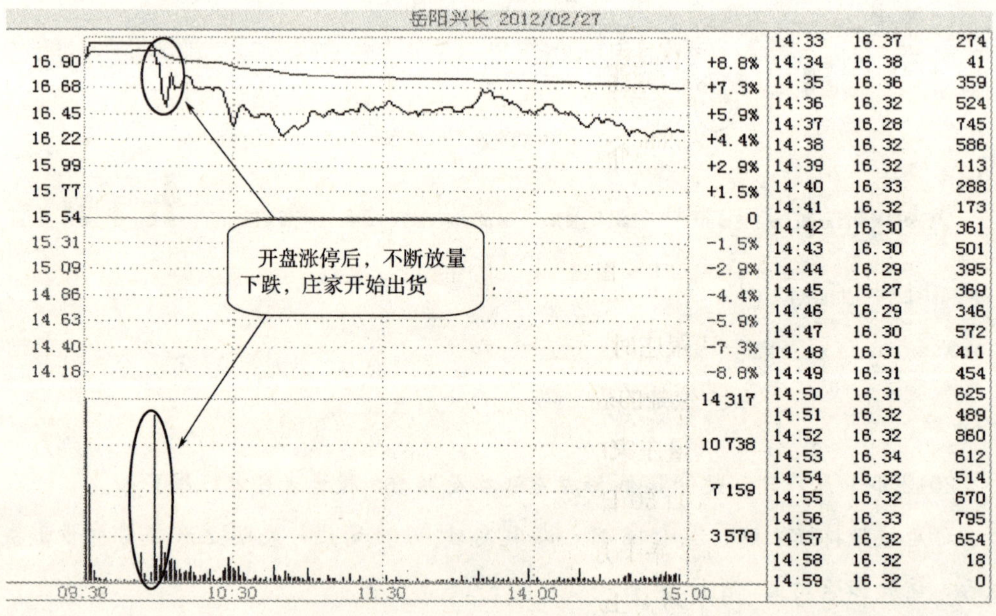

图 9—3 岳阳兴长分时走势图（2012 年 2 月 27 日）

在两个月的操作过程中，投资者要注意以下几个重要看点。

看点1：大盘的配合

一般来说，短线跟庄买点与大盘关系虽然不如中长线跟庄买点与大盘的关系那样密切，但如果有大盘的配合，其买卖点往往会更为可靠。

如图9—4所示，2011年9月到12月，大盘整体上处于下跌趋势中。在12月份，指数缓缓下跌，连创新低。在这种背景下，岳阳兴长在低位开始逐渐企稳，并于2012年1月6日发出买入信号。

2月下旬，大盘出现“MACD柱线与指数顶背离”的看跌信号。在这种背景下，2月25日，当岳阳兴长出现天量高开大阴线时，判断庄家出货的概率大大增加。

图9—4 上证指数日K线

因此，投资者在短线跟庄时，务必注意大盘的动向。

看点2：在重要阻力位处的表现

跟庄时，要不断地掂量庄家的实力以及前期套牢盘的力度。投资者要密切注意股价在“重要阻力位”处（如60日均线、30日均线、下降趋势线等）的表现。

如图9—1所示，2012年1月下旬到2月上旬，岳阳兴长的股价在逼近60日均线处，略微回调后，缓缓平移向上。它表明该股庄家实力较强，面对前期套牢盘的压力，仍能占据一定优势。

看点 3：突破后的信号

股价突破重要阻力位之后，意味着上涨趋势已经初步形成，但投资者仍要耐心观察。如果股价接下来能够回调确认，则上涨趋势将更为可靠。

有时股价突破后，庄家可能会制造种种“骗局”引投资者上当。

如图 9—5 所示，2012 年 2 月 16 日，岳阳兴长向上突破 60 日均线。之后，从 2 月 21 日到 23 日，该股 K 线形成“三红兵”看涨形态，2 月 24 日，该股又公布利好消息（子公司出现重大投资活动）。在“三红兵＋重大利好”的刺激之下，2 月 24 日该股直接涨停，第二天，股价继续以涨停开盘。但之后庄家的大肆出货证实这只不过是他们的骗局。

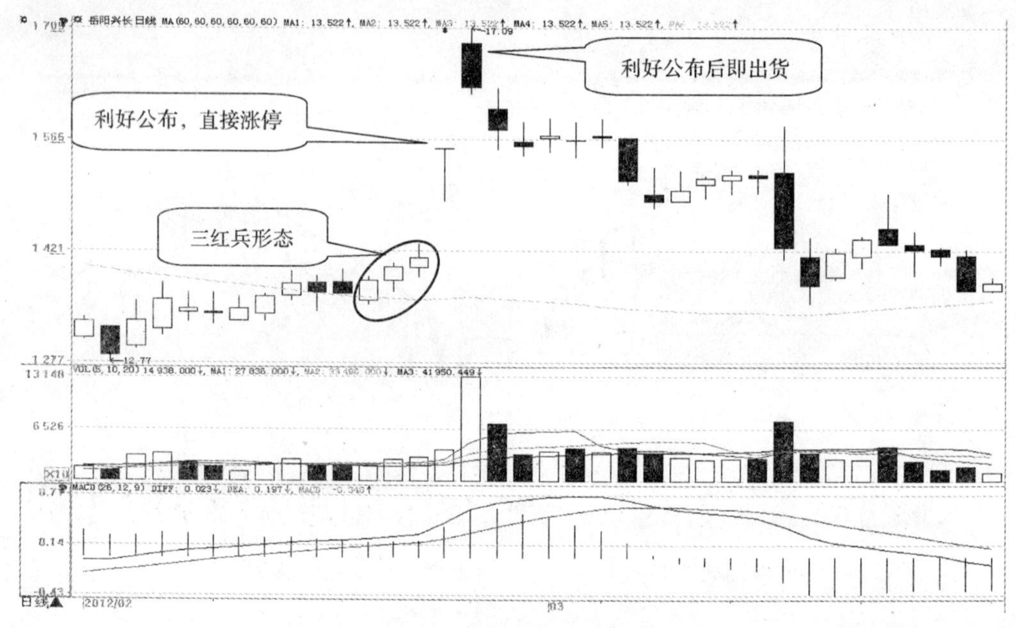

图 9—5　岳阳兴长日 K 线

9.1.2　津滨发展

如图 9—6 所示，从 2011 年 11 月到 2012 年年初，在大盘持续下跌的背景下，津滨发展（000897）也持续下跌。

与大盘和其他股票不同的是，从 2011 年 12 月中旬到 2012 年 1 月上旬，该股股价在持续下跌的同时，成交量却持续上升，形成价跌量增的背离局面。它表明有庄家正在下跌过程中趁机吸筹。从 1 月 6 日开始，股价开始止跌回升，投资者要注意伺机买入。

2月28日，股价出现高开阴线，庄家开始出货，投资者要注意及时卖出。

该股与岳阳兴长同处的时间基本一致，但由于该股没有利好消息的刺激，所以上涨速度不如岳阳兴长。因为是短线操作，所以在2月28日股价出现高开阴线时即可卖出。

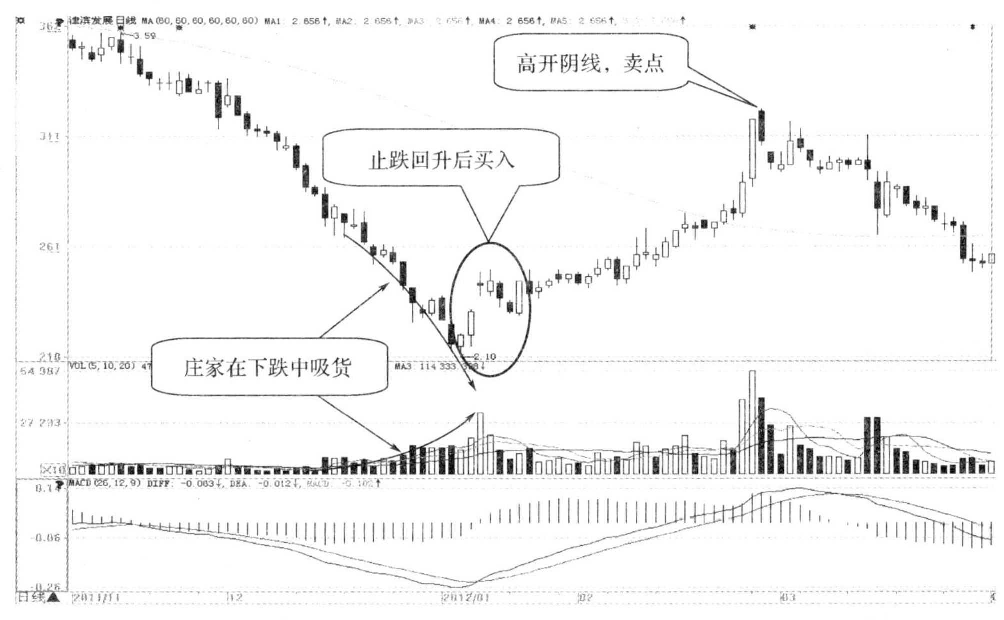

图9—6 津滨发展日K线

9.1.3 数源科技

图9—7、图9—8和图9—9分别为数源科技（000909）的日K线和分时走势图。

2011年8月9日，股价在经过一波下跌后出现锤子线的看涨形态。从分时走势图（见图9—8）中可以看出，当日股价低开并创出新低后，被快速拉起，并突破均价线。它表明庄家开始吸筹。短线投资者可以适当买入。

之后，该股持续上涨，8月17日，股价放量突破60日均线。在随后的半个月时间里，股价以小阴小阳线的形式围绕着60日均线持续震荡。投资者要注意防范风险。

9月8日之后，股价在短期内创出新高，MACD指标形成“MACD柱线与股价顶背离”的看跌形态。9月14日，K线形成长长的上影线，同时从当日的分时走势图（见图9—9）可以看出，庄家的每一次拉升，都被前期套牢盘打压下来，表明下跌动能非常强劲，股价接下来仍有较大可能延续原来下跌趋势。再加上 MACD 指标的看跌信号，投资者要注意及时卖出持股。

在数源科技的实战中，投资者要注意以下两个关键点。

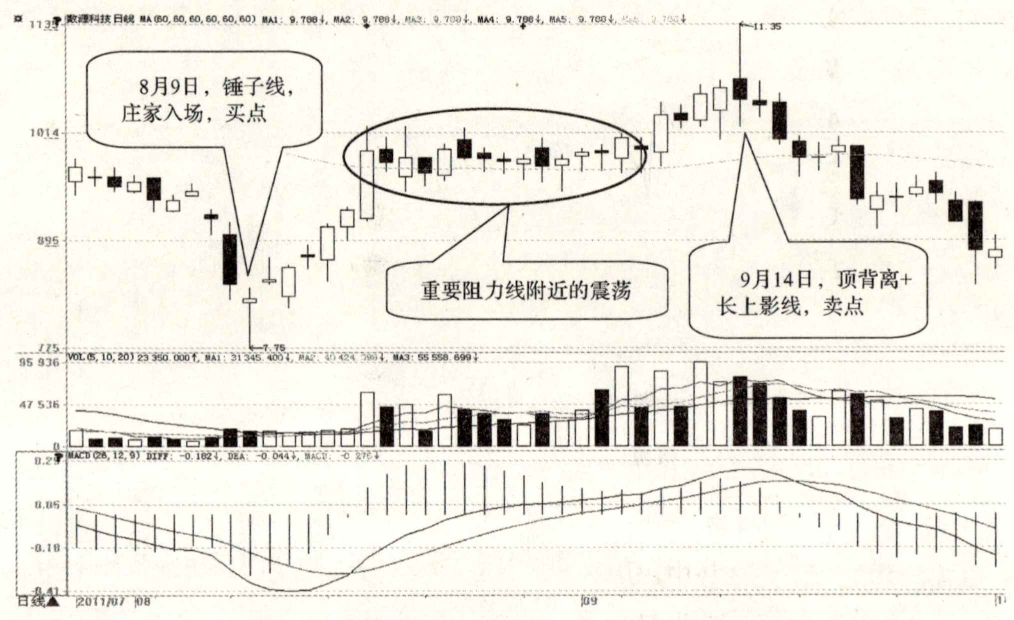

图 9—7　数源科技日 K 线

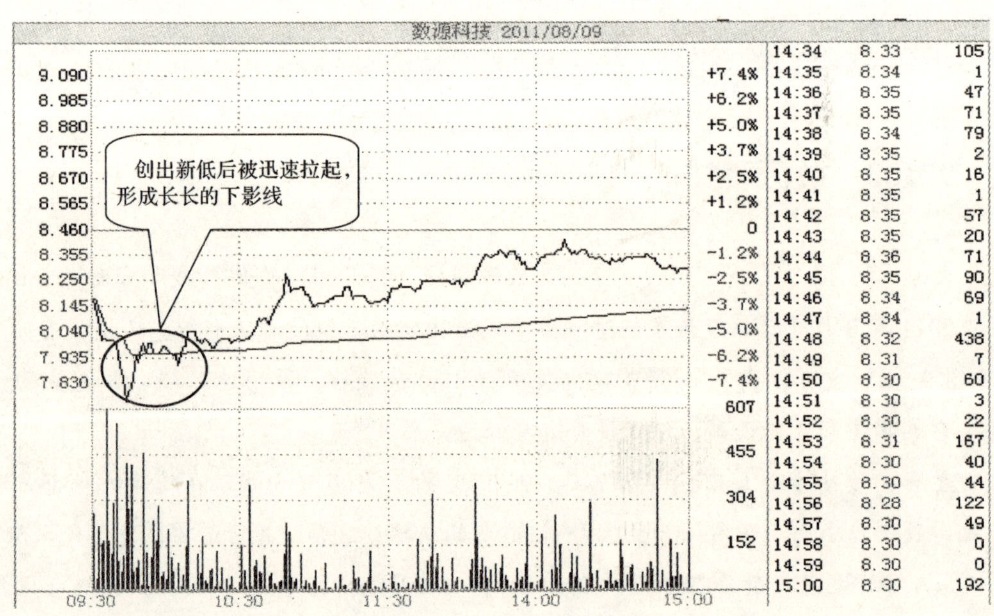

图 9—8　数源科技分时走势图（2011 年 8 月 9 日）

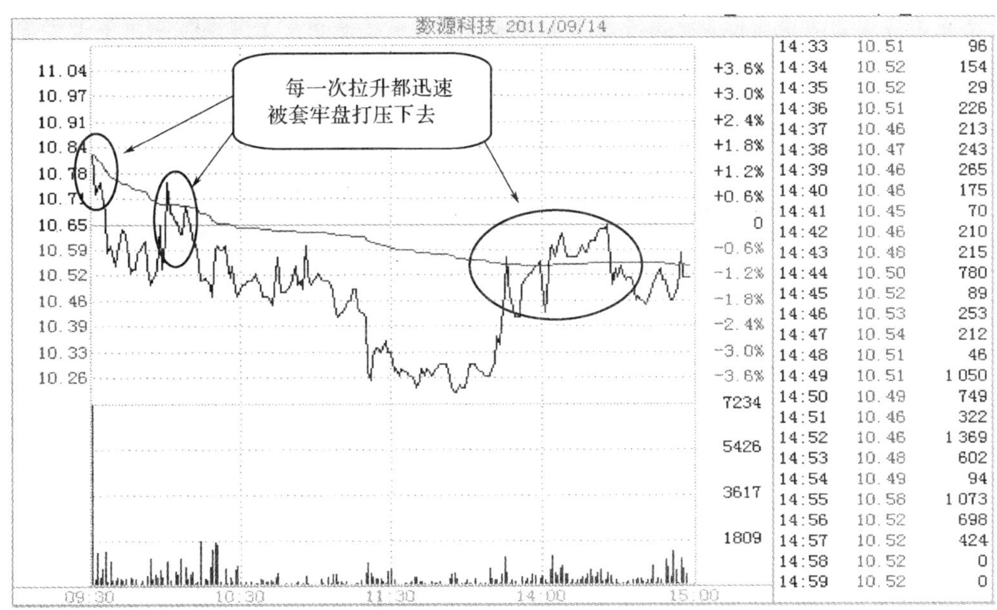

图 9—9 数源科技分时走势图（2011 年 9 月 14 日）

关键点 1：抢反弹策略

在数源科技的这波走势中，从 8 月 9 日到 9 月 14 日，持续时间不过一个多月。这一个多月的上涨走势实际上只是下跌趋势中的一次反弹（见图 9—10），同期大盘仍处于明显的下跌趋势中，而该股在突破 60 日均线后也相当疲软。

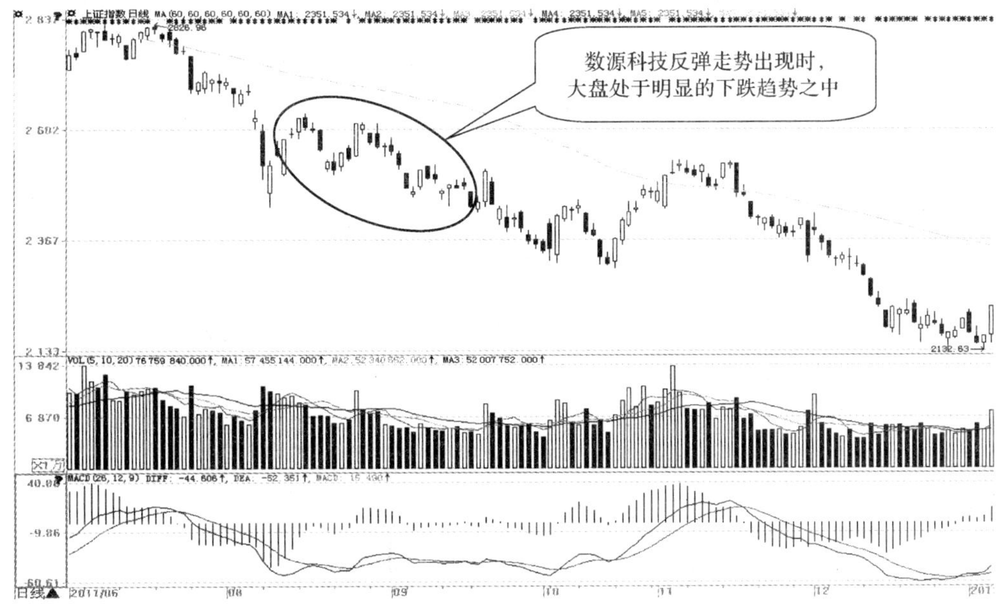

图 9—10 上证指数日 K 线

面对这种“下跌趋势中的反弹”走势，短线投资者可以用适当仓位（如5成仓位、4成仓位等）买入，同时严格控制止损，采用快进快出的策略来获取波段收益。

关键点2：重要阻力位处的卖点

一般来说，当股价经过长期的下跌走势，并反弹向上，回到重要阻力位（如60日均线、下跌趋势线等）时，投资者要密切注意MACD指标的动向。一旦该指标出现“MACD柱线与股价顶背离”形态，投资者就要注意出场，因为这是下跌趋势仍将延续的重要信号。该卖点在实战中十分常见，投资者要尤其留意。

9.1.4 万好万家

图9—11、图9—12和图9—13分别为万好万家（600576）的日K线和分时走势图。

从2010年12月底到2011年1月初，该股的股价在经过一波大幅下跌走势后反弹向上，同时伴随着成交量的放大，表明有庄家在低位开始吸筹。之后股价冲高回调，缓缓下跌，中间夹杂着众多的星线，从2011年1月11日的分时走势图可以看出，股价放量下跌后被快速拉起。它表明庄家有意识地控制涨幅和跌幅，以达到尽可能多地吸筹的目的。

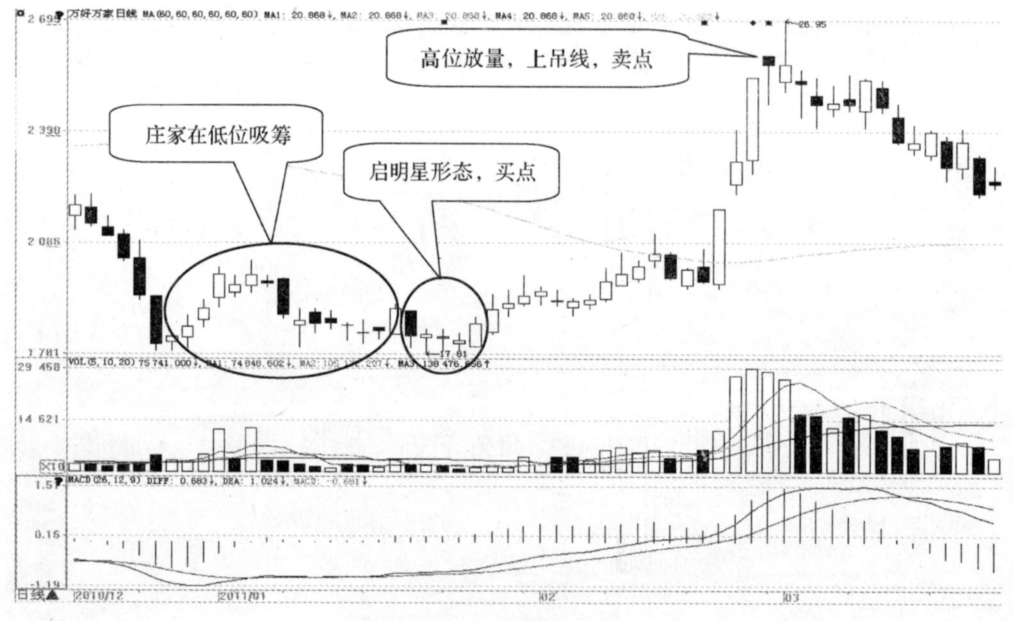

图9—11 万好万家日K线

1 月 26 日，K 线形成启明星形态，投资者可以积极买入。之后，股价持续上涨，2 月 23 日，股价向上放量突破 60 日均线。接下来的几个交易日内，该股继续放量大涨，前期买入的投资者将获利颇丰。

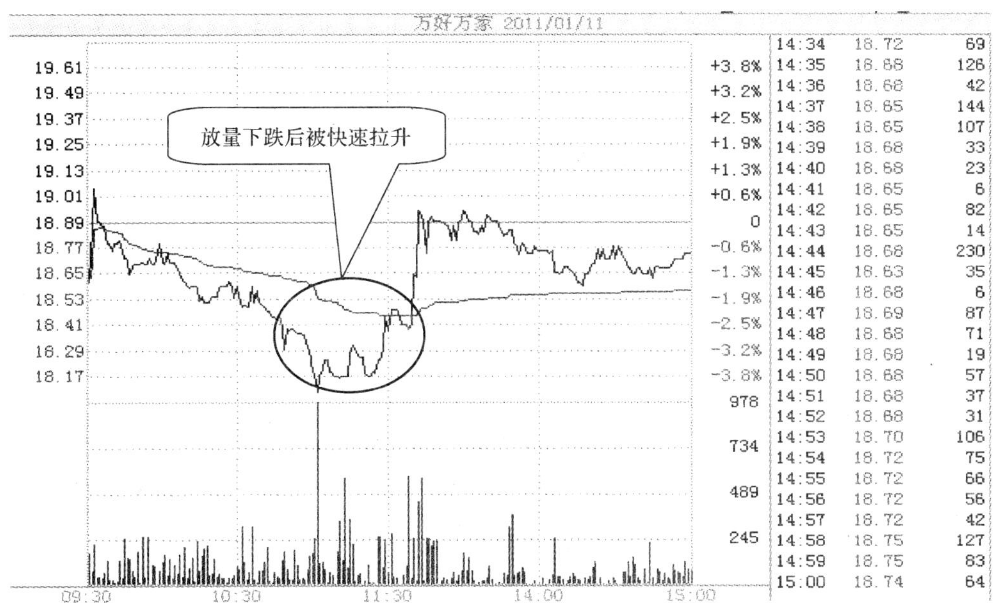

图 9—12　万好万家分时走势图（2011 年 1 月 11 日）

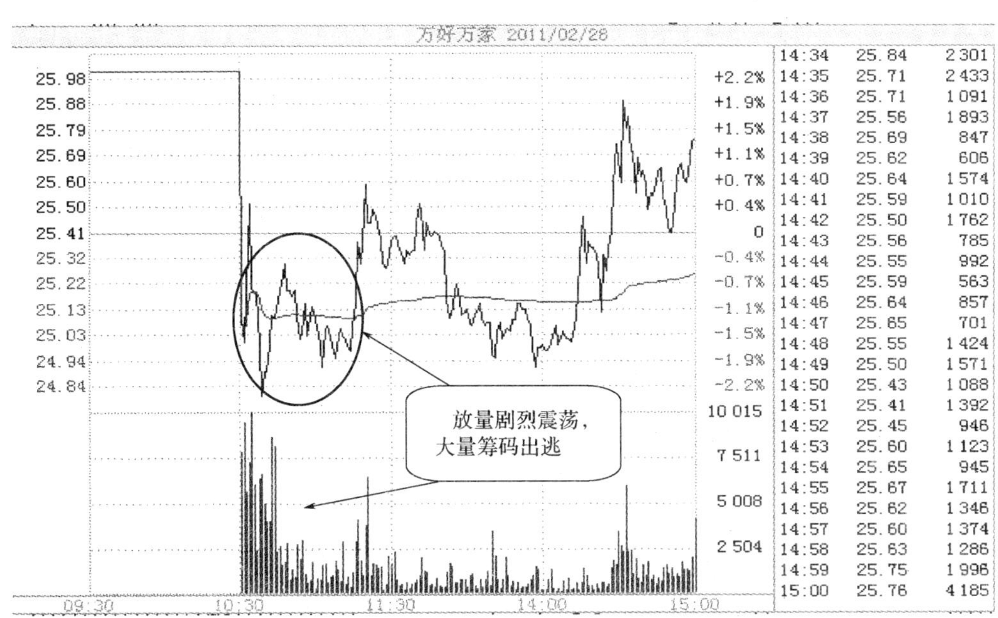

图 9—13　万好万家分时走势图（2011 年 2 月 28 日）

2月28日，股价在高位形成上吊线，同时从分时走势图（见图9—13）中可以看出，当日该股放量剧烈震荡。它表明有大量筹码趁机出逃，为回避风险，投资者可以部分卖出或全部卖出。之后股价一路下跌，还没有全部出场的投资者可以逐步清仓。

9.1.5 广州药业

图9—14、图9—15分别为广州药业（600332）2012年5月25日和7月6日的筹码分布图。

从2012年5月底到7月初，该股经过一波上涨走势后回调震荡。在两个多月的震荡走势中，股价以三角形形态呈现，同时伴随着成交量的缩减。从5月25日和7月6日的筹码分布图对比中，投资者可以观察到，随着震荡走势的延续，该股筹码集中度提高，形成相对高位密集峰。投资者要注意上涨趋势的延续走势。

7月9日，股价放量突破三角形形态上边线，表明庄家经过震荡洗盘之后，再次开始拉升，投资者要注意积极买入。

之后该股持续上涨，并在很短时间内连续两个涨停。

不过，随着股价上涨创出新高，MACD指标中的DIFF线却无法创新高，二者形成顶背离形态。7月16日，K线形成了射击之星形态。

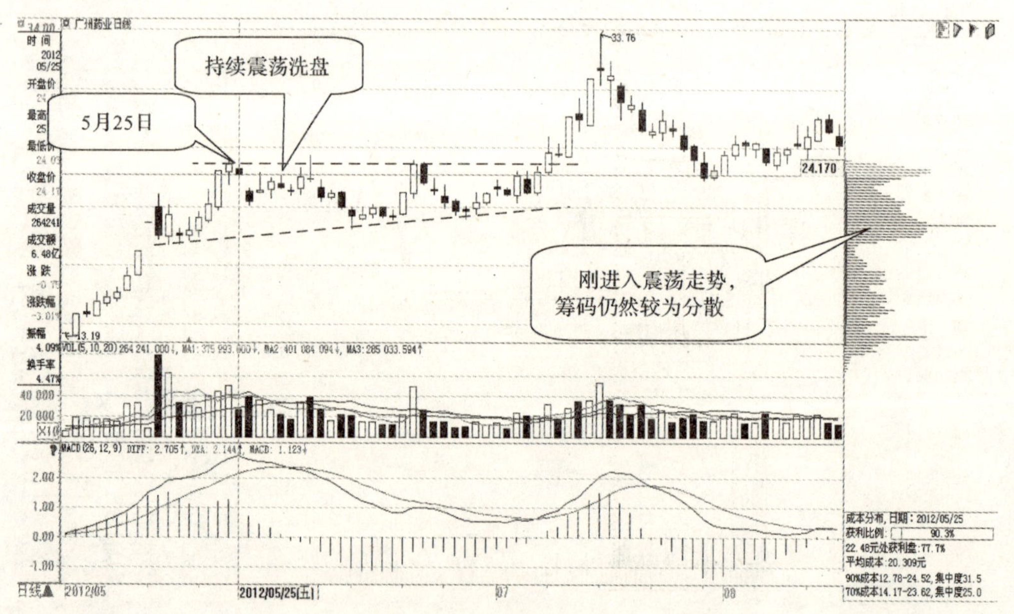

图9—14 广州药业筹码分布图（2012年5月25日）

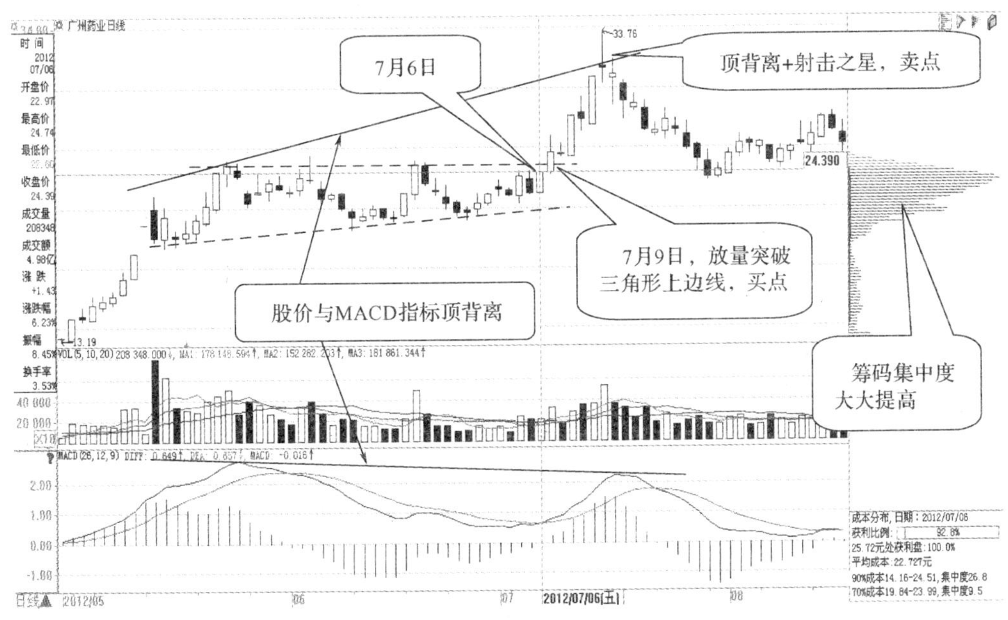

图 9—15 广州药业筹码分布图（2012 年 7 月 6 日）

如图 9—16 所示为 7 月 16 日的分时走势图。从图中可以看出，股价当天放量冲高后，迅速下跌，在尾盘时候又出现放量下跌走势。这样的射击之星形态与 MACD 指标背离形态叠加在一起，下跌意义更加强烈。投资者要注意果断卖出。

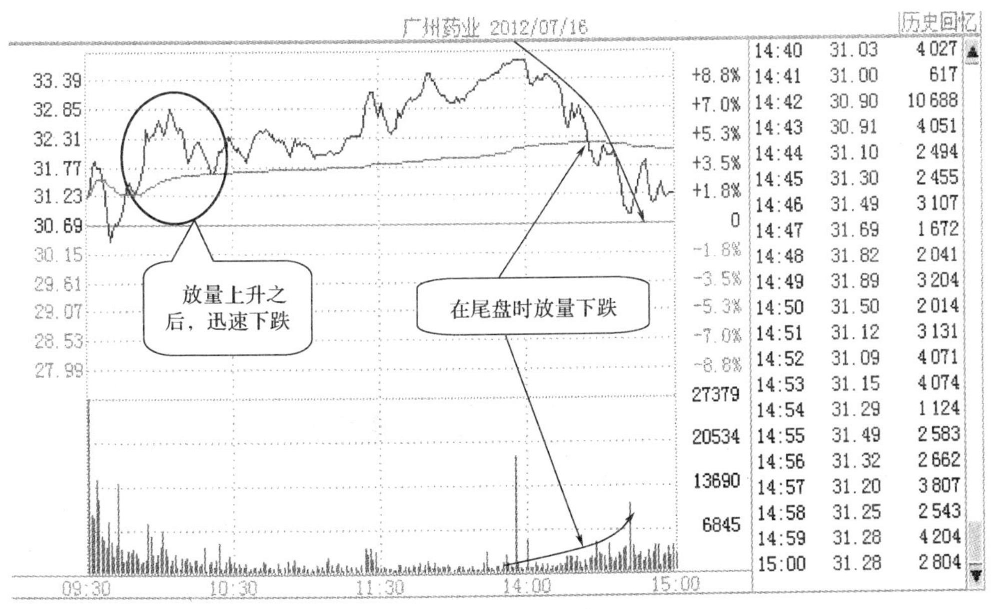

图 9—16 广州药业分时走势图（2012 年 7 月 16 日）

9.2 中长线跟庄的5个实战案例

9.2.1 万向德农

图9—17、图9—18分别为万向德农（600371）2011年8月9日和10月27日的筹码分布图。

8月9日，从筹码分布图中可以看出，该股上方形成两个筹码密集峰。其中一个位于高位，表明上方套牢盘非常多，股价上涨阻力很大。另一个位于低位，表明低位有人开始吸筹。之后一段时间，股价在低位反复震荡。庄家在这个过程中不断吸筹，并消化上方套牢筹码，为之后拉升股价做准备。

截至10月27日，上方套牢筹码已经基本被完全消耗，筹码分布指标在低位聚集。这表明庄家已经在震荡区域掌握大部分筹码，上方阻力已经很小。未来股价很有可能在庄家的拉升之下大幅上涨。此时投资者可以积极买入。

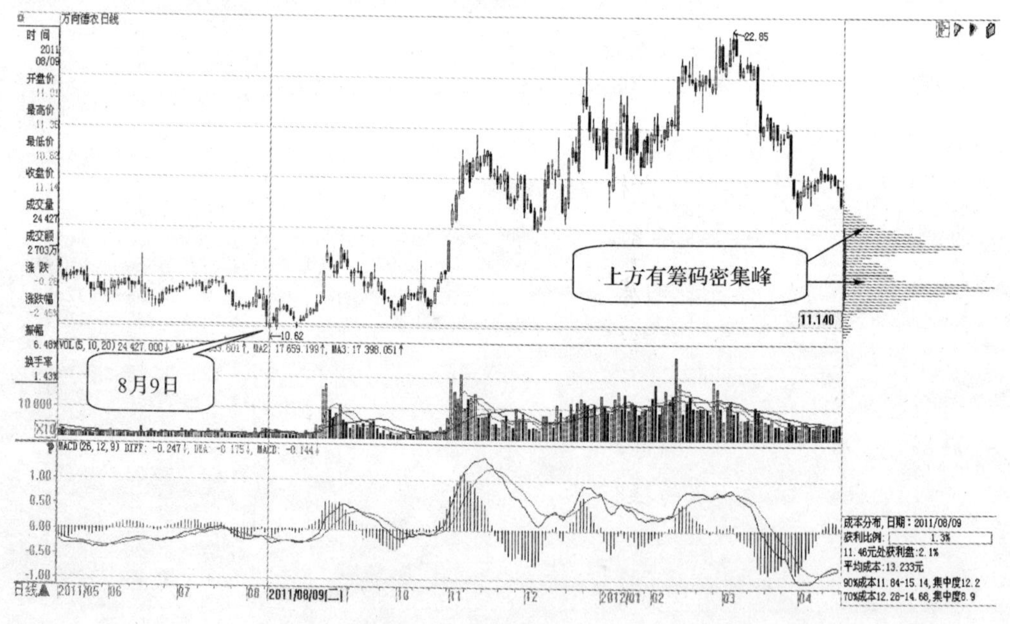

图9—17 万向德农筹码分布图（2011年8月9日）

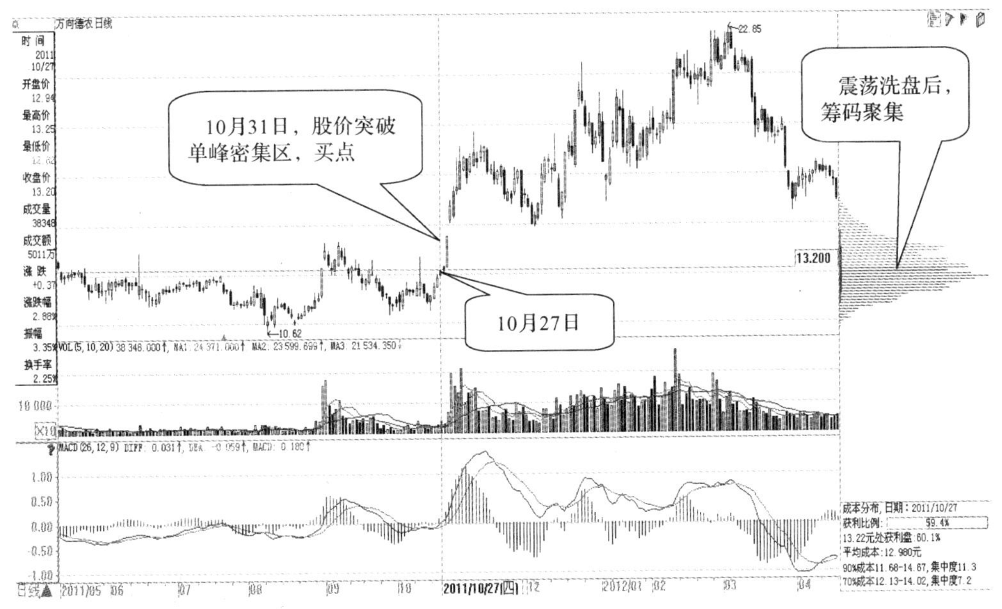

图 9—18 万向德农筹码分布图（2011 年 10 月 27 日）

投资者在操作该股票时，要注意以下几个注意事项。

事项 1：底背离的买点

在该例中，2011 年 8 月初，股价创出新低，同时 MACD 指标柱线也与股价形成底背离。这虽然是看涨买入信号，但此时投资者最好不要行动。这是因为，当时股市整体处于大熊市中，下跌动能非常强烈，股价连创新低，即使出现 MACD 指标的看涨信号，估计涨幅也会很有限，风险较大。投资者买入，也容易被打掉止损。一些激进的投资者即便要买入，也要严格控制仓位和止损。

如图 9—19 所示，2011 年 8 月到 10 月，国星光电（002449）股价在下跌过程中与 MACD 指标柱线形成明显的底背离形态。这虽然是看涨信号，但在大熊市的市场环境下，投资者最好要等上涨趋势确定之后再买入。之后，该股继续延续原来的下跌趋势，屡创新低。

背离形成后一段时间，股价虽然在短期内放量上涨，但很快就遇阻回落，再次进入下跌行情。中长线投资者的操作周期一般较长，最好等上涨趋势彻底形成之后再买入。

事项 2：大涨之后的筹码分布的变化

在第 8 章中说过，庄家在拉升之后，如果是散户，很容易抛掉手中的筹码，因为他们面对巨大的涨势无法做到心不动摇。因此，投资者可以将那些面对大涨走势仍然

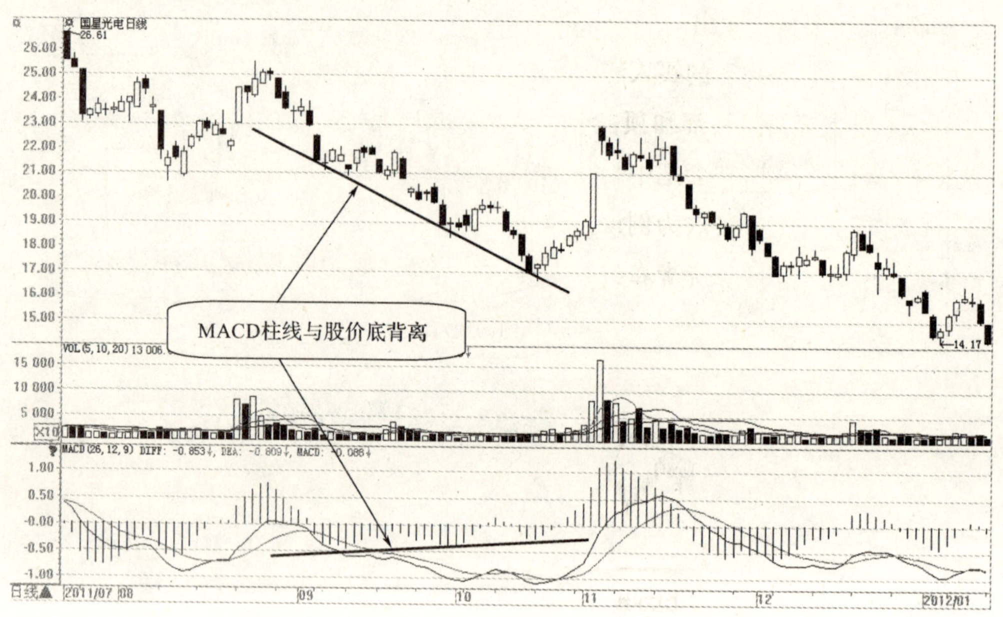

图 9—19　国星光电日 K 线

不动摇的筹码归为庄家筹码。

如图 9—20 所示，2011 年 11 月初，投资者买入万向德农之后，股价出现一波涨势。几个交易日内涨幅超过 30%。从 11 月 7 日的筹码分布图可以看出，下方筹码仍然众多，表明庄家仍然在持股待涨。投资者不可随便抛出持股，也应继续持股待涨。

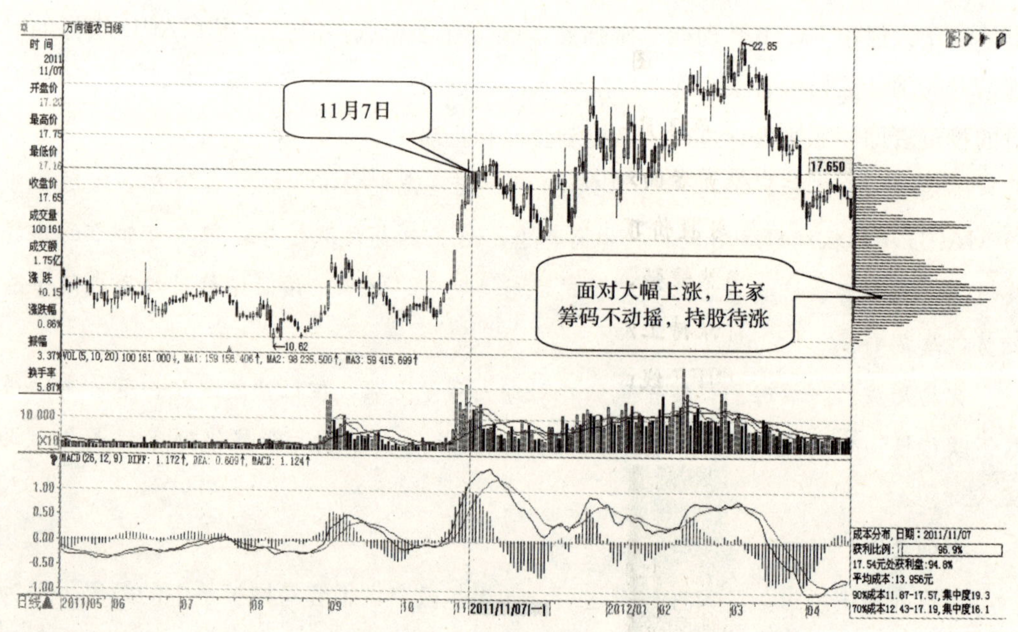

图 9—20　万向德农日 K 线

事项3：不要随便卖出

中长线操作，投资者的买入和卖出都要慎重，要立足于长远，不能被短期买卖点所吸引，不要妄想抓住头部和顶部，只需要抓住一波大趋势70%左右的涨幅就可以了。否则，投资后则往往会把中长线操作不知不觉中转换为短线操作。

下面我们仍以万向德农为例加以说明。

如图9—21所示，投资者在买入之后，万向德农出现大涨走势。

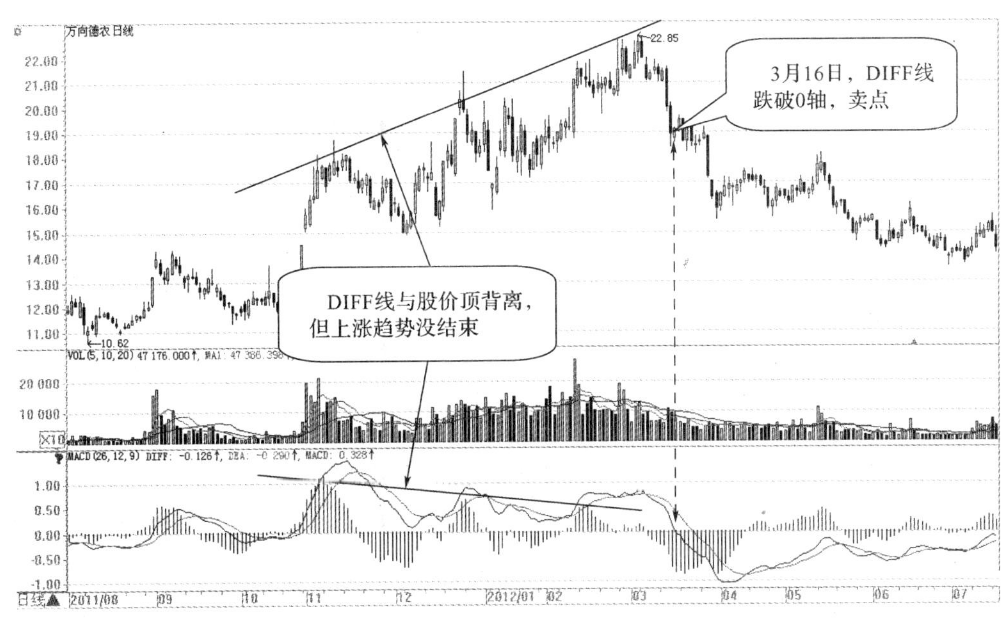

图9—21 万向德农日K线

2011年11日至2012年3月，股价与MACD指标柱线形成顶背离形态。虽然这是看跌信号，但中长线投资者面对这种走势，最好不要轻易卖出。这是因为，MACD指标虽然出现“DIFF线与股价顶背离”形态，但DIFF线始终仍处于0轴上方较远的位置，说明上涨动能仍然较强，股价仍处于上涨趋势中，此时的顶背离虽然会造成股价的暂时回落，但股价保持上涨趋势的概率更大。

一直到3月16日，DIFF线向下跌破0轴，表明上涨趋势初步结束。中长线投资者才能卖出。

实战经验

对中长线投资者来说，其利润的获得最重要在于“坚持”，一旦失去自己的仓位，想要补回来，往往会非常困难。这可能与以下几个心理因素有关。

(1) 当前的买点并不是经典买点。

(2) 总是想起之前的买入价位，对当前的价位，不论高低，总觉得不太理想。其潜意识是：如果时光能倒流该多好啊！

事项 4：多指标配合

在中长线操作中，为增加跟庄买卖点的可靠性，投资者要注意综合多个技术分析工具，进行综合判断。

在万向德农这个例子中，综合运用了 MACD、筹码分布这两个技术指标。

9.2.2 鼎立股份

如图 9—22 所示，2010 年 7 月下旬到 12 月上旬，鼎立股份（600614）整体上一直处于横向震荡走势中。在将近 5 个月的时间里，该股一直围绕着 60 日均线上下盘旋。与此同时，大盘出现一波较大的上涨趋势（见图 9—24）。它说明该股藏有实力强大的庄家，能够在大盘大涨时左右个股的走势。投资者要密切注意该股后市走势。

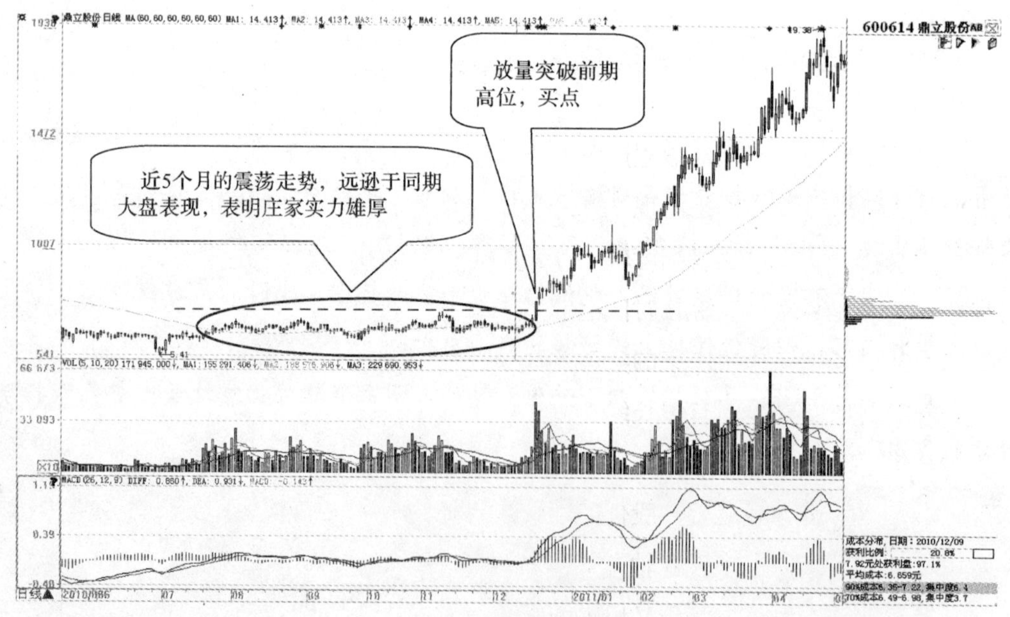

图 9—22　鼎立股份日 K 线

12月9日，股价仍然在60日均线附近徘徊，从当日的筹码分布图可以看出，筹码已经高度集中（达到6.4），庄家已经通过长时间的洗盘将上涨阻力消掉。

12月19日，股价放量向上突破前期震荡高点，次日股价放量突破筹码低位密集峰。它表明庄家的拉升开始，投资者要注意果断跟庄买入，之后该股涨幅巨大。

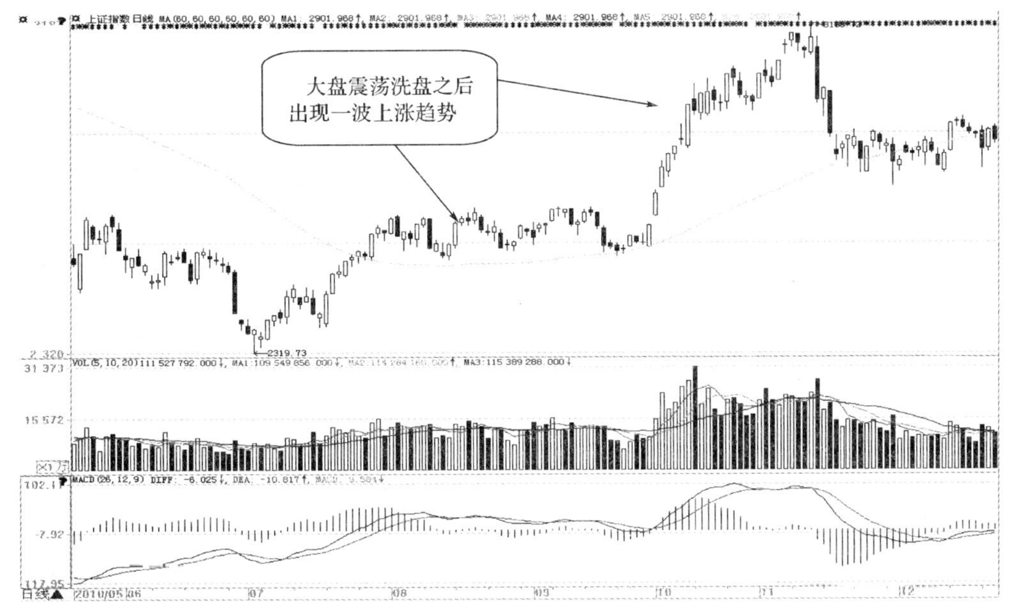

图9—23 上证指数日K线

投资者在操作该股时，要注意下面几个重要看点。

看点1：反常走势

细心的投资者会发现，鼎立股份的反常走势实际上从2010年5月就开始了。从5月下旬到6月底，该股先是出现了1个多月的震荡走势。在该震荡走势中，夹杂着大量的小阴小阳线，同时震荡幅度较小。这是比较典型的庄家试盘动作。

从7月下旬开始，股价长时间放量震荡，一直延续到12月上旬，在该涨的时候反而一直放量震荡，说明庄家的实力不可小觑。

这些反常走势都表明有中长线庄家在其中运作，投资者要注意其买卖点的出现。

看点2：卖点

该股拉升阶段出现之后，股价即放量上涨，之后一直没有明显的卖点。一直到5月23日，DIFF线向下跌破0轴，同时股价向下跌破60日均线，这是上升趋势结束的一个初步信号。不久，股价又出现下跌趋势的反弹确认信号，还没有出场的投资者要注意清仓（见图9—24）。

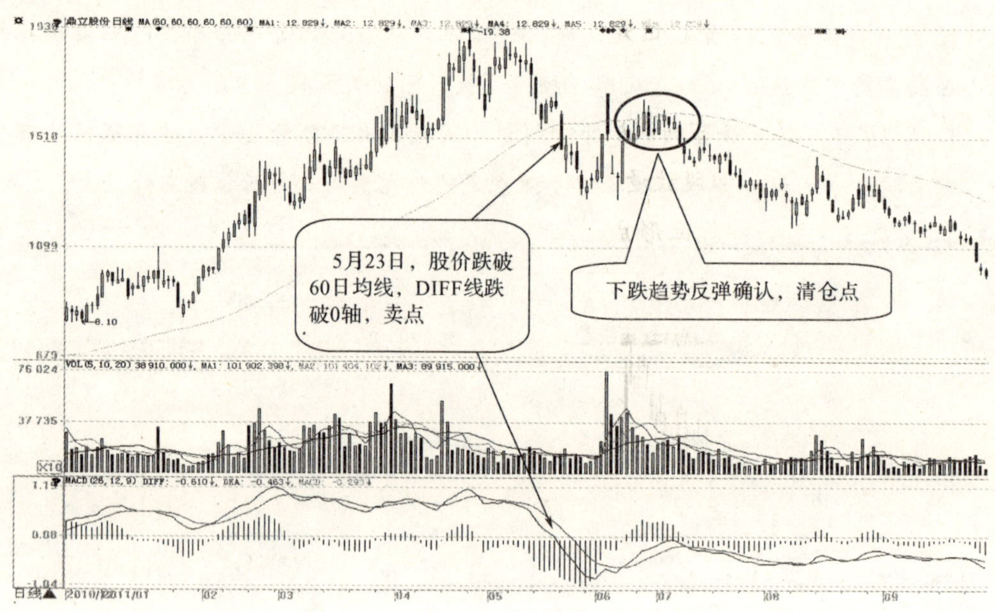

图 9—24　鼎立股份的两个卖出信号

9.2.3　氯碱化工

如图 9—25 所示，从 2011 年 1 月下旬开始，伴随着大盘的反弹向上（见图 9—26），氯碱化工（600618）也缓缓向上并在 60 日均线上方站稳，同时伴随着成

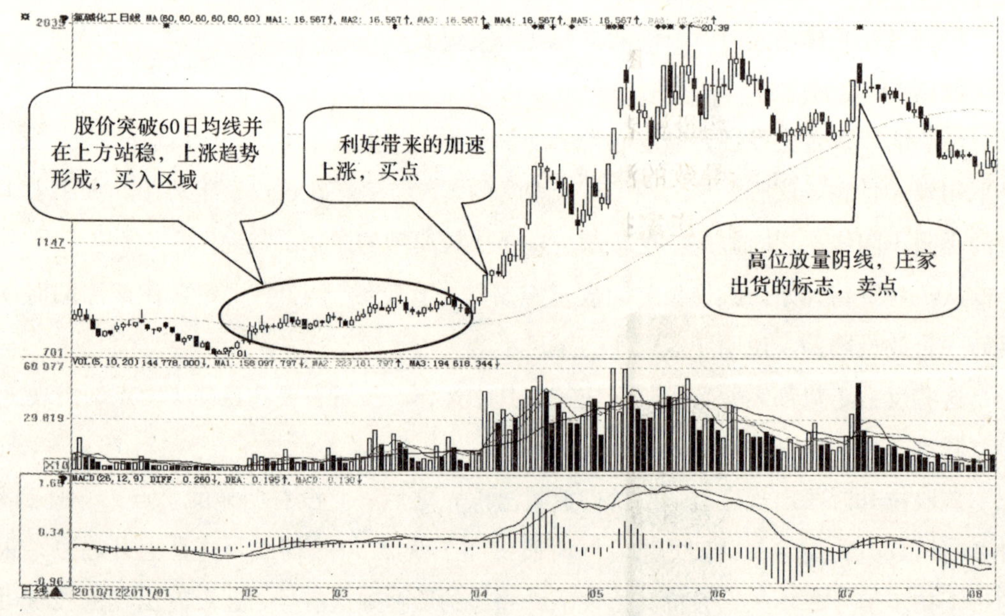

图 9—25　氯碱化工日 K 线

交量的放大和筹码的集中。这是上涨趋势已经初步形成的标志，投资者可以适当买入。

4月7日，该公司公布利润剧增的超级利好消息，股价开始放量加速上涨，投资者可以加仓买入。之后该股放量大涨，前期买入的投资者将获利巨大。

7月6日，该股在高位形成放量阴线，表明庄家开始出货，投资者要及时卖出。

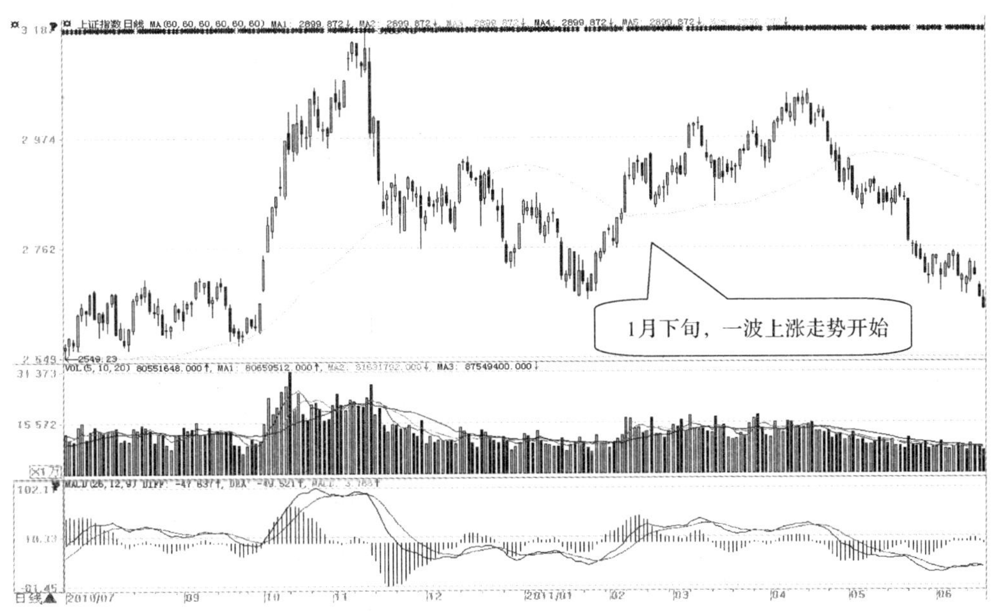

图9—26 上证指数日K线

买入该股之后，一些投资者疑神疑鬼，认为4月7日的买点是公司的利好消息所致，而利好消息所导致的涨势一般不会长久，所以市场一有风吹草动他们就要卖出，其实大可不必。庄家操作自有其操作的逻辑，要严格按照交易系统来行动。

实战经验

在实战中，细心的投资者会发现，该股在2010年7—11月的小牛市中表现得较为弱势。与鼎立股份类似，这种走势被称为“突如其来的涨势”，一旦突然降临，其涨幅必然令人瞠目结舌。而在大涨出现之前，其最大的特征就是常常出现一些反常走势。

9.2.4 信达地产

中长线操作十分讲求大势，如果大势适合，选股时机又恰到好处，又能持股不动，一直到上涨趋势结束，则最终的获利必然十分丰厚。

例如，2008年11月初，在大熊市后期，人心思变，国务院顺势推出“四万亿经济刺激计划”，一波中型牛市随即出现。该刺激计划对地产、水泥、建材等板块构成直接利好，投资后可以在这些板块选择股票进行投资。

如图9—27所示，2008年10月底，信达地产（600657）在下跌趋势中创出新低后逐渐企稳。同时MACD指标出现“DIFF线与股价底背离”的看涨形态，但由于股价久处熊市，投资者最好等上涨趋势形成后再入场。

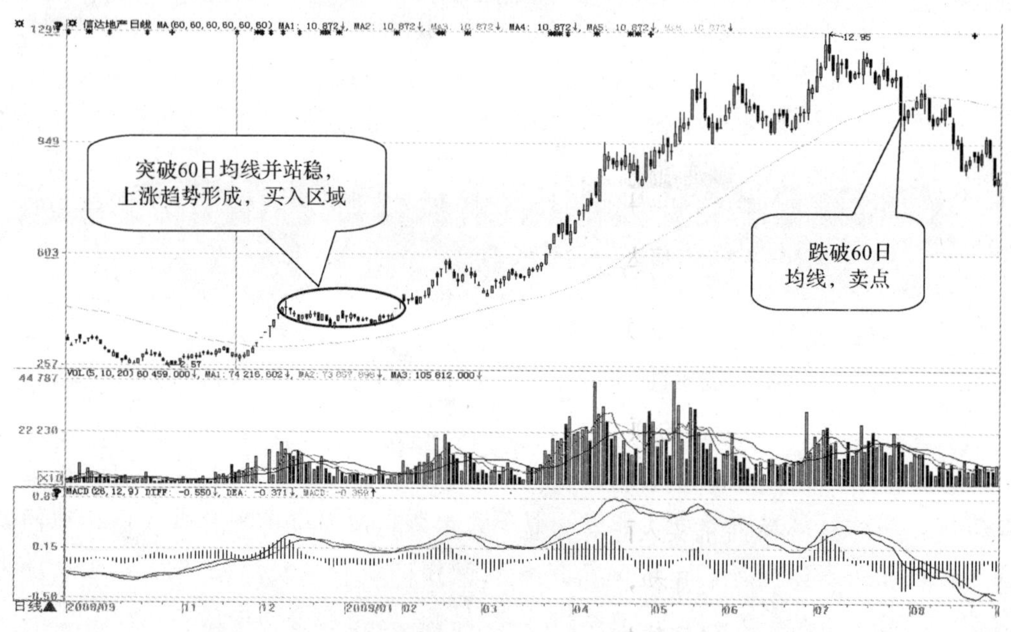

图9—27 信达地产日K线

11月初，国务院“四万亿经济刺激计划”出台，股价随即大幅上涨。11月27日股价放量突破60日均线，之后几个交易日甚至出现几个连续的涨停板，这是庄家正在拉高建仓。

12月11日，股价冲高回落，从当日分时走势图中可以看出（见图9—28），股价快速下跌后，又被快速拉升，但已经无法再创新高。它表明下跌动能虽然暂时占据优势，上涨动能依然强烈。之后该股以横向震荡的方式来洗盘，逐步向60日均线处逼近。它表示上涨动能已经彻底形成，投资者可以积极买入。

2009 年 1 月下旬，庄家的拉升动作开始。之后该股持续上涨，一直到 7 月 29 日，股价跌破 60 日均线，上涨趋势彻底结束。投资者要注意及时卖出持股。

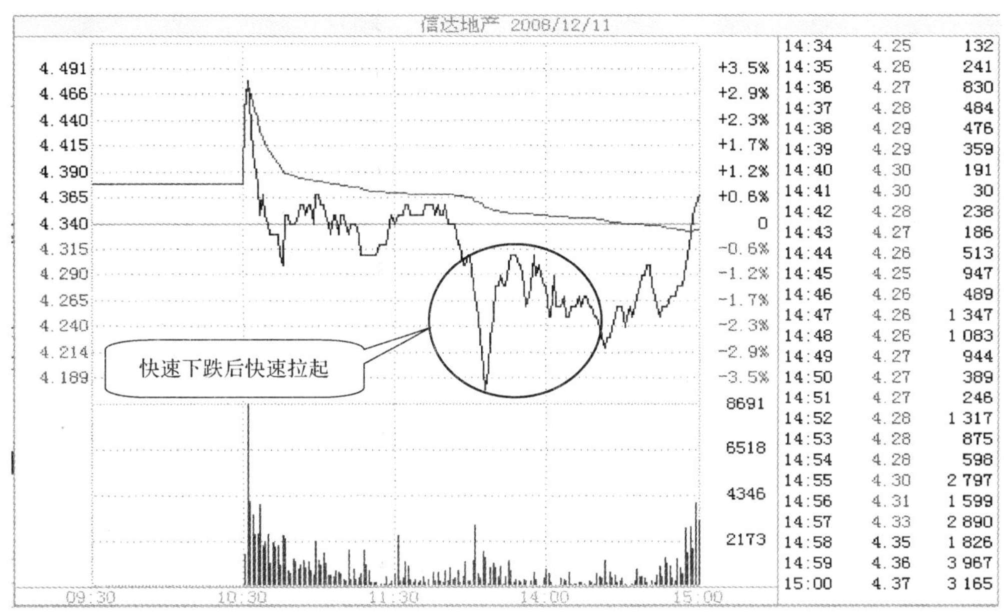

图 9—28 信达地产分时走势图（2008 年 12 月 11 日）

在操作该股时，投资者要注意以下几个要点。

要点 1：顶底背离的适用性

一般来说，MACD 指标的顶底背离是判断市场趋势的重要参考信号，灵验无比。但在大牛市或大熊市中，投资者在使用时要慎重，因为它往往会提前发出买卖信号，使得投资者踏空走势或提前买入而被套牢。

在本例中，2008 年 11 月初，MACD 指标出现“DIFF 线与股价底背离”形态，到 2009 年 7 月初，MACD 指标出现“DIFF 线与股价顶背离”形态。这两个买卖点虽然较为精准，但中长线投资者还是要慎重。

要点 2：最简单的往往是最有效的

在本例的操作中，只是用了一条简单的 60 日均线。但这条均线表现出了很强的适用性，虽然不能抓住这波牛市的底部和顶部，但主要波段的利润没有失去。

要点 3：持股不动是最重要的策略

在牛市中，唯一正确的策略就是紧抱自己的仓位，一直到确认下跌趋势形成后再卖出。该股在 7 个多月的牛市中涨幅巨大，中间有多个短线的卖点来诱使投资者卖出持股。同时，由于涨幅巨大，许多人会无法忍受获利了结的冲动而提前卖出。

9.2.5 沃尔核材

中长线操作最常见的风险在于，上涨趋势的持续时间太短，回调太猛烈，导致投资者的利润占股价涨幅的比例大减。

如图 9—29 所示，2010 年 7 月初，大盘 MACD 指标出现“DIFF 线与股价底背离”的看涨形态，作为短线投资者，自然可以选择类似个股积极买入，但中长线投资者则需要继续观察等待。同期，沃尔核材（002130）也出现类似看涨形态，7 月 6 日，K 线形成启明星看涨形态，尽管如此，中长线投资者仍需要继续等待观望。之后，股价放量上涨，顺利突破 60 日均线，8 月初，股价在 60 日均线上方回抽确认，中长线投资者可以积极买入。11 月初，股价创新高后回落，12 月 9 日，股价跌破 60 日均线，投资者要注意及时卖出。

最终，中长线投资者从 8 月上旬入场到 12 月上旬出场，股价从 70 元涨到 106 元，涨幅为 51%左右，而同期该股最大涨幅达到 191.5%。

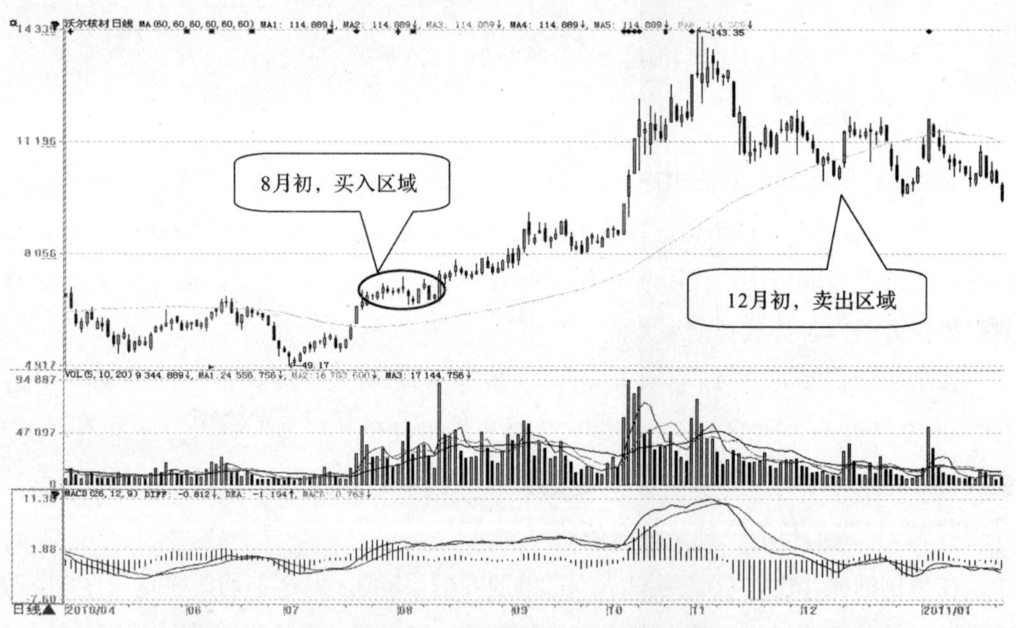

图 9—29 沃尔核材日 K 线